Anthroposophie und Waldorfpädagogik in den Kulturen der Welt

Porträts aus elf Ländern
und zwei grundlegende Beiträge von
Walter Liebendörfer und Stefan Leber

Herausgegeben von Stefan Leber

VERLAG FREIES GEISTESLEBEN

ISBN 3-7725-1250-x

1. Auflage 1997
Verlag Freies Geistesleben
Landhausstraße 82, 70190 Stuttgart

Nach den Regeln der neuen Rechtschreibung
Umschlaggestaltung: Walter Schneider, unter Verwendung
des Gemäldes «This Child's Eye» von Wenkidu
Druck: Clausen & Bosse, Leck

Inhalt

Vorwort

Durch die Anthroposophie wird eine neue Sicht auf die Welt eröffnet, neue Perspektiven für das menschliche und soziale Sein der Menschen ergeben sich. In dem Einleitungsbeitrag macht Walter Liebendörfer etwas von diesem neuen Geist sichtbar und bringt dem Erleben nahe, welche veränderten Möglichkeiten in der Grundeinstellung zu anderen Kulturen sich ergeben können. Walter Liebendörfer war Jahrzehnte Lehrer der Naturwissenschaften an der Kristofferskolan in Stockholm, er leitet seit Jahren die Waldorflehrerausbildung der Steinerhögskolan in Järna, Schweden. Die Grundgedanken seines Beitrages hat er über viele Jahre hin in der Waldorflehrerausbildung in Deutschland immer wieder vorgetragen. Die von ihm geschilderte neue Perspektive erleben zahlreiche Menschen über die Erde hin. So bildet beispielsweise ein sprechendes Phänomen die Tatsache, dass über Sprach- und Kulturgrenzen hinweg überall einzelne Menschen diese, eine neue Geistigkeit stiftende Kraft der Anthroposophie erleben. Wenn ihnen die Anthroposophie begegnet und von ihnen aufgenommen wird, so nicht nur als eine Bereicherung innerer Vorstellungsbilder, sondern auch aufgenommen als etwas, das ihr Handeln, ihre Tätigkeit verändern kann und verändert hat. Dies wird in den Berichten und Interviews überdeutlich, die Menschen aller «Rassenkreise», so hätte man früher gesagt, Persönlichkeiten unterschiedlicher Religionen und Ethnien mit den ihr eigenen Kulturen umfassen. Mir selbst fiel auf, dass für die meisten der Beitragenden die begriffliche Seite unserer Thematik kaum auf Verständnis stieß: alle hatten tiefe Erlebnisse an der Anthroposophie, sie wirkte unmittelbar auf ihr Handeln und ihr Leben verändernd ein. Dass in ihr etwas anwesend sein könnte, was trennend oder einzelne Volksgruppen herabstufend sein könnte, war ihnen durchweg unzugänglich bzw. musste erst vermittelt werden.

Lässt man die nachfolgende Auswahl der Beiträge von Angehörigen sehr unterschiedlicher Kulturkreise an sich vorbeiziehen, die auf den unterschiedlichsten Feldern arbeiten und die durch eine gemeinsame Tatsache verbunden sind, dass ihnen nämlich die Anthroposophie Rudolf Steiners wichtige Impulse für ihre eigene Entwicklung und auch für ihre berufliche Tätigkeit vermittelt hat, so beeindruckt zunächst die Vielfältigkeit. Alles in den Berichten deutet auf die der Anthroposophie innewohnende menschheitliche Gestaltungkraft hin, die nicht nach einem Höher oder Niedriger, der Herkunft, der Hautfarbe, der Religionszugehörigkeit, der Kulturtradition oder ähnlichem blickt, sondern auf den Menschen. Genau davon fühlen sich die Menschen angesprochen, zumindest jene Menschen, gleichgültig aus welcher Tradition sie kommen, die ein Bedürfnis haben, den Geist aus ihrem Eigensein «heraustreten zu lassen», um etwas über die «Geheimnisse des Wirkens und Daseins» (Rudolf Steiner: Theosophie) zu erfahren.

Unabhängig davon, welcher sozialen Schicht innerhalb seiner Gesellschaft der einzelne Berichtende zugehört, fallen die Impulse auf, die der einzelne für sich und das soziale Wirken in seinem mehr oder weniger weit gespannten Umfeld erhält, in dem er tätig ist, so dass durchaus von einer individuell wie sozial impulsgebenden Kraft der Anthroposophie gesprochen werden kann. Was ferner bemerkt werden kann, ist, dass Anthroposophie nicht als Theoriegebäude oder Weltinterpretationsmuster begriffen wird, sondern als etwas, was entschieden zur Erkenntnis, offenbar aber ebenso gewichtig zum Handeln beiträgt. Die Wirkung geht also nicht von Deutungen aus, aus denen der einzelne sich oder sein Volk so interpretieren würde oder könnte, dass er sich über andere erhoben fühlte, oder zu einer aus der Anthroposophie gezogenen Selbstüberheblichkeit käme. Noch hat ihnen die Anthroposophie ein Gefühl des «Besserseins» als andere vermittelt, sondern nur Aufgaben, die sich stellen, Aufgaben, die man selbst erfüllen sollte oder könnte, Aufgaben auch, die im sozialen Leben liegen. Die Ansprache des einzelnen aus der Anthroposophie erfolgt so, dass sie einen Sinn für das eigene Dasein und den sozialen Umkreis erschließt oder, wenn schon er vorhanden ist, noch weiter schärft.

In diesem Sinne versteht auch keiner der Berichtenden das, was er an der Anthroposophie erfahren und verstanden hat, als etwas, was bezugslos zu allem wäre, was er bis zu dieser Begegnung durchlebt hat, sondern sie hellt das eigene Dasein auf und manches, was unbewußt in der Seele lebte, hilft sie klären, insofern beispielsweise die eigenen Aufgaben und zu vollziehenden Anstrengungen deutlicher gesehen werden.

Die Auswahl der Beteiligten ist durch die eigene Kenntnis des Herausgebers begrenzt, denn niemand umspannt alle Erdkreise und -zonen. Mir sind die anthroposophischen Tätigkeiten im künstlerischen Bereich, in der Architektur, der Technikgestaltung, dem Unternehmensbereich, in Strafvollzug und Drogentherapie, Psychiatrie, in der biologisch-dynamischen Landwirtschaft oder im wissenschaftlichen Forschungsbetrieb deutlich vor Augen. Letztlich ging es hier aber darum, ein verbindendes Band zu finden, und was lag näher, dafür die Pädagogik, in der Walter Liebendörfer und ich tätig sind, zu wählen. Pädagogik allerdings nicht nur im schulischen Sinne. Man könnte von Agogik sprechen. Diese ist auffindbar in allen Beiträgen, ob es sich nun um den gewandten und initiativen ägyptischen Unternehmer, Pharmazeuten und Farmer Ibrahim Abouleish handelt oder den israelischen Heilpädagogen Udi Levy (deren umgebende Kultur sie mehr trennt als verbindet) oder die südafrikanische Kindergärtnerin Aletta Nhlapo mit ihrem bewegenden Schicksal, oder gar um die ausgreifende, tatkräftige Sozialpädagogin Ute Craemer, die seit nunmehr zwanzig Jahren ohne Wanken sich der Arbeit mit den Ärmsten verschrieben hat. Aber auch die bereits Verstorbenen, der Afroamerikaner Kofi Edusei und der Indianer Robert Stadnick – auch sie waren Pädagogen. Pädagogen im herkömlichen Sinne als unterrichtende Lehrer sind der Zairer Evariste Tshimanga, der Afroamerikaner William Fordham und die Inderin Aban Bana. Lehrer im akademischen Bereich, aber weit darüber hinaus aktiv, sind die Hochschullehrer Michiko Koyasu, Yuji Agamatsu und Young-Rok Hoh. Für alle war die Anfrage, etwas zu berichten über die Begegnung mit der Anthroposophie ein Moment der Selbstreflexion, für den oft nur die Zeit des Gesprächs selbst zur Verfügung stand. In jedem Fall ist es eine unverstellte Aussage, die in ihrer Gesamtheit eine deutliche Sprache spricht, darin liegt ihr Wert und ihre Bedeutung.

Am Ende soll dann in einem eigenen Beitrag auch auf die mit der Substanz der Anthroposophie in keiner Beziehung stehende Rassismus-Diskussion eingegangen werden, nicht um zu den vorhergehenden Darstellungen irgend etwas hinzuzufügen oder etwas wegzunehmen, sondern um ihren Stellenwert zu vergegenwärtigen.

Herbst 1997 *Stefan Leber*

Walter Liebendörfer

Anthroposophie – Erwachen zu individueller Wesensbegegnung

Wer trägt die Verantwortung?

Der 6. August 1945 markiert in der Geschichte der Menschheit einen völlig neuen, in vieler Hinsicht bedeutungsvollen Einschlag. Wir sind mit dem Datum vertraut. Es ist der Tag des Abwurfs der ersten Atombombe über Hiroshima, der Tag der schlagartigen Vernichtung von über hunderttausend Menschen. Wir sind sicher weniger vertraut mit den Wirkungen jener «Mission A-bomb» in den Seelen der betroffenen Menschen.

Da gibt es die Geschichte des jungen Majors, der den Befehl gab an das nachfolgende bombenführende Flugzeug, das Signal «go ahead», welches schließlich die Katastrophe auslöste. Nach der Rückkehr feierte man die «Victory boys» mit vielerlei Ehrenbezeugungen und Ernennungen. Einer der beteiligten Offiziere machte Karriere als Direktor einer Schokoladenfabrik, ein anderer erklärte später, anlässlich seines 75. Geburtstages, dass er nicht die geringsten «pangs of conscience» verspüre. Der junge, befehlsführende Major dagegen, er hieß Claude Eatherly, benahm sich in den folgenden Jahren äußerst seltsam. Zunächst erlebte er unruhige Nächte, zeitweilig auch Depressionen. In seinen Träumen meinte er, die verzerrten Gesichter der verbrennenden Menschen zu sehen. Es folgten Selbstmordversuche, später Scheckfälschungen, schlecht arrangierte Raubüberfälle, wobei der Täter nichts mitnahm. Soweit er durch die Scheckfälschungen Geld erhielt, schenkte er es einer Stiftung, die für die Waisenkinder von Hiroshima sorgte.

Nach einer Verurteilung zu Gefängnishaft, wobei er jedoch Straferlass erhielt wegen guten Betragens, kam er letztendlich in psychiatrische Behandlung und wurde zwanghaft in die Heilanstalt Waco eingeschlossen. Nach den unruhigen Jahren zwischen 1954 und 1959 wurde der Philosoph Günther Anders auf den Fall aufmerksam, und es entwickelte sich eine reiche Korrespondenz zwischen Eatherly und Anders.[1] Eatherly berichtet in einem der Briefe, dass er ein Filmangebot erhalten hätte. Doch würde das Geld, welches er dafür empfangen könnte, «nur an die dreißig Silberlinge erinnern, die Judas Ischarioth für seinen Verrat empfangen hat». Er ist, wie Günther Anders bemerkt, mit seiner Tat identisch geworden und hat sich durch diese Tat verändert. Auch gewinnt er Klarheit darüber, dass die Gesellschaft die Tatsache seiner Schuld einfach nicht annehmen kann, ohne damit gleichzeitig ihre eigene, viel tiefere Schuld anzuerkennen. In einem Brief an Reverend N. spricht Eatherly von einem Gebet, das er auf dem Rückflug zur Heimatbasis verrichtet hatte, und von einem Gelöbnis, das unter anderem beinhaltete, seine Pflicht zu erfüllen. «Und dieser Pflicht: Nämlich allen Menschen aller Rassen, gleich ob rot, weiß, schwarz oder gelb, ein Leben voll Glück, ohne Furcht, ohne Armut, ohne Ignoranz und ohne Knechtschaft zu verbürgen – der Erfüllung dieser Pflicht weihte ich mich auf dem Rückflug von Hiroshima nach Tinian.»

Es gehört mit zu dieser schicksalhaften Situation, dass gleichzeitig die Weltöffentlichkeit sich eingehend mit dem Fall Eichmann beschäftigte, jenem Mann, der in den vierziger Jahren die Ermordung von Millionen von Menschen, Juden, Polen, Zigeunern, leitete und nun, zur Verantwortung gezogen, erklärte, nichts als ein «Schräubchen im Apparat des Terrors» gewesen zu sein und nur seinem Eid gegenüber Hitler die Treue gehalten zu haben. Also: nicht verantwortlich und nicht schuldig zu sein.

Durch diese Gleichzeitigkeit wird die völlig gegensätzliche Haltung offenbar. Eatherly wurde nie zur Verantwortung gezogen, er übernahm sie aus freiem Entschluss. Eichmann dagegen schien für den Begriff der Verantwortung völlig blind zu sein.

Es stellt sich uns, angesichts der völkervernichtenden Kraft moderner Konflikte, die Frage nach den Quellen moralischer Haltung. Unser Jahrhundert ist geprägt von vielerlei Katastrophen dieser Art. Gibt es Gedanken, Gesinnungen, vielleicht sogar Pläne, die uns auch in

Zukunft in die schlimmsten Krisen hineintreiben werden, ohne dass einzelne Persönlichkeiten willens sind, dafür Verantwortung zu tragen? Gibt es andererseits Ideen, Ansätze und Willensbetätigungen, welche die Menschheit zur wirklichen Begegnung der verschiedenen Kulturen führen?

Claude Eatherly drückte diese seine Sehnsucht in folgender Weise aus: «Der einzige Weg zum Millenium ist die verströmende, schöpferische Liebe, das Vertrauen und die Brüderlichkeit, die nicht nur gepredigt, sondern pausenlos praktiziert wird.»

Es ist uns im Rahmen dieses Buches ein dringendes Anliegen, nach fast hundert Jahren anthroposophischer Tätigkeit zu untersuchen, inwiefern Rudolf Steiner selbst, der Gründer und Initiator der in Frage kommenden Bewegung, sowie die anthroposophisch inspirierte Heilpädagogik, Pädagogik, biologisch-dynamische Landwirtschaft und Medizin auf eine tatkräftige Begegnung und Integration der vielen, reich differenzierten Menschengruppen und Kulturen hintendieren. Es kann dies gemäß unserer Auffassung nur geschehen mit gleichzeitigem Blick auf die seit nun wenigstens zweihundert Jahre sich deutlich entwickelnden Zeittendenzen, die, manchmal ohne dass einzelne bedeutende Persönlichkeiten dies bewusst beabsichtigten, eben doch auf ein gegensätzliches Szenarium hindeuten: den Kampf aller gegen alle.

Wir werden in Verfolgung dieses Anliegens zunächst untersuchen, inwiefern der Rassismus der nun zu Ende gehenden Jahrhunderte seine Nahrung bezog aus anderen Quellen und dadurch zur Unterjochung oder gar militanten Ausrottung ganzer Volksgruppen führte.

Entdeckungsreisen – Eroberungsreisen

Der Beginn der modernen Zeitepoche ist gekennzeichnet durch die rasche Entwicklung der Naturwissenschaften sowie der naturwissenschaftlich orientierten Technologien. Dazu gehört namentlich auch die Konstruktion verschiedener Kommunikationsmittel, die es ermöglichten, verhältnismäßig schnell große Entfernungen zu überbrücken. War es nun Neugierde, Entdeckerfreude, Missionseifer oder Suche nach neuen Quellen erstrebten Reichtums oder alles in einem? Jedenfalls wurden innerhalb weniger Jahrzehnte gegen Ende des 15. Jahrhunderts und zu Beginn des 16. Jahrhunderts riesige Ozeane überquert, neue Kontinente entdeckt und damit auch völlig fremdartig scheinende Menschen gesehen. Vielmals gingen diese zunächst friedlich und wohlwollend erscheinenden Eingeborenen physisch oder auch seelisch zugrunde, ehe es überhaupt zur wirklichen Begegnung kam. Die Kolonisation der von Kolumbus zuerst entdeckten Insel Hispaniola (heute Dominikanische Republik) führte beispielsweise innerhalb weniger Jahrzehnte zu totalem Aussterben der eingeborenen Bevölkerung. In Zentral- und Südamerika kam es nach heftigen Kämpfen und darauf folgender Unterwerfung der an sich oft militärisch wohl gerüsteten, doch technisch unterlegenen Völker immerhin zur Verschmelzung mit den spanischen und portugiesischen Eroberern.

Unter den Inspiratoren der Entdeckungsreisen, die sich auf die Äquatorialgebiete sowie die von den Seefahrern gefürchteten transäquatorialen Gebiete richteten, nimmt der portugiesische Prinz Heinrich, genannt der Seefahrer (1394–1460), eine besondere Stellung ein. Er beteiligte sich im Jahre 1415 aktiv an der Eroberung von Ceuta, einer wichtigen maurischen Handelsstadt gegenüber Gibraltar. Damit war den Portugiesen ein erster Einbruch in den afrikanischen Kontinent gelungen. Von diesem Zeitpunkt an, der als Beginn einer neuen Zeitepoche gelten kann, beginnt die Europäisierung der Welt. Prinz Heinrich zog sich bald vom Hofe und allem Kriegstreiben zurück und widmete sich völlig neuen Zielen. Es galt, den Seeweg längs der westafrikanischen Küste zu erforschen, das von den Seeleuten gefürchtete Kap Bojador zu umrunden und den wahren Glauben in islamisch dominierten Gebieten zu verbreiten. Auch stand immer der Wunsch im Hintergrund, den sagenumsponnenen Priesterkönig Johannes anzutreffen. Heinrich gründete eine Seefahrer-Akademie in Sagres, versammelte bedeutende Kartographen aus Mallorca um sich, rüstete geeignete Schiffe aus und entwickelte neue Navigationsmethoden. Als Großmeister des Christusordens, dem umgetauften Orden der im übrigen Europa vernichteten Tempelherren, standen ihm dafür ausreichende finanzielle Mittel zur Verfügung. Heinrich war, im Gegensatz zur Mehrzahl der auf ihn folgenden Entdecker, nicht an Eroberungen fremder Gebiete interessiert, sondern an dem durch die jetzt beginnende portugiesische Expansion schnell wachsenden Handel. Geschäfte versprachen Gewinne, und man wusste es bereits: In Afrika gab es Gold. Auch existierten dort, wie sich bald zeigen sollte, wohl fundierte Königreiche, mit denen man verkehren konnte. Entgegen den an sich großartigen Zielsetzungen des Seefahrers, der selbst an den gewagten Fahrten überhaupt nicht teilnahm, jedoch den Expeditionen mit hellem Bewusstsein folgte, konnten es sich die Schiffsbesatzungen nicht versagen, gefangene Afrikaner als Sklaven nach Portugal zu führen. So kam es in Europa zu den ersten Begegnungen mit Menschen dunkler Hautfarbe.

Zurara, der Chronist jener Zeit, berichtet von der Expedition des Lancarote aus Lagos, bei der es diesem gelang, 235 Schwarze einzufangen:

«Nach Lagos heimgekehrt, schenkte Lancarote der Kirche den stärksten der Gefangenen. Ein Knabe wurde von ihm ins Kloster von Sao Vicente gesteckt, wo er zum Franziskanerpater erzogen wurde. Am nächsten Tage, am achten des Monats August, machten die Seeleute der Hitze wegen in aller Frühe ihre Boote bereit und schafften die Gefangenen an Land. Fürwahr ein wunderbarer Anblick, wie sie dort alle aufgereiht standen, denn die einen waren ziemlich hell und gut gebaut, andere gelb wie Mulatten und wieder andere schwarz wie Äthiopier und so scheußlich von Angesicht und Wuchs, dass man an Abbilder einer niedrigeren Welt dachte. Aber welches Herz wäre angesichts ihrer Not verhärtet genug gewesen, kein Mitleid zu spüren? Einige neigten tief das in Tränen gebadete Antlitz; manche stöhnten erbärmlich, den Blick gen Himmel gerichtet; wieder andere schlugen sich ins Gesicht und warfen sich lang ausgestreckt zu Boden. Auch fehlte es nicht an solchen, die Klagegesänge ihrer Heimat anstimmten, und obwohl wir die Worte nicht verstanden, zeugte der

Ton von ihrer großen Traurigkeit. Um ihr Elend noch zu vermehren, begann man nun die Familien auseinanderzureißen. Eltern wurden von ihren Kindern, Frauen von ihren Männern getrennt. Die Verkäufer nahmen keinerlei Rücksicht auf Blut- oder Freundschaftsbande, sondern regelten dies alles nach ihrer Willkür. Große Mühsal verursachte ihre Verteilung, denn kaum hatten die Aufseher einen Trupp zusammengestellt, so rannten die Söhne zurück zu ihren Vätern, während die Mütter ihre jüngeren Kinder mit den Armen umklammerten, sich flach auf den Boden warfen und geduldig grausame Hiebe auf ihr nacktes Fleisch ertrugen, in der vergeblichen Hoffnung, nun nicht mehr von ihren Kindern getrennt zu werden.

Der Infant erschien ebenfalls zu dieser Verteilung auf einem großen Streitross. Er war von einem zahlreichen Gefolge umgeben. 46 Sklaven waren sein Anteil an der Beute. Aber ihm lag weniger an seiner eigenen Bereicherung als an der Rettung der Seelen dieser Heiden. Und in dieser Erwartung wurde er nicht getäuscht. Sobald die Eingeborenen unsere Sprache verstanden, bekehrten sie sich willig zum Christentum. Und ich, der ich diesen Bericht zusammenstelle, habe in Lagos die Kinder und Enkel dieser ersten Gefangenen gesehen, so gute und brave Christen, als stammten sie in direkter Linie von den ersten Getauften zu Christi Zeiten ab.»[2]

Zwar ließ Heinrich der Seefahrer seine ihm geschenkten Gefangenen frei, jedoch begann von 1441 an der ausgedehnte Sklavenhandel der Portugiesen. Oft wurden von arabischen Sklavenfängern die Geraubten an die Küste geschleppt und von dort an zunächst europäische Sklavenmärkte gebracht, mit gutem Gewinn für die Händler. Von 1450 bis 1505 wurden 140.000 Schwarze aus Guinea in Europa verkauft. Später wendete sich der Menschenhandel nach Amerika.

Damit nahmen Völkerschicksale ihren Lauf, und dies zu einer Zeit, in welcher sich das Bewusstsein der Europäer klärte und sich wissenschaftlichen Zielsetzungen zuwandte. Freizügigkeit der Überlegenen wurde zur Richtschnur des aufkeimenden Kolonialismus. Verantwortlichkeit der Menschen füreinander dagegen schien zu jener Zeit ein völlig unbekannter Begriff zu sein. Dadurch wurde die kommende Ausbeutung von Mensch und Natur in großem Stil überhaupt erst möglich. Es sollten Jahrhunderte vergehen, ehe wahrhaft humanistische Ideen in Europa Anklang fanden.

«Ideen zur Philosophie der Geschichte der Menschheit»

So nannte Johann Gottfried Herder sein im Jahre 1774 erschienenes Werk. Hier wurden Gedanken formuliert, die später in der klassischen Literatur in vielfältiger Weise ihren Ausdruck fanden, dann wie in Vergessenheit gerieten und erst in unserer Epoche erneut, und nun mit größerer Deutlichkeit und Entschiedenheit, ins allgemeine Bewusstsein gehoben werden sollten.

Herder geht in seinen Überlegungen aus von der in sowohl körperlicher wie auch geistiger Hinsicht deutlichen Verschiedenheit der Menschen: «Kein Mensch, sagt Haller, ist im innern Bau dem andern ganz ähnlich; er unterscheidet sich im Lauf seiner Nerven und Adern in Millionen und Millionen von Fällen, dass man fast nicht imstande ist, aus den Verschiedenheiten dieser feinen Teile das auszufinden, worin sie übereinkommen.» Herder fährt nun fort: «Findet schon das Auge des Zergliederers diese zahllosen Verschiedenheiten, welch größere muss in den unsichtbaren Kräften einer so künstlichen Organisation wohnen! So dass jeder Mensch zuletzt eine Welt wird, zwar eine ähnliche Erscheinung von außen, im Innern aber ein eignes Wesen, mit jedem andern unausmessbar.»

Der Mensch ist jedoch nicht unabhängig, er steht mit allen Elementen der Natur in Verbindung:

«Er trägt zur Veränderung des Universums bei; und sollte er von demselben nicht verändert werden? Es ist viel zu wenig, wenn man ihn dem saugenden Schwamm, dem glimmenden Zunder vergleicht; eine zahllose Harmonie, ein lebendiges Selbst ist er, auf welches die Harmonie aller ihn umgebenden Kräfte wirkt.»

Dabei sieht Herder, wie alles in ständiger Verwandlung, in fortgehender Metamorphose ist, der Lebenslauf des Einzelnen, die uns umgebende Natur, die Erde selbst. Er denkt den Entwicklungsgedanken, der gerade in den letzten Jahrzehnten des 18. Jahrhunderts in Europa an manchen Orten und bei verschiedenen Persönlichkeiten (keineswegs nur Biologen) in Europa keimt. Dieser Gedanke durchzieht auch Goethes ganzes Lebenswerk.[3]

In diesem Zusammenhang rückt Herder auch die Geschichte der ganzen Menschheit ins Licht des Bewusstseins. Ist auch hier Einheit und damit Humanität denkbar, trotz aller Verschiedenheit der Menschengruppen? Er fasst sein Bemühen um Erkenntnis in den Worten zusammen:

«Da indessen der menschliche Verstand in aller Vielartigkeit Einheit sucht und der göttliche Verstand, sein Vorbild, mit dem zahllosesten Mancherlei auf der Erde überall Einheit vermählt hat: so dürfen wir auch hier aus dem ungeheuren Reich der Veränderungen auf den einfachsten Satz zurückkehren: nur ein und dieselbe Gattung ist das Menschengeschlecht auf der Erde.»[4]

Noch war die neu gewonnene Idee des Humanismus nicht akzentuiert, doch lebte sie während der Goethezeit unter bedeutenden Persönlichkeiten. Man hatte Sinn für die uns heute zum Problem gewordene Konzeption der Ganzheit und darüber hinaus für die Entwicklung dieser Ganzheit.

Das Verhältnis des Einzelnen zur Ganzheit

Auch bei den Begründern der wissenschaftlichen Geographie Alexander von Humboldt und Carl Ritter hatte diese Konzeption Leben und Kraft. Carl Ritter formulierte sie in seinen Vorlesungen zur «Allgemeinen Geographie», gehalten in Anwesenheit von Alexander von Humboldt, im Jahre 1834/35 folgendermaßen:

«Die Erde ist daher ein kosmisches Individuum mit eigenthümlicher Organisation, ein Ens sui generis mit fortschreitender Entwicklung. Sie ist ein systematisches Ganzes mit eigenthümlicher Bewegung, mit kosmischem Leben. Der Krystall, die Pflanze und das Thier, der Planet, der Mensch sind in aufsteigender Linie verschiedene Organismen des irdischen Daseins der Dinge. Der Erde ist also in dieser Reihe der Organismen eine bestimmte Individualität als Erdplanet zu Theil geworden. Diese Individualität der Erde zu erforschen und darzustellen ist die höchste Aufgabe der geographischen Wissenschaft. Kann sie diese Individualität nach allen ihren Theilen, Gliederungen und Functionen zur klaren Anschauung bringen, so wird die Erdkunde zu einer selbständigen Erdwissenschaft. Ihr ist die Erde ein Planet, der wie ein Samenkorn mit allen inneren Keimen der Entwicklung und Entfaltung ausgerüstet, von dem Säemann in das Feld der Sonnenbahn geworfen ist, da aufzugehen, zu wachsen, zu blühen, und zu rechter Zeit seine Ernte, seine Frucht zu tragen.»[5]

Das Bild der Erde stand bei Carl Ritter mit dem Bild des Menschen in harmonischem Zusammenklang. So können wir auch die Anschauungen eines Carl Gustav Carus verstehen, ausgedrückt in zwölf Briefen, in welchen das Leben der Erde unter verschiedenen Gesichtspunkten betrachtet und beschrieben wird. Tragend ist auch für Carus der Enwicklungsgedanke. In einem methodisch wichtigen Aufsatz über Begriff und Vorgang des Entstehens und Vergehens, geschrieben 1859, im Jahre des Erscheinens von Darwins Hauptwerk *Die Entstehung der Arten,* entwickelt er Gedanken, die adäquat sind für sowohl organische als auch geistige Entwicklung. Es handelt sich bei ihm um das Verhältnis des Urbildes zur Mannigfaltigkeit der Erscheinungen, das nur durch tätige Erkenntnisbemühung zu klären ist. Dazu gehört, wie er schon in einer Rede im Jahre 1822 ausführte, «dass der Mensch, um diesen zweien Forderungen der Wissenschaft Genüge zu leisten, gleich streng und stetig auf Schärfe seiner Sinne und Reinheit ihrer Beobachtung zu halten, als an innerer Läuterung des Geistes, an Befreiung desselben von jeglicher Verworrenheit und Schlechtheit, mit reinem Willen zu arbeiten habe; denn nur der reinen, freien Seele, nicht der befangenen und lasterhaften tritt die Erkenntnis der großen Gesetzmäßigkeit der Welt entgegen, wie nur das gesunde Auge die Schönheit der Naturbildungen zu fassen vermögend ist.»[6]

Es handelt sich also, deutlich ausgesprochen, um die erkenntnismäßige Verbindung der reinen Beobachtungsgabe mit dem geläuterten, geschulten Denken. (Carus nennt solches Denken «spekulatives Denken», was mit dem heutigen Wortgebrauch in keiner Weise übereinstimmt.)

«Die spekulative Betrachtung … erfüllt das zweite Begehren menschlicher Individualität, welche nicht bloß Mannigfaltigkeit, sondern gleichzeitig die Einheit fordert. In ihr entfaltet sich nach reiner gesetzmäßiger Folge die *Beziehung der Mannigfaltigkeit der Welt auf die Einheit unseres geistigen Ichs,* und zuhöchst auf die Einheit ursprünglich göttlichen Wesens, wir lernen durch sie mit Deutlichkeit die Gesetze erkennen, welche das *Fortschreiten der Naturbildungen von Einheit zu Mannigfaltigkeit bestimmen, mit einem Worte, wir lernen die Natur in ihrem Gange, den wir sinnlich wahrnehmen, auch geistig nachfolgen,* und so erst können wir Natur und eigenes Ich, als gleiche Emanationen höchster Wesenheit, mit wahrer Befriedigung und voller Genüge empfinden» (Hervorhebungen durch den Autor).[7]

Es wird sich zeigen, dass es erst der in gleichem Sinne konsequent weitergeführten Erkenntnisarbeit eines Rudolf Steiner gelang, die geistigen Bezüge von Einheit und Mannigfaltigkeit unter dem Aspekt der Entwicklung aufzudecken und den Nachkommenden durch methodische Beschreibung des Erkenntnisweges ein Mitvollziehen zu erleichtern. Dadurch erst kann das jahrhundertelang schwelende und ungelöste Problem des Verhältnisses von Individuum zur Menschheit als Ganzer seine mögliche Lösung finden.

Europäischer Kolonialismus im 16. bis 18. Jahrhundert

Während sich die nun in aller Kürze beschriebene Bewusstseinsentwicklung besonders im mitteleuropäischen Geistesleben vollzog, schritt die Expansion vieler europäischer Nationen nach außen unaufhaltsam voran. Europäische Zivilisation, europäisches Denken wurde bis in entlegenste Gegenden der Welt verpflanzt. Was uns heute besonders von westlichen Standpunkten aus als selbstverständlich erscheint, nimmt sich in anderer Sichtweise als Überfremdung eigenständiger Kulturen aus, und dies angefangen von Alltagsgedanken bis hin zu verwickelten und unverständlichen wissenschaftlichen Hypothesen. Diese Selbstverständlichkeit ist in Wirklichkeit Resultat einer langen zivilisatorischen Entwicklung. Sie geht Hand in Hand mit der Entwicklung des europäischen Kolonialismus.

Wie schon ausgeführt, begann die Europäisierung der Welt mit der Initiative des kleinen portugiesischen Volkes, das erst jüngst seine Volksidentität erlangt hatte. Innerhalb kurzer Zeit befanden sich portugiesische Karavellen auf allen Meeren. Was zunächst als Entdeckungsreisen geplant und manchmal auch vollzogen wurde, wandelte sich fast unmerklich in koloniale Eroberungszüge.

Schon 1488 umschiffte Bartholomeo Diaz das Kap der Guten Hoffnung. Damit war der Seeweg nach Indien offen. Hoheits- oder Herrschaftspfeiler wurden errichtet, Handelsplätze in Afrika, bis hin nach Indien, wurden befestigt und Könige wie Sultane unterworfen. Das Interesse der Portugiesen wandte sich nicht nur gegen Osten. Auch der neu entdeckte Kontinent im Westen zog sie an. Vielleicht waren Portugiesen schon vor Kolumbus in Amerika. Um der nun beginnenden Rivalität zwischen Spanien und Portugal zu begegnen, entschied Papst Alexander VI. im Vertrag von Tordesillas im Jahr 1494, dass die westliche Welt Spanien, die östliche Welt Portugal zufallen sollte. Die exakte Grenzziehung im Westen war lange unsicher, da man die Welt geteilt hatte, noch ehe man sie genau vermessen konnte. Die Grenze sollte sich gemäß dem Vertrag 37° westlich der Kapverdischen Inseln befinden. Heutige Sprachgrenzen in Südamerika entsprechen etwa dem damaligen Vertrag.

Was uns hier interessiert, ist nicht der detaillierte Vorgang der Entdeckungsfahrten. Darauf konzentriert sich allzu oft unser Interesse, bis hin zum Inhalt des Schulunterrichts. Was uns neuerdings zur Frage wird, ist die Sicherheit und Unverzüglichkeit der Eroberungen. Worauf stützte sie sich? War es die empfundene Überlegenheit des sich rasch entwickelnden kühlen Intellekts, die Unverfrorenheit der nüchtern kalkulierenden Konquistadoren gegenüber den in magischen Bezügen denkenden Urbevölkerungen? War es nur die technologische Überlegenheit – oder beides? Wie konnte man es verkraften, europäische Aufklärungsphilosophie mit wirtschaftlicher Ausbeutung und vor allem mit dem umfangreichen Sklavenhandel zu verbinden? Insgesamt wurden 15 Millionen Afrikaner nach Amerika verfrachtet. Wie viele starben unterwegs? Jedenfalls zeigte es sich, dass viele europäische Völker sich nach und nach großer Kolonialgebiete bemächtigten und dass man seine militärische, technologische und auf manchen Gebieten auch bewusstseinsmäßige Überlegenheit geschickt auszunützen wusste.

Wenn in europäischen Schulen von Afrika berichtet wird, versäumen die Lehrer selten, von der Suche Stanleys nach dem verschollenen Livingstone zu berichten Was dagegen oft versäumt wird in den Erzählungen und Berichten, sind die später folgenden Taten Stanleys und deren Konsequenzen. Unter ungeheuren Strapazen durchquert er als erster Äquatorialafrika von Küste zu Küste – zeitweise im Verbund mit Tippu-Tip, dem Obersten aller arabischen Sklavenjäger. Die Großtat imponiert nicht zuletzt dem belgischen König Leopold II. Unter Vorspiegelungen, den Kongo wirtschaftlich und zivilisatorisch zu erschließen, und nach Ernennung Stanleys zum Leiter des belgischen Komitees zur Erforschung des Kongo bekommt König Leopold und seine Kongogesellschaft im Jahre 1885 von den europäischen Großmächten ein Gebiet von der Größe Europas mit 11 bis 28 Millionen Menschen zugesprochen. In Wirklichkeit vollzieht sich in diesem Gebiet in den folgenden Jahren ein erschütternder Raubbau an der Natur und besonders an den Menschen. Missionare erzählen von Grausamkeiten, versuchen die Öffentlichkeit aufzurütteln. Drei schwedische Offiziere berichten in einem Buch über ihre Erfahrungen in Leopolds Diensten. Es sei wichtig, bei körperlichen Züchtigungen selbst vollkommen unberührt zu sein: «Wenn du einem Wilden eine körperliche Bestrafung erteilen musst, lasse diese Bestrafung durchführen, ohne dass ein Muskel in deinem Gesicht deine Gefühle verrät.» E. J. Glave, alter Kongoveteran, der schon früh in Stanleys Dienst gestanden hatte, schreibt in seinem Tagebuch, veröffentlicht 1897, von der Rückkehr nach Stanley Falls:

«Die staatlich angestellten Araber waren gezwungen, Elfenbein und Gummi zu liefern. Alle Mittel sind erlaubt, die notwendig sind, um Resultate zu erzielen. Man praktiziert dieselben Methoden wie zu Tippu Tips Zeiten. Die Araber greifen die Dörfer an, nehmen Sklaven und geben diese nicht zurück, ehe sie Elfenbein bekommen haben. Der Staat hat die Sklaverei nicht abgeschafft, sondern sich Monopol errungen, indem er die arabischen Konkurrenten vertrieb.»

Nun war der Kongo zu jener Zeit noch nicht in Händen des belgischen Staates, sondern stand dem König zur kommerziellen Expansion zur Verfügung. In England wurde das Verfahren der Belgier angeprangert. Nein, man verkaufte nicht mehr afrikanische Sklaven, sondern ersetzte die Sklaverei mit einem brutalen Zwangsarbeitssystem, das nicht besser war.

Es ist gut, sich hier der Worte zu erinnern, die David Livingstone, der wahre Forscher und große Menschenfreund, seinem Retter Stanley zum Abschied für den *New York Herald* übergibt:

«Alles, was ich hier in meiner Einsamkeit sagen kann, lässt sich in dem Worte zusammenfassen: Möge des Himmels reichster Segen auf jeden herabkommen, sei er Engländer oder Amerikaner oder Türke, der diese offene Wunde – den Sklavenhandel – am Körper Afrikas heilen hilft ...»[8]

Die afrikanischen Menschen waren nicht nur der Rücksichtslosigkeit von Seiten der Europäer ausgesetzt, sondern erfuhren auch Demütigungen und Verachtung – aufgrund ihrer Hautfarbe sowie ihrer völlig anders gearteten Kultur. Wir sehen Ausflüsse oder Zeichen eines hochgradigen Rassismus. Vielerorts wurde er zur Schau getragen: im Kongo wie in anderen afrikanischen Gebieten, in Nordamerika, Tasmanien. Wir fragen uns heute: War dieser Rassismus nur Folge oder gar Nebenerscheinung des Kolonialismus? Welche Rückwirkungen hatte der ausgeübte Rassismus auf die Europäer selbst?

Kolonialismus wird zu Imperialismus

Lange Zeit lag die Nutzbarmachung der Kolonien in den Händen privater Gesellschaften. Als Beispiel mag die englische «East Indian Company» dienen, die, schon 1599 gegründet, Jahrhunderte hindurch riesige Gewinne einheimste, und dies nicht nur in Indien, sondern an vielen anderen Orten, unter anderem in Südafrika. Zu Cromwells Zeiten hatte sich die Konkurrenz mit anderen Handelskompanien verschärft, und der Import von Kolonialwaren war zur nationalen Angelegenheit geworden. So auch die Verwaltung und Verteidigung sowie die Eroberung neuer Kolonien. Eventuellem Widerstand gegen die entsprechende europäische Macht wurde mit großer Härte begegnet und vor allen Dingen mit neuen technologischen Errungenschaften. Dagegen waren selbst ansehnliche Armeen der Kolonialvölker machtlos. Beispielhaft ist hier die Schlacht von Omdurman im Sudan. Der Kalif hatte eine große Armee von 15.000 Kriegern aufgeboten. Die Engländer erwarteten deren Angriff. Die Armee Kitcheners hatte sich mit dem ganzen Arsenal neuer europäischer Waffen versehen. Es gab Kanonenboote, automatische Gewehre, Repetiergewehre und Dumdumkugeln. Winston Churchill erlebte die Schlacht als Kriegskorrespondent für *The Morning Post*. Er beschreibt die Schlacht in seiner Selbstbiographie im Jahre 1930:

«Nie mehr wird die Welt Ähnliches erleben wie die Schlacht von Omdurman ... Es war das letzte Glied einer langen Kette von effektvollen kriegerischen Zusammenstößen, deren Lebhaftigkeit und majestätische Pracht so viel beigetragen hatte, um dem Kriege Glanz zu verleihen.» Dank einer neu angelegten Eisenbahn und Dampfbooten waren die Europäer auch in der Wüste mit Proviant aller Art wohl versehen:

«Eine Menge Flaschen von ansprechendem Aussehen und große Teller mit konserviertem Rindfleisch und gemischte Pickles. Dieser angenehme Anblick, der sich in der Wüste wie mit Zauberschlag kurz vor der Schlacht zeigte, erfüllte mein Herz mit einer Dankbarkeit, die weit übertrifft, was man gewöhnlich fühlt, wenn ein Tischgebet gelesen wird. Ich griff nach dem Fleisch und den kalten

Getränken mit konzentrierter Aufmerksamkeit. Die Stimmung war hoch, und alle waren in bester Laune. Das Ganze erinnerte an einen Wettbewerbslunch vor dem Derby. ‹Kommt es wirklich zum Kampf?› ‹In ein oder zwei Stunden›, antwortete ein General.»[9]

Schon früher, gleich nach der Schlacht hatte Churchill den Verlauf des Frontalangriffs drastisch beschrieben. Kein Sudanese kam näher als 300 Meter an die britischen Linien heran. Es war ein fürchterliches Gemetzel. Churchill schrieb damals: «Die große Derwischarmee, die bei Sonnenaufgang voller Hoffnung und Mut angetreten war, floh jetzt in äußerster Unordnung, verfolgt von der ägyptischen Kavallerie und bedrängt von Ulanen, und ließ über 9.000 Tote und eine noch größere Menge Verwundeter zurück auf dem Schlachtfeld ...»[10]

So endete die Schlacht bei Omdurman – der eklatanteste Sieg, den die Waffen der Wissenschaft je über «Barbaren» gewonnen hatten. Innerhalb fünf Stunden war die stärkste und am besten ausgerüstete Armee von Wilden, die je gegen eine europäische Großmacht aufgestellt wurde, geschlagen und in die Flucht getrieben. Und dies ohne größere Schwierigkeit, mit verhältnismäßig geringem Risiko und unbedeutenden Verlusten für die Sieger.[11]

Es ist offenbar, dass Mitgefühl und Verständnis für die zunächst fremden Menschen nicht gerade wuchsen, nachdem der Widerstand der Kolonialvölker unter militärischen, das heißt nationalen Gesichtspunkten, beurteilt wurde. Dagegen gibt es so manches Beispiel kriegerischen Jargons: Die «Wilden», die man einst zivilisieren wollte, wurden plötzlich zu Feinden der mächtigen zivilisierenden und missionierenden Nation, wenn sie sich dem «guten Willen» der Kolonisatoren widersetzten.

Der deutsche Kolonialismus kam verhältnismäßig spät zum Zug. Er konzentrierte sich hauptsächlich auf afrikanische Gebiete. Auch hier waren es zunächst einzelne Persönlichkeiten, welche die Initiative ergriffen. Nach 1870 nahm jedoch auch das Deutsche Reich am gesamteuropäischen kolonialen Wettlauf teil. War die deutsche Kolonialpolitik humaner als die der anderen? Da gibt es das Beispiel Südwestafrika. Auch hier die ähnliche Geschichte. Stammeshäuptlinge verlieren ihre Macht und ihren Einfluss. Weiße Siedler fordern ihr privates Recht auf Grund und Boden. Nach afrikanischen Rechtsbegriffen aber waren Boden, Weide und Wasser immer Gemeineigentum des Stammes. Jetzt werden Drahtzäune um die Tränken gezogen und die Herden der Stämme in die dürre Steppe verjagt. Händler kommen mit ihrem Tand und pfänden die wichtigen Tiere. Schließlich kommt es zum Widerstand, gar zum bewaffneten Aufstand. Farmer und Händler werden überfallen und getötet. Die kleine deutsche Schutztruppe kämpft verzweifelt, um die Städte zu retten. Da werden per Telegraph Verstärkungen herbeigerufen. Der Kaiser hat befohlen, die Mörder zu vernichten, und nun wiederholt sich wie so oft in den europäischen Kolonien ein düsteres Schicksal der einst bodenständigen afrikanischen Hirten und Bauern. 40.000 Hereros versuchen einer Umzingelung zu entkommen und werden in die Wüste vertrieben, wo sie elendig verdursten.[12]

Selektion

Als im 18. Jahrhundert die Bevölkerung in nahezu allen europäischen Ländern drastisch zunahm und viele Menschen unter miserablen Verhältnissen lebten, machten sich manche Menschen Gedanken darüber, was dies bedeuten könnte. War der Bevölkerungszuwachs an sich ein Gutes, sofern man den zunehmenden Differenzen in der Lebensweise mit sozialen Maßnahmen begegnen würde, oder war die fortschreitende Vermehrung ein zukünftiges Pulverfass, das die bestehende Gesellschaftsordnung sprengen könnte? In dieser Situation weckte ein Buch des jungen Pfarrers und volkswirtschaftlich interessierten Doktor Robert Malthus großes Aufsehen. Die entsprechende Schrift zur Bevölkerungsfrage erschien 1798. Malthus vertrat die These, dass die Bevölkerung in geometrischer Progression zunehmen würde, wenn die Zunahme nicht verhindert würde. Die Zunahme der verfügbaren Lebensmittel dagegen wäre nur in arithmetischer Progression möglich. Eine Dezimierung des Überschusses sei also notwendig. Dafür sorgten Krieg und Hungersnöte. Malthus persönlich gilt nicht als reaktionär. Er war keineswegs sozial gleichgültig für das Leid der Armen. Er eiferte für freien Schulunterricht, Krankenpflege und Unterstützung der kinderreichen Familien. Sein Interesse galt der Frage, wie sich Bevölkerungsüberschuss verhindern ließ. Die Schrift *Essay on Population* hatte großen Einfluss auf das Denken der folgenden Jahrhunderte, unter anderem auf Darwins Konzeption des Entwicklungsgedankens. Im Übrigen war Malthus später viele Jahre als Professor der Nationalökonomie an einer Universität tätig, die von der Ostindischen Kompanie kurz zuvor gegründet wurde – zur Ausbildung von höheren Kolonialbeamten.

Malthus war nicht allein mit seiner These. In ähnlicher Weise hatte sich auch Linné ausgesprochen. In seiner *Politia naturae* vom Jahre 1760 steht geschrieben: «Der Mensch, der letzte und vornehmste Diener der Natur, zu dessen Fortschritt und Bequemlichkeit beinahe alles beiträgt, erhält auch das Gleichgewicht in vielen Fällen. Die kolossalen Wale im Meere können kaum seiner Macht entfliehen; die schonungslos gefräßigen Raubtiere wie Löwen und Tiger zwingt er zur Zucht, auf dass er selbst den Frieden genieße; wo auch immer ein Übermaß an Kräutern, Bäumen, Fischen, Vögeln und anderen Tieren sich findet, versteht er einiges von diesem zu seinem Zwecke zu verwenden. Dadurch befördert er das Aufrechterhalten des notwendigen Gleichgewichts, so dass nichts, was unnütz ist, zuviel werden kann. Doch auch der Mensch ist diesen selben Gesetzen der Natur unterworfen, obwohl ich nicht weiß, durch welches Eingreifen der Natur oder gemäß welchem Gesetz die Menge der Menschen hauptsächlich in notwendigen Grenzen gehalten wird.

Es ist jedoch gewiss, dass die ansteckendsten Krankheiten meist in größerem Ausmaße in völkerreichen Gebieten rasen, und ich will glauben, dass aufgrund eines natürlichen Gesetzes Kriege dort aufkommen, wo der größte Überfluss an Menschen herrscht. Wenigstens scheinen dort, wo die Menge der Bevölkerung sich allzu sehr vermehrt, Eintracht und Lebensunterhalt abzunehmen und Neid und Gehässigkeit gegenüber Nachbarn überhand zu nehmen. So ist es also ein Krieg Aller gegen Alle! Soli Deo gloria!»[13]

Wir sind geneigt, diese Sätze als Sozialdarwinismus zu bezeichnen, selbst wenn Linné seine zur Sprache gebrachte Überzeugung mit einem Lobesruf auf Gott expressiv beendet. Doch sind die Sätze geschrieben, ehe Darwin selbst das Licht der Welt erblickte.

Wie wir schon oben aufzeigten, war der Entwicklungsgedanke nicht neu für das 19. Jahrhundert. Er tauchte in allgemeiner Form schon im letzten Drittel des vorhergegangenen Jahrhunderts auf, wurde dann von Lamarck (*Philosophie zoologique,* 1809) mit biologischen Erscheinungen verknüpft und erst 1859 von Wallace und Darwin unabhängig voneinander in Form einer speziellen, erklärenden Evolutionstheorie veröffentlicht. Schon vor dieser Publikation gab es jedoch wissenschaftlich tätige Leute, die sich mit dem Problemkreis beschäftigten. Unter ihnen nimmt für unsere Betrachtung der Schotte Robert Knox eine besondere Stellung ein. Er war ehemaliger Militärarzt in Südafrika und hatte in Edinburgh eine Anatomieschule gegründet. Ihn interessierten die anatomischen Unterschiede zwischen den Weißen und den Schwarzen, die sich seiner Ansicht nach zum Beispiel in der Struktur des Gehirns feststellen ließen. Seine durchaus oberflächlichen Forschungen geschahen in den 1840er Jahren und resultierten in einer ersten, biologisch orientierten Rassentheorie: *The Races of Man. A fragment* (1850). Bislang hatte es Vorurteile gegeben über Eigenschaften fremder Völker, die lange zurückreichen in die Menschheitsgeschichte. Jetzt wurde der Anspruch auf wissenschaftliche Fundierung der Unterschiede erhoben. Nach Obduktion einer einzigen Person kommt Knox zum Schluss:

«Für mich ist Rasse, mit anderen Worten Abstammung alles: sie prägt den Menschen … Die Rasse ist alles; Dichtung, Wissenschaft, Kunst, kurz gesagt die Zivilisation – alles hängt von der Rasse ab.»

Knox behauptet, dass seit Beginn der Geschichte die dunklen Rassen Sklaven waren der Hellhäutigen. Wie kommt das? Er versucht zu antworten: «Ich fühle mich veranlasst zu glauben, dass es eine physische und infolgedessen auch eine psychische Unterlegenheit geben muss der dunklen Rassen im Allgemeinen.» Schließlich ruft er aus: «Welches Feld der Ausrottung (field of extermination) liegt nicht vor den Sachsen und den übrigen europäischen Rassen!»[14]

Zu gleicher Zeit wie Knox waren zwei bedeutende und in jeder Beziehung seriöse Naturforscher dabei, die Variation der biologischen Organismen auf der ganzen Welt zu ergründen und die errungenen Erkenntnisse mit dem allgemeinen Gedanken der Entwicklung zu verbinden. Wir meinen Charles Darwin (1809 – 1882) und Alfred Russel Wallace (1823 – 1913). Beide Forscher kamen unabhängig voneinander, durch genaue Beobachtungen angeregt, zum Schluss, dass biologische Arten im Laufe der Zeit einer Wandlung unterliegen, also nicht ein für alle Mal unveränderlich geschaffen waren. Wir kennen besonders die Vorgeschichte der Publikation von Darwins Hauptwerk *On Origin of Species* vom Jahre 1859 durch Darwins eigene Beschreibung in der Selbstbiographie,[15] ferner durch eingehende Studien wissenschaftstheoretisch tätiger Forscher unserer Zeit (u.a. Howard E. Gruber[16]). Es ist deutlich, dass es für Darwin darauf ankam, nachdem er die Variationen in Raum und Zeit einmal erkannt hatte, eine wohlmotivierte, zusammenhängende und tatsachenbezogene Erklärung der Ursachen zu finden, welche die Evolution zustande bringen. Sowohl aus der Selbstbiographie wie auch aus den Notizbüchern geht hervor, dass er von dieser seiner Forschung im Tiefsten berührt war. Dieselbe Schärfe der Beobachtung, die er nach außen, an die Erscheinungen der Natur verwandte, richtete sich auch nach innen, auf die Wandlungen in der eigenen Seele (siehe Gruber[17]). Er war zunächst im Gefühl stark ergriffen ob der wunderbaren Szenerien, die er auf seiner Weltreise (1831 – 1836) erleben durfte, drückte auch seine Empörung über die Tatsache der Sklaverei gegenüber dem Kapitän des Schiffes aus. Im Laufe eines langen, faktensammelnden Lebens änderte sich jedoch sein Gemüt auf eine für ihn selbst beklagliche Weise. Rückblickend, in der Selbstbiographie schrieb er:

«In meinem Tagebuch schrieb ich, dass, wenn man in der Großartigkeit eines brasilianischen Urwalds steht, ‹es unmöglich ist, sich eine richtige Vorstellung zu machen von den erhabenen Gefühlen der Begeisterung, Erstaunen und Frömmigkeit, welche den Sinn erfüllen und erhöhen›. Ich erinnere mich sehr gut an meine Überzeugung, dass es mehr im Menschen gibt als nur seine Atemluft. Doch jetzt würden nicht einmal die großartigsten Naturszenerien in mir zu solcher Überzeugung und solchen Gefühlen führen. Man kann mit Recht behaupten, dass ich einem Menschen gleiche, der farbenblind geworden ist.»

Darwin hatte eigene Beobachtungen wie auch die anderer Forscher gesammelt. Es fehlte ihm jedoch der entscheidende Gedanke, in den sich alle Einzelheiten einfügen ließen. Er hatte durch Erfahrungen in der Tierzucht verstanden, dass Auswahl zu verbesserten Formen von Tieren und Pflanzen führen konnte. Dennoch kam es nicht zu dem alles übergreifenden Gedanken. Da fiel ihm im Jahre 1838 Malthus' *Essay on Population* in die Hände. In der Selbstbiographie heißt es:

«Im Oktober 1838 ... las ich zufällig zum Vergnügen Malthus' Schrift über die Bevölkerungsfrage. Da ich durch langzeitig durchgeführte Beobachtungen betreffend Gewohnheiten von Tieren und Pflanzen bereit war, die Bedeutung des Kampfes ums Dasein, der überall stattfindet, einzusehen, wurde mir sofort klar, dass unter solchen Umständen vorteilhafte Varianten eher bewahrt wurden und unvorteilhafte Varianten untergehen. Hier hatte ich nun endlich eine Theorie, nach der ich arbeiten konnte.»

Die schlagwortartige Formulierung «Überleben des Tüchtigsten», die sich daraus ergab und die bis heute so oft zitiert wird, stammt nicht von Darwin selbst, sondern von dem Philosophen Herbert Spencer.[18]

Darwin legte nun das Hauptgewicht in seiner Suche nach den wirksamen Faktoren der Evolution auf das Prinzip der Selektion. Doch hatte er ein wesentliches Problem übersehen, wohl das wesentliche Problem überhaupt. Wie kam es einst zum Erscheinen der Tüchtigen? Ehe die Selektion einsetzt, muss doch ein Vorteil vorhanden sein. Warum wurden von den Nachkommen einer Form die einen so tüchtig oder angepasst, dass sie überleben konnten, während andere nicht so tüchtig waren? Auch hier gibt es einen Kommentar in der Selbstbiographie: «Ich erinnere mich exakt an die Stelle, wo mein Wagen sich befand, als ich zu meiner Freude die Lösung fand (when to my joy the solution occured to me) ... Die Lösung ist, soweit ich glaube, dass die modifizierten Nachkommen aller dominierenden und wachsenden Formen *tendieren,* sich den vielen und weit verschiedenen Aufgaben im Haushalt der Natur anzupassen.» («The solution, as I believe, is that the modified offspring of all dominant and increasing forms tend to become adapted to many and highly diversified places in the economy of nature.»)

Darwin spricht später nicht mehr über diese Frage, aber er setzt voraus, dass die Variationen zufällig und richtungslos geschehen, sich danach in oft unmerklich kleinen Schritten addieren (sogenannte additive Typogenese Heberers). Was laut der Theorie der ganzen Evolution Richtung gibt, ist einzig und allein die Selektion.

Moderne Wissenschaftstheoretiker finden in diesem Gedankengang versteckt einige von vornherein vorausgesetzte Prinzipien, zum Beispiel das Prinzip der Kontinuität. Man glaubt eben daran, dass die Natur keine Sprünge mache. Im Nachhinein werden unter dieser These Beweise für die postulierte Lückenlosigkeit gesammelt. Für eine alternative Hypothese, zum Beispiel der speziellen Schöpfung neuer Arten oder gar neuartiger durchschlagender Strukturen und Baupläne, die im Laufe der Erdgeschichte, beispielsweise im Kambrium, auftauchen, ist dadurch einfach kein Platz mehr. Es ist ja alles schon ausreichend erklärt, wie man glaubt. Nicht erklärte Beispiele werden gerne verschwiegen.[19]

Darwin hatte ein an sich sehr kompliziertes Problem, zu dessen Lösung möglicherweise verschiedene Erklärungen gesucht werden müssen, auf ein einziges Prinzip reduziert: Alles beruht auf zufälligen Variationen des Erbgutes. Wir nennen heute ein solches Verfahren Reduktionismus. Es hat den Vorteil, alles Komplizierte rasch und allgemein verständlich zu machen – wenngleich es auch in seiner Ausschließlichkeit schwer, vielleicht niemals durchgehend zu beweisen ist. Immerhin wurde dieses Lösungsprinzip auch bis in unsere Tage richtungweisend für das wissenschaftliche und ganz besonders für das populärwissenschaftliche Erklärungsbedürfnis.

Der Wissenschaftshistoriker James R. Moore fasst das hier kurz skizzierte theoretische Prinzip dessen, was man später Darwinismus nennt, in einem 1985 erschienenen Aufsatz schlagwortartig zusammen: «Vom Stachelhäuter bis zum Engländer, alle waren sie durch die gesetzmäßige Umverteilung der Materie entstanden in Anpassung an eine geordnete Veränderung der geologischen Umwelt. This was rank materialism, and Charles knew it.»[20]

Auch für das andere tragende Prinzip des Darwinismus kann Ähnliches gesagt werden und wird heute mehrfach auch ausgesprochen. Natürlich wirken Konkurrenz und Selektion, und gewiss überleben oft die Angepassten. Die anderen kommen nicht zur Fortpflanzung oder gehen unter. Wie steht es jedoch mit dem entgegengesetzten Prinzip, das zu Darwins Zeiten der Russe Krapotkin hervorhob, dem Prinzip der Zusammenarbeit, das seinen Ausdruck in vielfältigen Symbioseverhältnissen findet? Warum soll notwendig eine Vielfalt wirksamer Faktoren auf einen einzigen Nenner reduziert werden, auf die Selektion?

Auch in Darwins reichhaltigem Lebenswerk selbst befremden uns besonders die abschließenden Sätze seiner Selbstbiographie, die alles, was früher von ihm erlebt, beobachtet und gesagt wurde, zusammenfassen sollen:

«Durch diesen Krieg, der ständig in der Natur herrscht, durch Hungersnot und Tod wurde also das höchste Ziel erreicht, das wir uns vorstellen können, das Entstehen der höheren Tiere. Es liegt etwas Großartiges darin, dass der Schöpfer das Leben mit dessen vielfältigen Äußerungen in wenige Formen, oder eine Einzige, eingeatmet hat und dass aus solch anspruchslosem Beginnen die wunderbarsten Formen sich entwickelten und sich noch entwickeln; all dies geschah, während unser Planet gemäß dem unerschütterlichen Schwerkraftsgesetz seine Kreise zog.»

Darwin selbst war sich durchaus der seelischen Wirkung einer so großartigen, in anderer Weise aber auch einseitigen, weil reduktionistischen Betrachtungsweise bewusst, wie folgende Passage aus seiner Selbstbiographie zeigt. Nachdem der rückblickende alte Charles Darwin erwähnt hat, dass er sich in den vergangenen zwanzig oder dreißig Jahren dahingehend veränderte, dass er nicht länger Poesie erdulden kann und beinahe alles Interesse für Malerei und Musik verloren hat, dass er zwar noch etwas von Gefühl hat für schöne Naturszenen, dass aber auch diese ihm nicht mehr denselben Genuss bereiten wie früher, schreibt er:

«Dieser merkwürdige und beklagenswerte Verlust des Sinnes für höhere ästhetische Werte ist umso mehr eigentümlich, als historische Werke, Biographien, Reiseschilderungen (unabhängig von deren Gehalt an Fakten) und Essays in den verschiedensten Gebieten mich ebenso sehr interessieren wie früher. Mein Gehirn scheint zu einer Art von Maschine geworden zu sein, die allgemeine Gesetze aus einer großen Menge von Fakten gewinnt. Warum aber dies ein Schwinden jener Teile des Gehirns mit sich führen sollte, welche die höheren Geschmacksrichtungen steuern, kann ich nicht begreifen. Ein Mensch mit einem höherstehenden oder besser geordneten Gehirn als mein eigenes würde vermutlich keinen solchen Verlust erlitten haben. Wenn ich gezwungen wäre, mein Leben noch einmal zu leben, würde ich mir zur Regel machen, wenigstens einmal in der Woche etwas Poesie zu lesen und ein wenig Musik zu hören. Dadurch würden vielleicht jene Teile meines Gehirns, die jetzt atrophiert sind, durch Gebrauch erhalten werden. Der Verlust dieser Interessen ist ein Verlust an Glück, und er ist vielleicht auch schädlich für den Intellekt und, was mehr glaubhaft ist, für den moralischen Charakter, da er das Gefühlsleben schwächt.»

Es wurden hier der Einsatz Darwins und einige Grundprinzipien seines umfassenden Werkes behandelt, weil die Folgen seiner eigenen, aber auch die Konsequenzen der Gedanken anderer mit dem Begriff des Sozialdarwinismus bezeichnet werden. Wenn wir uns näher in die Biographie dieser genialen, großen Persönlichkeit vertiefen, bemerken wir, dass hier sehr viel mehr intendiert war, Erkenntnis zu werden, als heute unter Darwinismus verstanden wird. Dennoch, das Menschenbild des ausgehenden 19. Jahrhunderts wie auch das praktizierte, oft völlig mangelnde Menschenverständnis, das die ungeheuren Katastrophen unseres Jahrhunderts an den Tag legten, wurden nachhaltig durch den hier dargelegten Reduktionismus geprägt. Es ist die Frage, ob und wie dieser Schwund überwunden werden kann. Wir werden versuchen aufzuzeigen, dass im Lebenswerk und in der Anthroposophie Rudolf Steiners ein Ansatz in dieser Richtung vorliegt.

Wirkungen darwinistischer Gedankengänge auf die Gesellschaft

Der amerikanische Psychologe Howard E. Gruber diskutiert in seiner schon erwähnten Studie *Darwin on Man* mit dem Untertitel *A Psychological Study of Scientific Creativity*[21] das Phänomen der Überführung neuer Gedanken und Entdeckungen auf andere Gebiete. Im letzten Drittel des 18. Jahrhunderts entwickelte sich eine neue Technologie. Selbstregulierende Maschinen verschiedener Art tauchten auf. Am bekanntesten ist wohl der Zentrifugalregulator James Watts, der bei Dampfmaschinen Verwendung fand. Es geht darum, dass externe Einflüsse auf ein System automatisch korrigiert werden, wodurch der gewünschte Status des Systems aufrechterhalten wird. Während dieser Zeit tauchte das Konzept einer selbstregulierenden Gesellschaft bei Adam Smith und anderen auf. Dieser Gedanke stand der statischen Vorstellung entgegen, dass die Gesellschaft einer strengen, zentralistischen Kontrolle zu unterwerfen sei. So sind technologische Selbstregulierung von Maschinen und Vorstellungen einer sich selbst regulierenden Gesellschaftsstruktur Zwillingsgeburten in der Zeit des aufkommenden Industrialismus.

Als drittes Kind tauchte später ähnliches Denken sowohl im biologischen als auch im geologischen Bereich auf. Darwin selbst sprach nie von Leben als einem selbstregulierenden System, doch äußerte sich Alfred Wallace, der Mit-Entdecker des mechanistisch verstandenen Evolutionsgedankens in dieser Sache:

«Die Wirksamkeit dieses Prinzips ist exakt gleich dem des Zentrifugalregulators an einer Dampfmaschine, welche alle Irregularitäten kontrolliert und korrigiert, beinahe ehe sie evident werden.»

In der Zeit des 19. Jahrhunderts, in der technologisches und wissenschaftliches Denken hoch geschätzt war, hatten die neuen Gedanken ihre gegebenen Rückwirkungen auch auf das sich nun deutlich abzeichnende Völkerproblem. In Europa war man im Zeichen des herrschenden Manchesterliberalismus mehr als bereit, die neuen wissenschaftlichen Ideen der natürlichen, überall waltenden Konkurrenz und der damit verknüpften Selektion mit Beifall entgegenzunehmen. Bald vereinigten sich weiterhin Konkurrenzprinzip und aufkommender Nationalismus. Schließlich verstärkten die beiden nun zusammenfallenden und *wissenschaftlich legitimierten Konzepte* die gerade zu jener Zeit durchbrechenden imperialistischen Impulse. Europas Mächte befanden sich als abgegrenzte Nationen mehr und mehr in einem Wettkampf. Die kolonisierten Völker waren nicht mehr als Werkzeuge dieses im eigentlichen Sinne innereuropäischen Kampfes.

Sozialdarwinismus und Rassenlehre

W. Winwood Reade,[22] Mitglied der Anthropologischen und Geographischen Gesellschaften in London, wollte in seinem Buch[23] voraussagen, dass Afrika zwischen England und Frankreich geteilt werden würde und dass die Afrikaner unter europäischer Führung die Sümpfe entwässern und die Wüsten bewässern würden. Es würde dies eine harte Arbeit sein, und die Afrikaner selbst würden dabei wahrscheinlich ausgerottet werden: «Ein derartiges Resultat müssen wir mit Fassung ertragen lernen. Es ist ein Beispiel des wohltuenden Gesetzes der Natur, das besagt, dass die Schwachen von den Starken vernichtet werden müssen.»

Alfred Wallace meinte, die Auslöschung der niederstehenden Rassen sei berechtigt. Dadurch könnten die bestehenden Rassenunterschiede vermindert werden, und die Welt würde wieder von einer einzigen, beinahe homogenen Rasse bewohnt werden, in der keiner den edelsten Exemplaren der heutigen Menschheit unterlegen sei. Er sah jedoch ein Problem. In Wirklichkeit waren es nicht «die Besten», welche im Kampf ums Dasein siegten. Im Gegenteil, die intellektuell und moralisch Mittelmäßigen vermehrten sich vehement und schlugen sich durch.

William Greg behandelte das Problem in einem Artikel in *Frazers Magazine* (September 1868). Die Mittelklasse, die das energische, zuverlässige und progressive Element in der Bevölkerung darstellt, hat weniger Kinder als sowohl Ober- wie Unterklasse. Das «gerechte und gesunde Gesetz der natürlichen Auswahl» wurde also außer Kraft gesetzt. Unsere Gesellschaft wird überzivilisiert und geht dem gleichen Schicksal entgegen wie einst die griechische und römische. Glücklicherweise gilt das Gesetz der Natur noch im Verhältnis der Rassen untereinander, setzt Greg fort. Hier sind die Tauglicheren und Stärkeren weiterhin die am meisten Begünstigten. Sie werden den Wettkampf gewinnen und «die niedrigeren Menschenarten ausrotten, regieren, verdrängen, bekämpfen, weg-essen oder aus dem Dasein wegdrücken».

Francis Galton, Darwins Schwiegersohn ging noch einen Schritt weiter. Er sah den Fortschritt hauptsächlich garantiert durch eine Verbesserung der Erbmasse. Seiner Meinung nach waren es einfach nicht die richtigen Menschen, die sich vermehrten. Der eugenische Gedanke war damit geboren. Er fand und findet seine Fortsetzung bis heute. Wir werden darauf zurückkommen.

Der nun begründete Darwinismus fand bald seine, oft fanatisch auftretenden, Vertreter und Verkünder. War Darwin selbst eher zurückhaltend in seinen Schlussfolgerungen, so trat vor allem Ernst Haeckel (1834 – 1919) mit großer Kraft und Entschiedenheit für die Lehre des Darwinismus ein. Er sah sich erheblichen Widerständen, besonders von konservativer theologischer Seite, ausgesetzt, was seine unerbittlichen Darlegungen der neuen Thesen nur verstärkte.

Einer der Lieblingsschüler und nahen Freunde Haeckels, der Zoologe Oscar Hertwig, trat jedoch in seinem Hauptwerk *Das Werden der Organismen. Eine Widerlegung von Darwin's Zufallstheorie* [24] den Lehren der betont hochgeschätzten Vorgänger entgegen. In seinem späteren Buch: *Gegen den ethischen, sozialen und politischen Darwinis-*

mus[25] behandelt Oscar Hertwig vor allem die damals beobachtbaren Konsequenzen darwinistischer Gedankengänge. Er sieht in dieser Schrift eine heraufkommende sogenannte Entwicklungsethik, die sich auf dem zufälligen Spiel der Moleküle und dem Schicksal einzelner Zellen in einem gedachten Zellenstaat aufbaut. Der einzelne Mensch spielt in dieser Sicht nur die Rolle eines sozialen Moleküls oder einer sozialen Zelle im Zellenstaat, meint Hertwig. Übrigens hatte der schwedische konservative Politiker Rudolf Kjellén gerade eine solche Analogie der Zelle und des Zellenstaates in Schriften beschrieben, welche in Deutschland zu jener Zeit gelesen wurden. Man kann sich fragen, was Chirurgen mit denjenigen Zellen anfangen, die sich falsch verhalten? Die Konsequenzen der Analogie ergeben sich: sie werden liquidiert.

Hertwig führt weiter extrem anmutende Beiträge des nun auch in Deutschland florierenden Sozialdarwinismus an. Im Jahre 1900 veranstalteten die Professoren Conrad, Fraas und Haeckel ein internationales wissenschaftliches Preisausschreiben mit dem Titel: «Was können wir von den Prinzipien der Deszendenztheorie lernen in Fragen der innerpolitischen Entwicklung und Gesetzgebung?». Nicht weniger als 60 Beiträge wurden eingeliefert. Der erste Preis fiel an Schallmayer. Die umfangreiche Arbeit (in 2. Auflage herausgegeben) trug den Titel *Vererbung und Auslese in ihrer soziologischen und politischen Bedeutung. Preisgekrönte Studie über Volksentartung und Volkseugenik.* Schon der Titel spricht für sich. Schallmayer wie auch Haykraft, Tille, Ploetz und andere warnen aus darwinistischer Sicht vor «kontraselektionistischen» Effekten ärztlicher Kunst, Bekämpfung von Kindersterblichkeit, Alkoholismus, Arbeitslosigkeit und so weiter. Tille schreibt: «Darwins Gesetz vom Kampf ums Dasein findet gegenüber dem Menschengeschlecht die Anwendung, dass man soziale Verhältnisse schafft, wo die Begabten und Tauglichen reichere Nahrung erhalten, während jeder der Übrigen so viel zu essen bekommt, als seiner Tauglichkeit entspricht – die Untauglichsten müssen deshalb unfehlbar untergehen und können sich nicht fortpflanzen.»

Ploetz führt aus, dass der «Rassenhygieniker» nichts gegen Krieg einzuwenden habe, da dies ja ein Mittel sei im Kampf der Völker um ihr Dasein. «Während eines Feldzugs ist es vorteilhaft, die zusammengeführten schlechten Varianten an solche Stellen hinzuführen, wo Kanonenfutter gebraucht wird und wo es nicht auf individuelle Tauglichkeit ankommt.»

Schallmayer führte in seiner preisgekrönten Arbeit auch aus, dass man auf eine positive Auswahl Acht geben solle. In Weiterführung der Gedanken Francis Galtons verordnet er eine zukünftige Eugenik, bei der die Minderwertigen von Ehe und Fortpflanzung auszuschließen seien.

In diesem Zusammenhang schreibt Oscar Hertwig von einem «Mittgartbund», bestehend aus 1.000 ausgewählten Frauen und 100 Männern. In der Regie dieses Bundes wurden erbhygienische Prinzipien im Sinne der positiven Selektion praktiziert. Es ging um Menschenzüchtung.

Der äußerste Gegensatz: Nationalsozialismus und Anthroposophie

Aus dem hier referierten Material aus Oscar Hertwigs Schrift geht zur Genüge hervor, wie dieser renommierte Forscher deutlich die Tendenzen sah, die innerhalb weniger Jahre danach eine wesentliche Ingredienz im Nationalsozialismus ausmachten. Die Warnungen blieben unbeachtet.

Was sich dann in der Tat während kurzer zwölf Jahre auf deutschem oder von Deutschen beherrschtem Gebiet abspielte, übertraf jedoch weitaus alle diese Phantasien und Pläne. Ausrottung wurde jetzt in großem Stil, industriell und ohne irgendwelche Rücksichtnahme, betrieben. Rassenbegriffe wurden beliebig erweitert. Durch ein Aufnordungsprogramm mit dem Namen «Lebensborn» sollte die germanische Rasse neu konstituiert werden

Es ist für viele ein Rätsel, wie diese Untaten überhaupt möglich waren – in einem Volk, das etwas mehr als hundert Jahren zuvor ausgesprochen humanistische Ideale gepflegt hatte. Und wer überhaupt fühlte sich schuldig? Gab oder gibt es Menschen, die bereit sind zu sagen: dafür trage ich die Verantwortung?

Es existieren heute zahlreiche Versuche, das Aufkommen und die Erscheinung des Nationalsozialismus zu erklären. In einer jüngst erschienenen amerikanischen Studie wird die Biologie der Zeit zwischen Wilhelm II. und Hitler daraufhin untersucht, ob es unter damals in Deutschland lebenden Biologen und Psychologen Alternativen gegeben hat, die möglicherweise zu einer anderen Entwicklung hätten beitragen können. Gewiss gab es vor allem eine holistische Richtung, unter anderem vertreten von Uexküll und Wertheimer im Gegensatz zu den mechanistisch denkenden Biologen und Psychologen. Erstaunlich ist, dass die nazistische Ideologie in beiden Lagern gleichermaßen Fuß fasste. Es fehlte ein zentraler Gedanke, der wirklich zum Widerstand hätte führen können, wenn er im Volk aufgenommen und verbreitet gewesen wäre.[26]

Einer der in Deutschland wohl weniger bekannten Forscher ist der norwegische Philosophieprofessor Harald Ofstad. Neben einer ausführlichen analysierenden Darstellung, die im Übrigen auch künftig drohende, jedoch völlig anders geartete Auswüchse der nazistischen Ideologie umfasst,[27] existiert auch ein Zeitungsartikel von Ofstads Hand, der in aller Kürze Wesentliches bringt. Ofstad zitiert dort eine Schrift des Psychologieprofessors E. R. Jaensch, publiziert im Jahre 1938, *Der Gegentypus. Psychologisch-anthropologische Grundlagen deutscher Kulturphilosophie, ausgehend von dem, was wir überwinden wollen.* Laut Jaensch ist der Gegentypus der Typ des schwachen, phantasiebegabten, synästhetisierenden, nicht berechenbaren Menschen.

Schon der Anblick solcher Menschen löste bei Nazisten autoritäre Aggression aus. Die einleitende Frage: Was ist Nazismus?, beantwortet Ofstad gegen Ende des Artikels mit folgenden Sätzen: «Nazismus ist autoritäre Aggression, ausgelöst bei der Konfrontation mit allem, was lebendig ist und individuell. Das Lebendige und Individuelle können wir mit gutem Recht das Künstlerische nennen. Nazismus ist deshalb, kurz ausgedrückt, der Hass gegen das Künstlerische im Menschen.»[28]

Hier ist meines Erachtens kontrapunktisch charakterisiert, was sich durch Rudolf Steiners ganzes Lebenswerk wie ein roter Faden hindurchzieht: die Begründung der geistigen Individualität in ihrer Entwicklung durch künstlerische Erfahrung und Tätigkeit.

Wir werden uns im Folgenden dem in Frage kommenden Ansatz Rudolf Steiners zuwenden. Hier sei zur Illustration der These Harald Ofstads die nazistische Motivierung des Verbots anthroposophischer Tätigkeiten abgedruckt:

«Der Grund für das Vorgehen der staatlichen Behörden gegen die Anthroposophische Gesellschaft liegt, wie das deutsche Nachrichtenbüro mitteilt, darin, dass sie *international* eingestellt ist und bis heute noch enge Beziehungen zu ausländischen Freimaurern, Juden und Pazifisten unterhalten hat. Die auf der Pädagogik des Gründers Rudolf Steiner aufgebauten und in den noch bestehenden anthroposophischen Schulen angewandten Unterrichtsmethoden verfolgen eine *individualistische, nach dem Einzelmenschen ausgerichtete Erziehung,* die nichts mit den nationalsozialistischen Erziehungsgrundsätzen gemein hat. Infolge der Gegensätze zwischen den Anschauungen der Anthroposophischen Gesellschaft und dem vom Nationalsozialismus vertretenen völkischen Gedanken bestand die Gefahr, dass eine weitere Tätigkeit der Anthroposophischen Gesellschaft die Belange des nationalsozialistischen Staates geschädigt hätte. Die Organisation wurde daher wegen ihres staatsfeindlichen und staatsgefährdenden Charakters aufgelöst.»[29]

Rudolf Steiner und Ernst Haeckel

Rudolf Steiner (1861 – 1925) wurde zwei Jahre nach dem Erscheinen von Darwins, wie wir sahen, epochemachendem Hauptwerk *Vom Ursprung der Arten* geboren. Nach dem Besuch einer Realschule studierte er naturwissenschaftliche Fächer und Mathematik an der Technischen Hochschule in Wien. Frühzeitig wurde der Zweiundzwanzigjährige mit der Herausgabe von Goethes naturwissenschaftlichen Schriften, die damals so gut wie unbearbeitet waren, beauftragt.

Das grundlegende Goethe-Studium, dem sich Steiner zu dieser Zeit widmete, hätte es nahegelegt, völlig in die noch stark nachklingende Zeit der deutschen Klassik unterzutauchen, auch zu versuchen, die eigene Tätigkeit in erster Linie mit den Werken der großen Philosophen des 18. und 19. Jahrhunderts zu verbinden. Der junge Steiner kannte und schätzte die Errungenschaften jener Zeit außerordentlich hoch, doch wollte er sich ganz bewusst während der folgenden Jahre mit Forschungsmethoden, gedanklichen Ansätzen und Ergebnissen der sich damals rasch entwickelnden Naturwissenschaften auseinandersetzen. Physik, Chemie, Geologie und Biologie, alle diese Teilwissenschaften befanden sich in stürmischer Entwicklung. Wir beschrieben oben in aller Kürze die bahnbrechende Idee der Evolution der Lebewelt. Es war, wie Steiner später bemerkte, die bedeutendste Idee des Jahrhunderts. Steiner fühlte sich stark gerade von diesem Gedanken berührt und trat öffentlich für Haeckel ein, selbst als dieser im Jahre 1899 sein provozierendes Werk *Die Welträtsel* veröffentlichte. Wohl sah der Kenner Goethescher Naturforschung die Einseitigkeit im mechanistischen Denken sowohl Darwins als auch Lyells und Haeckels, doch war der Vorstoß in das Gebiet des Werdens, der Versuch, versteifte Positionen der damaligen konservativen Theologie durch Erfahrungswissenschaft aufzulösen, wichtiger als die naiv realistischen Erklärungsformen des Darwinismus.

Haeckel war Künstler und Naturforscher zugleich, seine Tätigkeit wurde getragen von großer Begeisterung für die Schönheit und Großartigkeit aller, auch der kleinsten Formen. Mit großer Einfühlungsgabe malte er wunderbare Bilder von Radiolarien, Quallen, Seerosen und tropischen Landschaften. Seine morphologischen Untersuchungen, zum Beispiel seine vergleichenden embryologischen Studien, sind auch heute noch von großem wissenschaftlichem und künstlerischem Wert. Es gibt in unserer Zeit wenige Künstler, die sich mit vergleichbarer Hingabe und Schärfe der Beobachtung in die mikroskopisch zutage tretende Formenwelt sonst verborgener Lebewesen vertiefen.

Haeckel war zeit seines Lebens glühender Verehrer von Goethes dichterischen Werken. Er hatte Sinn für Goethes grundlegende Stimmung im Verhältnis zur Natur, und immer wieder klang seine große Ehrfurcht vor der «Gott-Natur» durch seine Werke, seine Briefe, seine Bilder.

Andererseits suchte Haeckel mit fanatischem Eifer nach einem einheitlichen Prinzip, das Natur und Geist vereinen konnte, also nach dem gestaltenden Prinzip der Lebewelt schlechthin. Sein Erfahrungsgrund war jedoch die stoffliche, materielle Seite des Lebens, während der Geist als solcher nur als Ahnung in sein waches Bewusstsein trat. Selbst mit Blick auf das besonders von Theologen energisch bekämpfte Buch *Die Welträtsel* bekannte er gegenüber der geliebten Frida von Uslar: «Ich bilde mir nicht ein, in diesem Buche den Gipfel der Naturerkenntnis erklommen zu haben. Vielmehr behalte ich immer das unbefriedigende Gefühl, dass *ein* großer Faktor in der ‹Weltordnung›, *eine* Ursache in der Entwicklung uns noch ganz unbekannt ist.»

Haeckel bezeichnete seine Weltanschauung als Monismus und schrieb – in der dritten Person –, dass es ebenso falsch wäre, «dieselbe als ‹Materialismus› wie als ‹Spiritualismus› zu bezeichnen. Diese Weltanschauung ist einheitlich, sie vermag Kraft und Stoff, Geist und Materie nirgends voneinander zu scheiden. Alle Materie ist für sie geistig belebt, und jede geistige Lebensäußerung ist an eine bestimmte Form der Materie geknüpft. In der definitiven Begründung dieser monistischen Naturphilosophie findet Haeckel das Hauptverdienst der durch Darwin reformierten Entwicklungstheorie.»[30]

Für Steiner war die Situation genau umgekehrt. Schon als Kind hatte er konkrete Erlebnisse einer geistigen Welt, die nicht fern der unseren Sinnen zugänglichen Welt war, sondern in diese hineinwirkte. Er fühlte sich in dieser Welt genau so verankert, wie sich andere Menschen in der Sinneswelt zu Hause fühlten. Auch wurde ihm klar, dass alle Menschen in das wahrhaft Wirkliche, also in das die Sinneswelt Wirkende untertauchen könnten, sofern sie durch eine «innerliche Verstärkung des Seelenlebens» dies anstrebten. Wichtig war, sich mit solchen Gedanken zu beschäftigen, welche die äußeren Dinge nicht nur *nach*bilden und die Welt weitgehend dinglich, also gegenständlich vorstellen; darüber hinaus wurde das Wesenhafte des Denkens selbst, das heißt der denkerischen, forschenden Tätigkeit dem jungen Steiner zur inneren Erfahrung:

«Dieses Leben in Gedanken offenbarte sich mir als ein ganz anderes als das ist, in dem man das gewöhnliche Dasein und auch die gewöhnliche wissenschaftliche Forschung verbringt. Geht man immer weiter in dem Gedanken-Erleben, so findet man, dass diesem Erleben die geistige Wirklichkeit entgegenkommt. Man nimmt den Seelenweg zu dem Geiste hin. Aber man gelangt auf diesem inneren Seelenwege zu einer geistigen Wirklichkeit, die man dann auch im Innern der Natur wiederfindet. Man erringt eine tiefere Naturerkenntnis, indem man sich der Natur dann gegenüberstellt, wenn man in lebendigen Gedanken die Wirklichkeit des Geistes geschaut hat ...

Die geistige Schauung nimmt den Geist wahr wie die Sinne die Natur; aber sie steht mit dem Denken der geistigen Wahrnehmung nicht ferne wie das gewöhnliche Bewusstsein der Sinneswahrnehmung, sondern sie denkt, indem sie das Geistige erlebt, und sie erlebt, indem sie die erwachte Geistigkeit im Menschen zum Denken bringt.

Eine geistige Schauung stellte sich mir vor die Seele hin, die nicht auf einem dunklen mystischen Gefühle beruhte. Sie verlief vielmehr in einer *geistigen Betätigung*, die an Durchsichtigkeit dem mathematischen Denken sich voll vergleichen ließ. Ich näherte mich der Seelenverfassung, in der ich glauben konnte, ich dürfe die Anschauung von der Geisteswelt, die ich in mir trug, auch vor dem Forum des naturwissenschaftlichen Denkens für gerechtfertigt halten.

Ich stand, als diese Erlebnisse durch meine Seele zogen, in meinem zweiundzwanzigsten Lebensjahre.»[31]

Erlangte Steiner früh eine Sicherheit im geistigen Wahrnehmen und in der denkerischen Bearbeitung des Wahrgenommenen, so stand er zu jener Zeit vor dem Problem seiner noch nicht genügend scharfen Wahrnehmung der äußeren Welt, die nun für Haeckel eine Selbstverständlichkeit darstellte. Es kostete ihn große Anstrengung, dasjenige, was die Sinne wahrnehmen, auch zu behalten: «Es war, als ob ich das seelische Erleben nicht so weit in die Sinnesorgane hätte ergießen können, um, was *diese* erlebten, auch vollinhaltlich mit der Seele zu verbinden.»[32]

Mit Steiners fünfunddreißigstem Lebensjahr trat jedoch ein «tiefgehender Umschwung» in seiner Seele ein: «Eine vorher nicht vorhandene Aufmerksamkeit für das sinnlich Wahrnehmbare erwachte in mir. Einzelheiten wurden mir wichtig; ich hatte das Gefühl, die Sinneswelt habe etwas zu enthüllen, was nur *sie* enthüllen kann. Ich betrachtete es als ein Ideal, sie kennen zu lernen allein durch das, was *sie* zu sagen hat, ohne dass der Mensch etwas durch sein Denken, oder durch einen andern in seinem Innern auftretenden Seelen-Inhalt in sie hineinträgt.»[33] Hier wird biographisch formuliert, was Steiner in seiner frühen erkenntnistheorethischen Schrift als «reine Wahrnehmung» bezeichnet hatte.[34] Durch die späte, aber dann umso bewusster vollzogene und scharfe Wahrnehmung der Sinneswelt wurde ihm auch deutlich, wie Wirklichkeit überhaupt entsteht: durch die geglückte Verbindung des reinen Denkens mit der Wahrnehmung.

Wir hatten bereits oben (s. S. 46) bemerkt, wie Carl Gustav Carus sich zu einer diesbezüglichen Erkenntnis, wie Wirklichkeit im Menschen geschaffen wird, hindurchrang. In Steiners *Philosophie der Freiheit* wird dieser Akt der Erkenntnis nun deutlich beobachtet und präzisiert. Es handelt sich unmissverständlich um die Weiterführung zentraleuropäischer Gedanken und Ideale:

«Im Gegensatz zum Wahrnehmunginhalte, der uns von außen gegeben ist, erscheint der Gedankeninhalt im Innern. Die Form, in der er zunächst auftritt, wollen wir als *Intuition* bezeichnen. Sie ist für das Denken, was die *Beobachtung* für die Wahrnehmung ist. Intuition und Beobachtung sind die Quellen unserer Erkenntnis. Wir stehen einem beobachteten Dinge der Welt so lange fremd gegenüber, so lange wir in unserem Innern nicht die entsprechende Intuition haben, die uns das in der Wahrnehmung fehlende Stück der Wirklichkeit ergänzt. Wer nicht die Fähigkeit hat, die den Dingen entsprechenden Intuitionen zu finden, dem bleibt die volle Wirklichkeit verschlossen.»[35]

Steiner spricht, wenn es um Erkenntnis geht, von einer geistigen Betätigung. Erkenntnis ist uns nicht gegeben, sie muss durch Willensbetätigung erreicht werden. Hier muss man sich fragen: Wer ist es dann, der sich betätigt?

In Verfolgung dieses Motivs werden wir nun weiter auf die Begegnung von Steiner und Haeckel eingehen. In deren Folgen artikuliert Steiner ein völlig neues Verständnis der Evolution. Dieses ist dann wiederum von ausschlaggebender Bedeutung für eine Neuorientierung im Verhältnis zwischen Einzelmensch und Gruppe sowie für einen neuen Ansatz im bislang problematischen Verhalten verschiedener Gruppen untereinander. Diesen neuen Ansatz bewusst zu ergreifen und ihn möglicherweise weiter zu entwickeln ist ja der Sinn dieser Arbeit und zugleich auch die vornehmste Aufgabe anthroposohischer zeitgemäßer Bemühungen überhaupt.

Die Frage nach dem Wesen der Individualität

Für Ernst Haeckel war in Konsequenz seiner monistischen Weltanschauung die Frage nach der Seele und damit auch die Frage nach der individuell gestalteten Seele eine Aufgabe, die er der Physiologie zuweisen wollte: «Nach meiner Überzeugung ist das, was man die ‹Seele› nennt, in Wahrheit eine Naturerscheinung; ich betrachte daher die Psychologie als einen Zweig der Naturwissenschaft – und zwar der Physiologie.»[36] Auch das Problem der Willensfreiheit will er physiologisch erklärt wissen. Haeckel sieht im Willen das «hochwichtige Seelenelement, welches den Charakter des Individuums bestimmt», und postuliert darauf die vollkommene Abhängigkeit gerade des Willens von Vererbung, tierischer Abstammung und Umwelteinflüssen: «Wir wissen jetzt, dass jeder Willens-Akt ebenso durch die Organisation des wollenden Individuums bestimmt und ebenso von den jeweiligen Bedingungen der umgebenden Außenwelt abhängig ist wie jede andere Seelentätigkeit. Der Charakter des Strebens ist von vornherein durch die Vererbung von Eltern und Voreltern bedingt;

der Entschluss zum jedesmaligen Handeln wird durch die Anpassung an die momentanen Umstände gegeben, wobei das stärkste Motiv den Ausschlag gibt, entsprechend den Gesetzen, welche die Statik der Gemütsbewegungen bestimmen. Die Ontogenie lehrt uns die individuelle Entwickelung des Willens beim Kinde verstehen, die Phylogenie aber die historische Ausbildung des Willens innerhalb der Reihe unserer Vertebraten-Ahnen.»[37]

Haeckels Postulat gründet sich auf eine schon früher von ihm getroffene Entscheidung. Er drückt seine Überzeugung aus, dass Erkenntnis nur durch Zusammenschluss von Erfahrung und Denken zustande kommen könne, wobei Erfahrung mit sinnlicher Erfahrung gleichgesetzt wird. Erfahrung und Beobachtung dürfen sich laut Haeckel ausschließlich auf sinnlich Gegebenes beziehen. Dafür hatte er sich einfach entschieden.

Die Entscheidung über das zu Beobachtende kann jedoch auch anders verlaufen. Dies zeigen schon Steiners früheste Werke. In seiner 1886 veröffentlichten Schrift *Grundlinien einer Erkenntnistheorie der Goetheschen Weltanschauung*[38] präzisiert er seine Haltung folgendermaßen: «Wenn wir ... für die erste Form, in der wir die Wirklichkeit beobachten, einen Namen haben wollten, so glauben wir, wohl den der Sache am angemessensten in dem Ausdrucke: Erscheinung für die Sinne zu finden. Wir verstehen da unter *Sinn* nicht bloß die äußeren Sinne, die Vermittler der Außenwelt, sondern überhaupt alle leiblichen und geistigen Organe, die der Wahrnehmung der unmittelbaren Tatsachen dienen. Es ist ja eine in der Psychologie ganz gebräuchliche Benennung: innerer Sinn für das Wahrnehmungsvermögen der inneren Erlebnisse.»[39]

Wenn wir heute, gegen Ende dieses Jahrhunderts, die Situation innerhalb der von Europa und den USA ausgehenden Zivilisation überblicken, heben sich die oben dargestellten Entscheidungs-Alternativen als Ausgangspunkte verschiedenster Wege heraus. Innerhalb der heutigen wissenschaftlichen Welt des Westens wird dabei von vielen die Haeckelsche Entscheidung als die einzig mögliche betrachtet. Was jedoch innerhalb unseres eigenen Kulturkreises als Selbstverständlichkeit betrachtet wird, ist in der heute und in naher Zukunft erfolgenden Begegnung mit anders ausgerichteten Kulturen äußerst kontroversiell. Näheres darüber soll weiter unten ausgeführt werden (s. S. 101).

Das Ich, ein Wesen in Entwicklung

Für Rudolf Steiner stand das Erlebnis menschlichen Strebens nach Freiheit an erster Stelle. Für Haeckel dagegen war Willensfreiheit aus den oben angeführten Abhängigkeitsgründen nicht denkbar.

Freiheitsbedürfnis, Freiheitssuche ist durchaus ein innerseelischer Prozess, und als solcher kann er nicht gutdünklich auf materielle Gründe zurückgeführt werden, was dennoch in unserem Jahrhundert von manchem Denker und Forscher versucht wurde. Wenn man unvoreingenommen sein seelisches Tableau beobachtet, tritt der prozessuale Charakter, das heißt das Willensmäßige, Kraftbetonte, wenn auch nie ganz zum Ziel kommende der menschlichen Ich-Natur deutlich zutage. Dabei ist das Ich in seiner Tätigkeit nie lokalisierbar, es zeigt sich jedoch als Tätiges in der Ausgestaltung der körperlichen Organisation wie auch als gestaltendes, urteilendes, Zusammenhang und Dauer verleihendes Element im menschlichen Seelenleben. Vor allen Dingen zeigt das menschliche Ich sich im Verlaufe einer menschlichen Biographie als *Wesen*, das in *Entwicklung* begriffen ist.

Im Verlaufe einer gründlichen Präsentation möglicher Deutungen des menschlichen Bewusstseins durch führende Neurologen äußerte sich der bekannte kanadische Gehirnchirurg und Empiriker Wilder Penfield in einer Diskussion zu unserer Problemstellung: «Da gibt es etwas, was aus den Augen eines Individuums herausblickt. Es verändert sich im Verlauf der Jahre. Es ist etwas, mit dem der Biograph seine Leser vertraut machen muss. Da ist etwas, jenseits des Stromes bewusster Erfahrung, das wir weder benennen noch identifizieren noch verstehen können.»[40] Dieses von außen, durch unseren Sinn für das fremde Ich erfahrbare Etwas kann laut Steiner durch innere Beobachtung, die erfolgen kann, «wenn das menschliche Seelenleben sich losreißt von dem Haften an einem äußeren Objekte», erkannt und denkend bearbeitet werden. «Und wenn die Seele dann noch etwas erleben kann, dann ist das Erlebnis ein übersinnliches.»[41]

Steiner hat damit den Zugang zur eigenen Ich-Erfahrung methodisch eröffnet und erkenntnistheoretisch begründet. Dies ist wesentlich für den Vollzug des Entwicklungsgedankens, für das Ergreifen der Entwicklungs-Idee im weitesten Sinn. Wir hatten früher schon (siehe S. 18 und Anm. 3) auf die Arbeit Frank Teichmanns verwiesen. Laut dem dort Dargestellten ergab es sich, dass der Entwicklungsgedanke schon 1785 durch Karl Philipp Moritz literarisch artikuliert wurde – offenbar als Resultat der eigenen biographischen Erfahrung und inneren Beobachtung. Es scheint uns, dass man Entwicklung, also *Evolution in ihrer Wirklichkeit,* überhaupt erst durch Beobachtung der inneren gestaltenden Tätigkeit erfahren kann. Pflanzen wie Tiere können durch bildhaftes Mitvollziehen ihrer Bildung als konsequent zusammenhängende und zusammengestimmte Organismen verstanden werden. Dieses Verfahren steht im Gegensatz zu vielen fragmentarisierten Darstellungen in Schul- und Lehrbüchern. Der dort vorherrschenden Darstellung nach sind Organismen aus Zellen, Geweben und Organen zusammengesetzt. Bei der gestaltenden Methode wird das Werden der Organismen im eigenen Denken erfasst, und damit kann es zu einem wirklichen Verständnis der entsprechenden Pflanzen und Tiere kommen. Man begegnet dem anderen Wesen und verbindet sich mit ihm.

In diesem Sinne wurde durch E. M. Kranich ein methodischer Weg erschlossen, der dies deutlich macht: «Der Naturforscher muss hier mehr leisten als genaues Beschreiben der Tatsachen, mehr als analytisches Zergliedern oder gezieltes Beeinflussen des Lebendigen durch Experimente. Er kann auch nicht dabei stehen bleiben, die Formen des Lebendigen nach dem Grade ihrer Ähnlichkeit anzuordnen, um diese dann im Sinne eines Abstammungszusammenhanges zu interpretieren. Er muss sie geistig *entstehen lassen,* indem er in voller Besonnenheit jeden Schritt im Ausgestalten der Formen ausführt. Es handelt sich um eine entwickelnde, genetische Methode, die eine hohe Disziplin erfordert.»[42]

Wie entsteht Bereitschaft zur Verantwortung?

Wenn es uns gelingt, am Werdenden, am schöpferischen Prozess der Natur teilzunehmen – und durch unser vom Ich durchleuchtetes und vom Ich geführtes Denken vermögen wir dies –, dann überwinden wir die von Descartes postulierte Subjekt-Objekt-Spaltung. Wir verbinden uns mit der Natur und sehen sie nicht nur gegenständlich, aus kühler, anerzogener Distanz. In entsprechender Weise kann es uns auch gelingen, durch ein aktives, erkenntnisschaffendes Ich, uns mit der Erscheinung und Tatsache fremder Menschen und Kulturen nicht nur abzufinden, sondern diese wenigstens anfänglich auch zu verstehen. Erst durch Verständnis ersteht in uns auch Verantwortung. Dies gilt für unser Verhältnis zur Natur wie auch im erweiterten Sinne für unsere Beziehung zu anderen Menschen oder Gruppen von Menschen.

Wir hatten zu Anfang dieser Darstellung nach der Quelle freiwillig auf sich genommener und auch getragener Verantwortung gefragt. Hier, in diesem von Rudolf Steiner errungenen Ansatz scheint sich uns ein Weg anzubahnen, um eines der großen Probleme der gegenwärtigen Menschheit, das Problem der mangelnden Verantwortungsbereitschaft zu bearbeiten und auch zu lösen: durch aktive Teilnahme, durch Mit-Vollziehen des bildenden Prozesses. Dazu bedarf es verständlicherweise Übung, und es ergibt sich daraus eine Aufgabe künftiger Pädagogik. Bis heute wurden viele Generationen dazu erzogen, sowohl die Natur als auch die verschiedenen Völker und Völkergruppen der Welt vom eigenen Standort aus distanziert zu betrachten und auch zu beurteilen. Andererseits fehlte ein angemessenes Verständnis für das Wesen eigenständiger Existenz. Die oft rücksichtslose Exploitierung von Natur und Mensch erscheint in diesem Lichte gesehen nicht verwunderlich. Selten hatte man sich mit dem anderen wirklich verbunden gefühlt, deshalb konnte man seine irgendwie geartete Überlegenheit zu eigenem Gewinn ausnützen.

Wir stehen heute vor neuen Wahlsituationen. Durch die seit einigen Jahrzehnten sich rasch entwickelnde Biotechnologie sind radikale Eingriffe in die genetische Struktur der Lebewesen möglich geworden, bis hin zur künstlichen Erzeugung von geklonten (genetisch kopierten) Säugetieren. Wie werden wir uns dazu verhalten? Wird eintreten, was schon lange befürchtet und von Aldous Huxley in seinem futuristischen Roman *Brave New World* auch illustriert war: die durch genetische Manipulation möglich gewordene Produktion menschlicher Eliten- bzw. Sklavenklonen? Wir sollten uns hier an Vorschläge und Pläne erinnern, die im Zusammenhang mit dem im Jahre 1962 in London abgehaltenen, sogenannten CIBA-Symposium an die Öffentlichkeit kamen.[43] Von hervorragenden und mit dem Nobelpreis ausgezeichneten Forschern wurde hier erörtert, wie man einer stattfindenden Degenerierung der Menschheit durch gezielte Züchtungsmaßnahmen begegnen könnte. Die Vorschläge umfassten inzwischen bereits Praktiziertes, wie künstliche Besamung durch ausgewählte Spender, sowie auch am wissenschaftlichen Horizont jener Zeit sich abzeichnende Möglichkeiten, bestimmte Eingriffe in die Genstruktur von Pflanzen, Tieren und Menschen vorzunehmen. Auch dies ist bereits industrielle Praxis geworden. Genetisch manipulierter Mais und Soja werden uns als Lebensmittel angeboten. Nieren genetisch manipulierter Schweine sind versuchsweise in Menschen verpflanzt worden. Es erhob sich beim CIBA-Symposium die Frage, wie diese Eingriffe der sogenannten «biologischen Humanisten» unter anderem vor religiös gestimmten Menschen zu verantworten wären. F. H. C. Crick (Nobelpreis in Medizin 1962) suchte diese Frage in folgender Weise zu beantworten: «Es ist sicher wahr ..., dass man im Verfolgen einer wissenschaftlichen Tätigkeit bestimmte Wertsetzungen haben muss betreffend Wahrheit usw., jedoch müssen diese Werte nicht unbedingt mit den christlichen Wertsetzungen , die ja für andere praktische Zwecke aufgestellt wurden, übereinstimmen. Betrachten wir den Vorschlag, ein Kind zu machen mit doppelt so großem Kopf als normal. Hier wird es keine Übereinstimmung geben zwischen Christen und irgendwelchen Humanisten, welche deren spezielles Vorurteil der Heiligkeit des Individuums nicht haben und die es einfach wissenschaftlich probieren wollen. Man muss der Tatsache entgegensehen, dass es da eventuell Wertekonflikte geben wird. Es ist hoffnungsvoll, dass wir im Augenblick ein gewisses Maß von Übereinstimmung haben, jedoch denke ich, dass mit der Zeit die wissenschaftlichen Fakten uns weniger christlich machen werden.»[44] Man ist sich im Klaren darüber, dass ethische Fragen in Zukunft von Politikern behandelt werden, deshalb erklärt einer der Teilnehmer: «Wir und die Politiker müssen zusammen entdecken, wie wir die Leute auf unsere Seite kriegen können. Dies ist natürlich in erster Linie eine Frage der Erziehung.»[45]

Wie wir sehen, wird die Verantwortungsfrage hier völlig ausgeklammert. Von einigen kritisch gestimmten Teilnehmern des Symposiums wurden daraufhin folgerichtig auch Vergleiche mit nationalsozialistischen Gedankengängen und Plänen angestellt. Schließlich steht das neodarwinistische Menschenbild, wonach der Mensch nichts anderes ist als ein Produkt zufälliger Mutationen und den bereits beschriebenen Selektionsvorgängen, hier wie dort im Hintergrund der Urteilsbildung. Wer könnte da schon verantwortlich sein für eventuelle Folgen der heute bereits stattfindenden und für die Zukunft geplanten erweiterten Versuche?

Dementsprechend war es auch schwierig oder gar unmöglich, jemanden zu finden, der für die Versklavung oder Ausrottung ganzer Völkerschaften im vorigen und jetzigen Jahrhundert verantwortlich sein wollte.

Höheres und niederes Ich

Es ist nicht zufällig, dass der Individualitätsbegriff in unserer Zeit unsicher geblieben ist und nur mit einer gewissen Vorsicht in der wissenschaftlichen Diskussion zum Ausdruck kommt. Das Ich des Menschen gibt uns viele Rätsel auf. Früh schon, im Alter von zwei bis drei Jahren benennen wir uns selbst mit diesem Wort: Ich. Wir können es nur auf uns selbst beziehen. Im Verlauf der Kindheit treten dann zu bestimmten Zeitpunkten neue, akzentuierte Ich-Erlebnisse auf, die manchmal mit Freude, manchmal auch mit Fremdheitsgefühlen, ja mit Angst verbunden sind. Es treten existentielle Krisen auf, die bewältigt werden müssen. Schließlich wird wohl jeder

Mensch auch mit der machtvollen Erscheinung des Egoismus, der sich in der eigenen Seele breit macht, konfrontiert. Das Ich scheint sich zu einem winzigen Punkt zusammengezogen zu haben, um den sich dann alles andere dreht. In unserem Jahrhundert, speziell in dessen zweiter Hälfte ist dieses ego-zentrierte Lebensgefühl zum vielbehandelten Thema geworden. In Anknüpfung an die antike Mythe, die von dem sich selbst über alles andere liebenden Jüngling Narcissos handelt, spricht man mitunter von unserer Zeit als dem «Zeitalter des Narzissmus».[46] Charakteristisch in der Mythe ist das Bild der spiegelnden Quelle, die dem Jüngling das Eigenbewusstsein schenkt. Wir reden heute von Selbstreflektion oder Selbstbespiegelung und verwenden damit das mythologische Bild.

In dieser vielfältigen Ich-Phänomenologie ist es tatsächlich nicht einfach, sich zurechtzufinden. Seelenstimmungen schwanken zwischen den äußersten Extremen, wie existentiellen Angstgefühlen und ekstatischen Lustempfindungen. Zeitweise bedroht uns die Zeitsituation oder die wachsende Verschmutzung des Lebensmilieus; bei anderen Gelegenheiten übersteigert sich das Ichgefühl.

Im Verlauf einer besonnenen Bearbeitung dieser leibnahen oder leibbedingten Stimmungen ist es doch möglich, eine neue Kraft zu entdecken. Martin Buber nennt sie die *Beziehungskraft* – die «Kraft, vermöge deren allein der Mensch im Geiste leben kann». Dies bedeutet, Gewissheit zu bekommen, dass das Ich aus den engen Bindungen des eigenen Standortes sich lösen kann und dafür Beziehungen angeknüpft werden, vom Ich zum Du. Man könnte auch sagen vom Ich zur Welt oder zum Kosmos, wenn man damit nicht ein räumlich entferntes Gebilde meint, sondern Ordnung, Weisheit und Größe schlechthin, wie sie auch im Kleinsten walten.

Diese Entdeckung der uns innewohnenden Möglichkeiten, durch vielfältiges Üben verstärkt, kann nun auch im seelischen Innenleben vollzogen werden. Es wurde schon beschrieben, wie Rudolf Steiner darauf hinweist, wie durch seelische Beobachtung die Tätigkeitsnatur des eigenen Ichs zu finden ist und wie dieses Finden zugleich ein nicht-sinnenbezogenes Finden darstellt, sondern ein die Sinnenwelt Übergreifendes, das heißt ein Über-sinnliches. Im gleichen Sinne, wie wir im sinnlichen Erleben Beziehungen herstellen zu anderen Wesen, ist es auch möglich, Beziehungen anzuknüpfen und bewusst zu pflegen mit Wesen, die denselben übersinnlichen Welten angehören wie das menschliche Ich. Dies sind in erster Linie Wesen der Engelwelt. Rudolf Steiner stellt dar – als Ergebnis einer forschenden Tätigkeit –, wie das menschliche Ich eine Verankerung in der sinnlichen Welt erhält, durch den vom selben Ich her während der Embryonal- und Kindheitszeit geprägten physischen Leib. Da werden Beziehungen hergestellt zu den Naturreichen, zu Mineral, Pflanze und Tier, sowie zu den Kräften der Elemente.[47]

Einerseits ist also das Ich in die physische, natürliche Welt eingebunden, andererseits ist dasselbe Ich in einer geistigen Welt verankert, die ebenso hierarchisch geordnet ist wie die Natur, jedoch geistig-hierarchisch. Da gibt es Wesen, die längst als Engel oder als Erzengel von Menschen gekannt und benannt wurden. Nachdem diese Wesen in unserem engeren Kulturkreis nahezu vergessen waren, berichten in letzter Zeit auch Menschen des Westens von konkreten diesbezüglichen Erlebnissen und Erfahrungen. Es kann sich um helfende oder inspirierende, mitunter auch warnende Begegnungen handeln oder auch nur um eine deutlich gefühlte tröstende Nähe zu einem anderen Wesen. Durch wohl bedachte Schulung können in unserer Zeit alle Menschen eine bewusste Erkenntnis dieser geistigen, von Wesen erfüllten Welt erringen. Solche Erkenntnisse vermittelt in reichem Maße Rudolf Steiners Lebenswerk. Sie können Orientierungshilfen darstellen sowie methodische Anweisungen zur eigenen Entdeckung der geistigen Welt, auf ähnliche Weise, wie wir entsprechende Anleitungen brauchen zur Entdeckung von Organismen der natürlichen Welt.

Trotz allem Gegensätzlichen, das die heutige Zivilisation uns allen abverlangt, fühlen heute viele Menschen, nicht zuletzt auch in den hochtechnologisch und wirtschaftlich reich entwickelten Gebieten, ein inneres Unbehagen ob der mangelnden Verteilung der Güter wie auch ob der oft fehlenden Toleranz gegenüber den Andersdenkenden und -fühlenden oder den anders Aussehenden. Es ist dieses Unbehagen besonders in der heranwachsenden Generation zu bemerken.

Dies mag zunächst überraschen, und wir sind geneigt uns zu fragen, woher jene oft unterschwelligen Gefühle kommen. Sie sind gegensätzlich zu den oben beschriebenen narzisstischen Selbstgefälligkeiten und Selbstsüchten, doch sind sie nicht selten in einer und derselben Seele angesiedelt.

In dieser Frage gibt uns Steiner einen Hinweis, der zur näheren Betrachtung der Phänomene anregen mag.[48] Er berichtet von inneren Bildern, die den oben erwähnten Phänomenen entsprechen. Im Unbewussten vieler moderner, besonders junger Menschen lebt eine tiefe Sehnsucht nach anderen Sozialverhältnissen, als sie heute in der Zivilisation zutage treten, sowie ein ernsthafter Wunsch, mit anderen Menschen Beziehungen anzuknüpfen. Woher stammen nun diese Bilder, die den oben genannten unterschwelligen Gefühlen entsprechen? In den modernen Medien jedenfalls sind sie kaum zu finden. Rudolf Steiner gibt zu verstehen, und jedermann mag die Wahrhaftigkeit dieser Aussage prüfen, dass diese Bilder von den uns am Nächsten stehenden geistigen Wesen stammen, also aus der Welt der Engel, der Angeloi. Was in tieferen Seelenschichten unbewusst oder nur halb bewusst lebt, will in größtmöglicher Freiheit, durch unsere eigene Initiative ins volle Bewusstsein gehoben sein. Dadurch können sich tragende Ideale bilden. Sie sind für junge Menschen oft lebensentscheidend, wie uns die Erfahrung lehrt. Nicht selten sind zum Beispiel ältere Schüler von Begegnungen mit Behinderten, wie sie manchmal von Waldorfschulen im Verlauf eines Sozialpraktikums arrangiert werden, so berührt, dass ihre Berufswahl davon beeinflusst wird.

Es geht im Grunde um Weltzuwendung und Begegnung, um die Erringung von tief gehendem Verständnis für die uns zunächst fremden Menschen. Wir haben heute die Möglichkeit, von äußeren Unterschieden abzusehen und jeden Menschen in seiner allgemeinen Menschenwürde anzuerkennen. Unlängst beschrieb man Angehörige anderer Völker, ja sogar anderer Volksgruppen innerhalb des eigenen Volkes, vom eigenen Standpunkt aus, mit dem Ziel, Unterschiede hervorzuheben. Heute gibt es, nicht zuletzt durch die Entwicklung der modernen Kommunikationen, zahlreiche und wiederholte

Gelegenheiten, Einzelmenschen innerhalb der Völker wirklich zu begegnen. Aus der realen Begegnung erwachsen eventuell Verantwortungsgefühl und Bereitwilligkeit zum Handeln, und gerade dies braucht die Welt für ihren Fortbestand.

Wir nähern uns hier einer grundlegenden Erkenntnis vom Wesen des Ich. Es ist nicht gespalten, doch lebt es im Spannungsfeld zwischen dem niederen, leibgebundenen Ich und dem höheren Ich, das seine Verankerung in der geistigen Welt findet. Beides ist Ausdruck der unteilbaren Individualität. Das niedere Ich sammelt Erfahrungen im sinnesbezogenen physischen Dasein. Im extremsten Fall klammert es sich krampfhaft an die auf den eigenen Standort und die eigene Meinung bezogene, enge Welt. Das höhere Ich dagegen sucht Verbindung mit der Weite und damit auch die Begegnung mit dem Fremden. Im immerwährenden Pendelschlag zwischen Punkt und Umkreis bewegt sich und entwickelt sich so die menschliche Individualität.

Schon Angelus Silesius formulierte seine Erkenntnis der Doppelnatur des Ich mit wenigen Worten:

Ich weiß nicht, was ich bin,
Ich bin nicht, was ich weiß;
Ein Ding und nicht ein Ding,
Ein Tüpfchen und ein Kreis.

Entwicklung der Individualität durch Reinkarnation

G. E. Lessing veröffentlichte kurz vor seinem Tod im Jahre 1780 die Schrift *Die Erziehung des Menschengeschlechts.* In dieser Schrift bringt Lessing zum Ausdruck, dass keine Erziehung etwas im Menschen zu entwickeln vermöchte, was dieser nicht aus sich selbst hervorbringen könnte. Der ganze Lebenslauf des Menschen ist ein Lernprozess, ist Erziehung durch das Leben. Als Lessing sich deutlich macht, was da alles zur Reife gebracht werden soll, kommt er zur Frage, ob es überhaupt möglich sei, alles in einem Leben zu erreichen. «Ebendie Bahn, auf welcher das Geschlecht zu seiner Vollkommenheit gelangt, muss jeder einzelne Mensch (der früher, der später) erst durchlaufen haben. – ‹In einem und demselben Leben durchlaufen haben? Kann er in ebendemselben Leben ein sinnlicher Jude und ein geistiger Christ gewesen sein? Kann er in ebendemselben Leben beide überholet haben?› Das wohl nun nicht! – Aber warum könnte jeder einzelne Mensch auch nicht mehr als einmal auf dieser Welt vorhanden gewesen sein? … Warum sollte ich nicht so oft wiederkommen, als ich neue Kenntnisse, neue Fertigkeiten zu erlangen geschickt bin? Bringe ich auf einmal so viel weg, dass es der Mühe wiederzukommen etwa nicht lohnet?»[49]

Hier liegt ein wesentlicher Versuch vor, den Reinkarnationsgedanken rational zu begründen. Wenn man, wie Rudolf Steiner, die Individualität geistig begründet, schließt man auch die von jedem Menschen in einem Leben begangenen Handlungen mit in die Beobachtung ein. Sie zielen zwar auf ein außer uns liegendes Objekt, doch bleiben sie mit uns verbunden, und die Folgen einer Tat, ob gut oder schlecht, auch die Folgen einer wirklichen Begegnung kommen in einem zukünftigen Leben als Schicksal wieder in unseren Lebenskreis, als Aufgaben, als Ausgleich, als Freude und Schmerz, als Fähigkeiten und Mängel. Wesentlich ist bei Steiners Begriff der wiederholten Erdenleben die völlig anders geartete Zeitsituation sowie in normalen Fällen der Wechsel des Geschlechts und der Volkgemeinschaft. Um wirklich ganz Mensch zu werden, ist es notwendig, die Welt aus verschiedensten Gesichtspunkten zu erleben.

Individualität und Rasse

In früheren Abschnitten wurde beschrieben, wie das Rassenkonzept durch die Biologie des 19. und der ersten Hälfte des 20. Jahrhunderts in das europäische Bewusstsein Eingang fand und wie dieses Konzept, zu Rassentheorien umgewandelt, insbesondere dem Holocaust zugrunde lag.

Im deutschen Sprachgebiet gab es zur Jahrhundertwende ein weit verbreitetes Werk von Friedrich Ratzel zum Thema Völkerkunde.[50] In des Verfassers eingehenden Beschreibungen der verschiedenen Völker finden wir nicht den herabsetzenden Ton der oben erwähnten mehr biologisch ausgerichteten Arbeiten. Im Gegenteil, Ratzel bezeichnet zum Beispiel die sogenannten Naturvölker als Kulturvölker: «Doch würden wir nicht wagen, sie kulturlos zu nennen, da die primitiven Mittel zum Aufschwung auf höhere Stufen: Sprache, Religion, Feuer, Waffen und Geräte, keinem fehlen und gerade der Besitz dieser Mittel und vieler anderer, worunter hier nur Haustiere und Kulturpflanzen genannt sein mögen, zahlreiche und mannigfaltige Berührungen mit echten Kulturvölkern bezeugt.» Weiter heißt es: «Jedes Volk hat geistige Gaben und entwickelt Geistiges in seinem Leben. Jedes nennt eine Summe von Wissen und Können sein, die seine Kultur darstellt.» Ratzel sieht in der gegenseitigen Befruchtung der verschiedenen Kulturvölker ein Ziel, dem die Menschheit zustrebt: «In der Beschränkung, der räumlichen wie der zeitlichen, die ebenso die Hütten, Dörfer, Völker wie die aufeinander folgenden Geschlechter isoliert, liegt die Verneinung der Kultur; in ihrem Gegenteil, im Zusammenschluss der Miteinanderlebenden und dem Zusammenhang der Aufeinanderfolgenden liegt die Möglichkeit ihrer Entwickelung ... Wir bezeichnen als das Wesentliche der höchsten Kulturentwickelung den größtmöglichen und innigstmöglichen Zusammenhang aller Mitstrebenden untereinander und mit den vergangenen Geschlechtern und die daraus sich ergebende größte Summe der Leistungen und Erwerbungen.»

Diese Sätze sind durchaus geschrieben im Sinne der früher erwähnten Ideen Herders, also gemäß Ideen des mitteleuropäischen Bildungshumanismus. In einem kurz danach erschienenen Werk desselben Verfassers überrascht jedoch die andersartige Haltung in der Frage zwischenmenschlicher Beziehungen.[51] Hier vergleicht Ratzel sogenannte «landlose Völker» mit anderen, die fremdes Land erobern, dann kolonisieren und von den Kolonien ausgehend weiteres Land erobern usw. Beispielhaft ist für ihn Rom: «Das leitende Motiv war die Gewinnung von Raum und Reichtum für das Volk, von Macht für den Staat. Die Untrennbarkeit dieser Aufgaben erkannt zu haben, ist der Fortschritt in diesem Staatenwachstum.» Weiter ist für Ratzel die Möglichkeit einer geographisch naheliegenden «Grenzkolonisation» interessant, was mit dem zu dieser Zeit ausgesprochenen Kolonisationshunger des Deutschen Reiches gut zusammenstimmt. Auch nachdem Deutschland seine Kolonien 1918 verloren hatte, lebte der Kolonisationsgedanke weiter. In der Weimarer Republik des Jahres 1919 wurde ausdrücklich beschlossen, die Ansprüche auf eigene Kolonien weiterhin zu verfolgen. Laut Sven Lindqvist hatte Hitler Ratzels *Politische Geographie* zur Hand, als er im Jahre 1924 in Landsberg *Mein Kampf* schrieb. Wie dem auch sei, jedenfalls spielte der Gedanke des notwendigen «Lebensraumes» und der Grenzkolonisation gen Osten in der Folgezeit eine wesentliche Rolle: «In den Ostwind hebt die Fahnen ...» Sven Lindqvist verknüpft den Grenzkolonisationsgedanken mit der Ausrottung der jüdischen Bevölkerung in Polen, Russland und anderen Ostgebieten. Man sprach während der nazistischen Epoche in Deutschland von minderwertigen und entarteten Völkern und meinte damit vorzüglich Juden und Zigeuner, insbesondere wenn sie aus dem Ostraum kamen. Auch ist auffallend, dass russische Kriegsgefangene schlechter behandelt wurden als Gefangene der Westvölker. Der Rassismus nazistischer Prägung und die mit ihm eng verbundene Ausrottungsideologie wendete sich auch gegen Behinderte und psychisch kranke Menschen innerhalb Deutschlands. Im Verlauf der 1940 begonnenen Euthanasieaktion wurden 100.000 Behinderte in zu diesem Zweck erstmalig verwendeten Gaskammern ermordet. Schon in den zwanziger Jahren hatten zwei renommierte Wissenschaftler, Binding und Hoche, eine später vieldiskutierte Schrift veröffentlicht: Die *Freigabe der Vernichtung lebensunwerten Lebens – Ihr Maß und ihre Form.* Geheimrat Hoche war einer der wenigen deutschen Professoren, die aus Protest gegen die Machtübernahme durch die Nationalsozialisten 1933 von seinem Lehrstuhl zurücktrat. Doch seine Schüler schritten zur Handlung.[52] Gleichzeitig trat die Organisation «Lebensborn» in Aktion mit dem Ziel, die germanische Rasse durch Züchtung zu verbessern. Rassismus war offenbar eng verknüpft mit

Sozialdarwinismus. Dieser bekam jetzt seine Opfer, und zwar in nie zuvor gesehenem Ausmaß.

Man sollte in diesem Zusammenhang nicht vergessen, dass auch andere Staaten Rassenbiologie betrieben. So gab es im neutralen Schweden ein staatliches rassenbiologisches Institut bis zum Jahre 1950, und kurz vor Ausbruch des Zweiten Weltkriegs unterzeichneten namhafte Biologen aus der westlichen Welt ein genetisches Manifest, das angewandte sozialdarwinistische Erbhygiene propagierte.[53]

Wie wir sehen, entwickelte sich der deutsche Rassismus besonders in der Zeit um die Jahrhundertwende. Es war die Zeit, in der sich Geister schieden. Bald danach warnte, wie schon beschrieben, der Biologe Oscar Hertwig vor den nun deutlich werdenden Folgen des sozialen, ethischen und politischen Darwinismus. Der Respekt für individuelle Biographien und Schicksale schwand in dessen Zeichen dahin. Der Einzelmensch sollte im Zuge der verkündeten Doktrin dem Ganzen untergeordnet werden. Schon die junge Generation las es an den Wänden: «Du bist nichts, dein Volk ist alles.»

In jener entscheidenden Zeit präzisierte Rudolf Steiner die Erkenntnis der sich entwickelnden Individualität. Er war sich schon aus dem ganzen kulturellen Hintergrund seiner Zeit, unter anderem auch durch den Sprachgebrauch, im Klaren darüber, dass die Rassenfrage ein brennendes Problem darstellte, das in Zukunft eine Lösung finden musste. Hitler und seine SS versuchten, mit ihren Methoden die «endgültige Lösung» herbeizuführen. Steiner sah einen völlig anderen, gegensätzlichen Weg. In mehreren Vorträgen der Jahre 1907, 1908 und 1909 wird ausgedrückt, dass die Zeit der Bindungen an Gruppenseelenhaftes vorüber sei. Genetisch bedingte Zusammenhänge müssten durch individuelle Entwicklungen abgelöst und von innen her aufgelöst werden:

«Es wird dahin kommen, dass alle Rassen- und Stammeszusammenhänge wirklich aufhören. *Der Mensch wird vom Menschen immer verschiedener werden* (Hervorhebung durch den Autor). Die Zusammengehörigkeit wird nicht mehr durch das gemeinsame Blut vorhanden sein, sondern durch das, was Seele an Seele bindet. Das ist der Gang der Menschheitsentwicklung.»[54]

Auch 1909 spricht Steiner davon, dass «in der Menschheitsentwikkelung der Begriff in dem sich das Gruppenseelische am meisten ausdrückt, nämlich der Rassenbegriff, immer mehr an Bedeutung verliert».[55]

Im Jahre 1913 spricht meines Wissens Rudolf Steiner zum ersten Mal ausführlicher über ein Motiv, das später, in den Jahren von 1917 bis zum Lebensende 1925, eine zentrale Rolle in seinem Lebenswerk einnehmen wird. Er führt hier die schon erwähnten Gedankengänge weiter und spricht von Erkenntnissen, die sich auf die geistige Welt beziehen. Auch im rein geistigen Dasein, unter Engeln (Angeloi), Erzengeln (Archangeloi) und den noch höher stehenden Urkräften (Archai) gibt es Entwicklung. Nach Ausbildung neuer Fähigkeiten und eines erweiterten, höheren Bewusstseins entwickeln sich Engel zu Erzengeln, und Erzengel steigen auf zum Range der Archai. Jedes dieser Wesen und jede der hier genannten dritten Hierarchie hat bestimmte Aufgaben. Engel sind verbunden mit Einzelmenschen, Erzengel mit Völkern, Völkergruppen oder Gemeinschaften anderer Art. Urkräfte sind leitende Wesen ganzer Menschheitsepochen. Ihr Interesse ist die Entwicklung der Gesamtmenschheit.

Nun beschreibt Rudolf Steiner, wie bestimmte Erzengel, deren Namen uns in der kulturellen Entwicklung verhältnismäßig geläufig sind, sich im Laufe einer Kulturepoche, das heißt einem Zeitraum von über 2.000 Jahren, ablösen. Hinter uns liegt eine Epoche, die unter der Leitung des Erzengels Gabriel stand. Dieser wurde im letzten Drittel des 19. Jahrhunderts von dem uns heute inspirierenden Erzengel Michael abgelöst, der im Begriffe ist, zur Hierarchie der Archai aufzusteigen. Steiner gibt in diesem Vortrag erstmalig eine kurze Charakteristik des besonderen michaelischen Wesens. In der jetzigen, michaelischen Zeit handelt es sich nicht mehr um Führung durch direkte Eingriffe. Michael respektiert die menschliche Freiheit und Selbständigkeit. Doch schenkt er den Menschen Impulse, die es ihnen ermöglichen, aus eigener Initiative zu handeln. Es sind dies Impulse, die auf die geistige Entwicklung der ganzen Menschheit hinzielen. Wenn Einzelmenschen es wollen, wenn sie aktiv neue Gedanken denken und sich dabei im Namen der Gesamtmenschheit miteinander verbinden, kann sich vieles ändern auch im Großen und im Ganzen.

Doch gilt es dabei, schwere Hindernisse zu überwinden und Krisen durchzustehen. Dies ist geradezu der Preis der Freiheit.[56]

Im Jahre 1917, im letzten Jahr des katastrophalen Weltkriegs, der die europäischen Gemüter tief erschütterte, spricht Rudolf Steiner ausführlicher über das Michael-Motiv, jetzt deutlich und eindeutig auch im Zusammenhang mit der Rassenfrage.

Die heutige paläontologische Forschung kennt aus der Spät-Tertiärzeit sehr verschiedene Menschenformen oder -arten, die jedoch alle dem genus Homo = Mensch zugeordnet werden. Dadurch sind wir vertraut mit dem Gedanken, dass die Menschheit in sehr alten Zeiten in vererbbare physisch sichtbare Differenzierungen aufgespalten war. So beschreibt auch Steiner das Aufkommen menschlicher Rassen in sehr weit zurückliegenden Zeiten. Dies geschah durchaus im Zuge einer normalen Entwicklung. In geographisch entfernten Gegenden siedelten sich diese Rassen an und isolierten sich. Es war so gut wie unmöglich, tief empfundene Barrieren zu überwinden, was zu einer Mischung der Rassen geführt hätte. Es ist nun wesentlich, sich bewusst zu machen, dass diese Entwicklung definitiv zu Ende ging, als Michael führender Zeitgeist unserer Epoche wurde. Gemäß Steiners Forschungen ereignete sich die einschneidende Ablösung des bisher wirksamen Erzengel Gabriels durch Michael im Jahre 1879. Von diesem Zeitpunkt an gelten völlig andere Gesetzmäßigkeiten. Alles Festhalten an alten, vererbten Bindungen ist jetzt nicht mehr zeitgemäß, ja es führt uns in die Dekadenz:

«*Ein Mensch, der heute von dem Ideal von Rassen und Nationen und Stammeszusammengehörigkeiten spricht, der spricht von Niedergangsimpulsen der Menschheit. Und wenn er in diesen sogenannten Idealen glaubt, fortschrittliche Ideale vor die Menschheit hinzustellen, so ist das die Unwahrheit. Denn durch nichts wird sich die Menschheit mehr in den Niedergang hineinbringen, als wenn sich die Rassen-, Volks- und Blutsideale fortpflanzen.*»

Wenn wir im geschichtlichen Rückblick uns die Zeit von 1879 bis heute in Erinnerung bringen, wird deutlich, dass jedenfalls die gesamten Kolonialreiche, die gerade gegen Ende des 19. Jahrhunderts ihre maximale Ausbreitung hatten, so gut wie aufgelöst sind. Wir werden noch an einigen konkreten Beispielen sehen, wie immer wieder einzelne Menschen mit großer Kraft und mutigem Einsatz es zustande brachten, dass alte, rassistisch geprägte Machtstrukturen zusammenbrachen. Andererseits gab es und gibt es heute gewaltige Widerstände gegen diese Veränderungen. Etliche kriegerische Konflikte der vergangenen Jahre gehen auf das Konto konservierter Gruppenbildungen völkischer oder auch religiös-fundamentalistischer Art. Auch ist es möglich, alte kolonialistische Zielsetzungen der westlichen Großmächte in den gegenwärtig stattfindenden, rassistisch gefärbten Konflikten Ost- und Zentralafrikas aufzuspüren.

Das Rätsel des Bösen

Im Verlauf der brutalen Auseinandersetzungen unseres Jahrhunderts zeigt sich immer wieder deutlich das Antlitz des Bösen. Unausweichlich stoßen wir durch die Erscheinungen auf ein Rätsel: Was ist der Charakter und die Ursache des massiv auftretenden und nicht enden wollenden Bösen?

Wir erfahren es weltweit im unversöhnlichen Terror gegen Andersdenkende oder Andersaussehende bis hin zu Tortur, Vergewaltigung und Völkermord. So manifestiert es sich in bösen Taten, die jeder letztendlich als solche erlebt oder erkennt. Andererseits zeigt sich ein Böses nach außen hin in bedeutend unschuldigerer Weise, als Gleichgültigkeit und weltflüchtige Tendenz, einer auftauchenden Problematik ins Nicht-Wissen zu entfliehen. Damit, so glaubt man, kann man sich der Verantwortung entziehen. Während der intensiven, blutigen Konflikte, wie unlängst in Bosnien, gibt es immer wieder Menschen, die aufgrund aktueller bitterer Erlebnisse den Sog des Bösen charakterisieren, dem man allzu leicht verfallen kann. So beschreibt die kroatische Journalistin Slavenka Drakulic den aufkeimenden Hass in ihrer eigenen Seele, als sie das Bild eines zum

Tode verurteilten serbischen Massenmörders und Vergewaltigers in den Zeitungen sieht. «So also sieht die Physiognomie eines dämonisierten Monstrums aus! Ich weiß, dass hunderttausende anderer Leser auch so fühlen. Wage ich zu sagen, dass ich ihn hasse? Nein, denn wenn ich ihn hasse, so verwandelt sich mein Hass in solch ein Monstrum, und das will heißen, dass ich vielleicht imstande wäre, dieselben Untaten zu begehen wie er, dass ich auf dieselbe Art mich am Krieg beteiligen könnte wie er. Es ist undenkbar, oder will ich es vielleicht nicht gegenüber mir selbst zugeben? … Das Monstrum nimmt uns unsere eigene Schuld.»[57]

Es ist bedeutend schwieriger, das Böse in der Welt in seiner Wirksamkeit zu erkennen, solange es noch nicht zu schlechten Taten kommt, solange man «nur» denkt. Und dennoch sind Taten oft Folgen entsprechender, früher gedachter Gedanken. Es ist deshalb notwendig, das Böse auch in seiner verdeckten Existenz zu durchschauen. Wer würde schon denken, dass in manchen unserer wissenschaftlichen Theorien Böses steckt? Es zeigt sich in der Art, wie man zu zwingenden Gedankengängen kommt. Indem man sich zum Beispiel in der Betrachtung des Menschen oder des Lebens überhaupt auf einzig das konzentriert, was sich mit Maß, Zahl und Gewicht erfassen lässt und alle anderen Qualitäten als nicht wissenschaftlich vertretbar ausschließt, oder indem man sich als Forscher oder Lehrer einfach nicht interessiert für die offenbaren Zusammenhänge des Lebens, befindet man sich schon im oben genannten Sog. In den neuerdings zum Beispiel in der schwedischen Öffentlichkeit heftig aufflammenden Diskussionen um bereits durchgeführte gentechnische Experimente an ungeborenen Kindern oder Manipulationen an Schweinen mit menschlichen Genen zeigt sich das volle Problem. Menschen werden erregt, die Forscher jedoch erleben das Ganze als übertrieben und rückständig. Außerdem wird ständig wiederholt: Wenn wir es nicht tun, werden andere es tun. Hier handelt es sich offenbar um schablonenhaftes Denken. Wie oft haben wir es nicht gehört, dass Menschen sich mit zwingenden Gedanken entschuldigen wollen!

Können wir uns selbst ähnlich durchschauen wie Slavenca Drakulic? Können wir erkennen, dass es sich wirklich um eine Macht handelt, die uns seelisch affiziert? In der deutschen Literatur gibt es genügend Hinweise auf eine solche Macht, nicht zuletzt in Goethes *Faust.* Mephistopheles repräsentiert jedoch ein doppeltes Böses, das oft zusammenwirkt, jedoch auch getrennte Charaktere zeigt. Einerseits tritt es uns als zwingende Macht entgegen, die uns mittels einfacher populärwissenschaftlicher Modellvorstellungen und großartiger Zukunftsvisionen an materielle Gegebenheiten fesseln will und sich schließlich dabei als diejenige Macht entpuppt, die Hass schürt gegenüber allem, was sich in Freiheit entfalten will. Wir nennen diese Macht ahrimanisch.

Andererseits sucht Böses uns als luziferische Macht von der Erde, von der Verantwortung abzubringen, uns mit allgemeinen, allzu schönen Phrasen zu verlocken; es will uns hinreißen und versucht uns dahin zu bringen, dass wir alles was schwerfällt am liebsten vergessen wollen.

In beiden Mächten aber wirkt die Tendenz, im niederen Ich des Menschen die Selbstsucht, den Egoismus zu verstärken. Dennoch gewinnt der Mensch im Laufe der Zeit seine erstrebte Freiheit und Verantwortlichkeit nicht zuletzt dank dieser luziferischen und ahrimanischen Widersachermächte. Sowohl Freiheit wie Verantwortungsbewusstsein sind uns nicht naturgegeben, sie wollen erkämpft sein, und den Egoismus gilt es zu überwinden. «Der Mensch könnte nicht so frei sein, wenn ihm in diesen beiden Kräften nicht ein Gegengewicht gegeben wäre zu den Engeln und Erzengeln. Der Mensch muss die Möglichkeit zur Lüge haben, damit er selbständig zur Wahrheit kommen kann.»[58]

Es ist Rudolf Steiners Verdienst, das Rätsel des Bösen in unser Bewusstsein gebracht zu haben – wenn wir es überhaupt sehen und erkennen wollen. Mit Hinblick auf die ahrimanische Macht beschreibt er in den oben erwähnten Vorträgen vom Oktober 1917[59] einen von 1841 bis 1879 dauernden Kampf zwischen dem michaelischen und den ahrimanischen Wesen, den man auch als Kampf Michaels mit dem Drachen bezeichnen kann. Laut Rudolf Steiner wurden ahrimanische Wesen im Verlauf dieses Kampfes aus geistigen

Welten auf die Erde gestürzt. Sie setzten sich danach besonders in den Köpfen, in der Intelligenz der Menschen fest. Die Intelligenz bekam deutlich einen Hang zum Bösen. Wir können daraufhin die Wissenschaftsgeschichte jener Jahre betrachten, unter anderem die Entwicklung des Sozialdarwinismus und die Entwicklung der wissenschaftlichen Waffentechnologie. Dadurch können wir zur Einsicht kommen: Hier wurde der Grund geschaffen für das Böse und Dämonische, das in unserem Jahrhundert offenbar wurde.

Geister der Finsternis konservieren Rassenbindungen

Wir wenden uns nun Steiners Vorträgen vom Oktober 1919 zu.[60] Dort wird eingehend das Rassenthema behandelt, das uns nun beschäftigen soll. Wie schon charakterisiert, ändern sich durch das Wirken Michaels die Verhältnisse in radikaler Weise. Vor dem Eintreten Michaels in seine inspirierenden und führenden Menschheitsaufgaben, also vor 1879, waren die Menschen viel mehr in vererbbare Familien-, Stammes- und Rassenzusammenhänge eingefügt. Äußere Verschiedenheiten in Hautfarbe, Haarform, Gesichtsmerkmalen und Körperstruktur, die besonders im Zusammenhang mit geographischen Differenzierungen auftraten, wurden als Barrieren empfunden, die man schwerlich überwinden konnte. Eventuelle Heiraten über die Grenzen hinweg fanden nur in seltenen Fällen statt. Jedenfalls waren sie in beiden Lagern verpönt oder geächtet. Man fand seine Identität in der Gruppe, und dort waren nicht nur genetisch fixierte, sondern auch sozial vererbte Merkmale wie Essgewohnheiten, religiöse Gebräuche, Sprache und Kleidung wesentlich mitbeteiligt an den durch lange Zeiten hindurch sich entwickelnden Bindungen. Einerseits wurden damit Hindernisse im sozialen Verkehr zwischen den Gruppen geschaffen, andererseits verlieh die Gruppenzusammengehörigkeit jedem Mitglied auch eine gewisse Sicherheit. Nicht zuletzt entwickelte sich dadurch auch im allgemeinen eine Bodenständigkeit, welche die ansässigen Menschen prägte. In umgekehrter Richtung prägten die verschiedenen Gruppen ihre Landschaft bis hinein in die volkstypische Architektur der Wohnstätten, Dorfstrukturen und Stadtpläne. Heute empfinden wir solche hie und da noch vorgefundenen alten Gemeinschaftsstrukturen nicht selten als harmonisch und beschauen sie mit einer gewissen Nostalgie. Wir vergessen dabei leicht die dazugehörigen Abgrenzungen gegenüber anderen, fremd empfundenen Gemeinschaftsstrukturen, egal ob sie nun genetisch oder durch soziale Traditionen festgelegt waren. Wir würden solche Abgrenzungen heute als durchaus negativ empfinden.

Durch das beginnende Auftreten Michaels als führender Zeitgeist im Jahre 1879 werden all diese Bindungen heute nicht mehr von fortschrittlichen geistigen Kräften getragen, das heißt, es löst sich die Macht der Vererbung sowie der überkommenen sozialen Bindungen auf. Dagegen prägt sich die geistige Individualität der Physiognomie, der Haltung, den Lebensgewohnheiten ein. Die Wohnstätten fangen an, sich mehr oder weniger radikal zu unterscheiden. Es stellen sich völlig neue Aufgaben in Bezug auf bewusste Regelung der gemeinschaftlichen Einrichtungen. Dabei gibt es jedoch auch retardierende Einflüsse in Form von zwanghaft angeordneten stereotypen Bewegungen großer Menschenmassen, schablonenhafter Architektur und anderem mehr. Dies zeigt, wie die ahrimanischen Mächte versuchen, alte Bindungen aufrecht zu erhalten und die Stammes- und Rassenzusammenhänge zu konservieren. *Wenn wir es ganz genau nehmen, so ist schon die Akzeptanz der Rassenzugehörigkeit eines einzelnen Menschen eine Zugabe an widerstrebende Mächte.* Umgekehrt gesagt: Wenn wir Rasse ansprechen, schaffen wir uns ein Hindernis gegenüber der Wahrnehmung und Erkenntnis der Individualität. Das Wesentliche ist heute jedoch die Signatur der Individualität, die sich in vielen Zeichen kundtut. Wir können dabei zum Beispiel Hautfarbe als etwas Äußerliches wie etwas Gegenständliches, Festes und Fixiertes empfinden, durch das wir irgendwie hindurchzustoßen uns bemühen, das wir immer aufs Neue überwinden wollen. Ich begegne einem anderen Menschen. Das Wesentliche in der Begegnung ist die

Beziehung zwischen Ich und Du, nicht das Äußere. Martin Buber drückt es in folgender Weise aus:

«Wer Du sagt, meint nicht einen Gegenstand. Denn wenn es einen Gegenstand gibt, gibt es auch andere Gegenstände. Jedes Etwas grenzt an ein anderes Etwas; dieses gibt es nur, weil es an Anderes grenzt. Wenn aber das Du ausgesprochen wird, gibt es kein Etwas. Du grenzt nicht. Wer Du sagt hat nicht ein Etwas, hat nichts. Aber er befindet sich in einer Beziehung.»[61]

Hier ist der notwendige Wandel im modernen Bewusstsein in wenigen Sätzen aphoristisch ausgedrückt. Was uns Not tut, ist, das heute dominierende Gegenstands-Bewusstsein in seiner eingeschränkten Bedeutung zu erkennen, um es schließlich zu erweitern zu einem Beziehungs-Bewusstsein. Wenn uns dies nicht gelingt, werden wir das Leben nicht verstehen, denn alles Lebendige webt in Beziehungen. Noch weniger werden wir Sinn bekommen für gegenseitige oder vielseitige Schicksalsbeziehungen; ein solcher Sinn ist geradezu notwendig, um unsere sozialen Probleme zunächst einmal überhaupt wahrnehmen zu können. Die Bewusstseinswandlung oder Bewusstseinserweiterung ist heute möglich durch die veränderte geistige Situation, in welcher alle Menschen, bewusst oder unbewusst urständen.

Wir wollen diese Betrachtung mit Worten Rudolf Steiners aus dem Vortrag vom 26.10.1917 abschließen: «So dass seit dieser neueren Zeit die Geister des Lichtes sich so wandeln, dass sie jetzt den Menschen inspirieren, freie Ideen, Empfindungen, Impulse der Freiheit zu entwickeln, dass sie es sind, die den Menschen auf die Grundlage seiner Individualität stellen wollen. Und die den alten Geistern der Finsternis verwandten Geister, die bekommen jetzt nach und nach die Aufgabe, in den Blutsbanden zu wirken.»[62]

Persönliche Begegnungen wirken in Völkerschicksalen

Wir hatten eingangs ausgeführt, wie gegen Mitte des fünfzehnten Jahrhunderts durch die ersten Entdeckungsreisen, initiiert durch Heinrich den Seefahrer, die Europäisierung der Welt ihren Anfang nahm. Wir verfolgten die Kolonisationstätigkeit, den hinzukommenden Imperialismus der europäischen Mächte und schließlich die wissenschaftliche Legitimierung der Unterdrückung oder gar Ausrottung farbiger Völker auf der ganzen Erde. Wir beschrieben zuletzt die neuen Möglichkeiten des Sich-Kennen-Lernens, des Sich-Begegnens im Zeichen individueller Initiativen. Es gibt inzwischen viele Beispiele kleinerer, scheinbar unbedeutender Begebenheiten, die nachwirken. Jeder der heute alle Welt bereisenden Europäer oder Amerikaner und jeder der heute in unseren Großstädten zusammenströmenden Besucher aus Asien oder Afrika kann davon berichten, sofern die Aufmerksamkeit nicht gerade hauptsächlich von Geschäftsinteressen gefangen wird. Daneben erreichen uns auch Berichte von Einzelbegegnungen, die sich mehr im Verborgenen vollzogen, jedoch von großer Wirkung sind, wie sich später herausstellt. Eine derartige Begegnung spielte sich in den vergangenen Jahrzehnten in Südafrika ab.

Wir kennen durch die ausführliche Lebensbeschreibung Nelson Mandelas dessen langen Weg zur Freiheit. Die Kindheit im östlich gelegenen Thembuland schaffte den Grund, der ihn später all die auf ihn zukommenden Mühen und Schwierigkeiten ertragen ließ. In verschiedenen Missionsinstituten machte er sich mit europäischem Denken und europäischer Lebensart vertraut, sah dann die Eigenart der praktizierten Kolonialpolitik, die in vielem darauf hinauslief, die Schwarzen als billige Arbeitskräfte auszunützen, wobei man sorgfältig die verschiedenen Stammeszugehörigkeiten in den Arbeiterwohnungen bewahrte. Gemeinsames Afrikanertum, Bewusstsein der im Grunde für alle, für Weiße, Schwarze und Farbige gleichermaßen gültigen menschlichen Rechte sollte und durfte nicht aufkommen.

Die Schwarzen sollten im besten Falle zu europäischen Nachahmern erzogen werden. Als das Selbstbewusstsein der schwarzen Afrikaner, im Verbund mit wenigen Weißen und Farbigen, sich dennoch zum aktiven Widerstand durchringen konnte, verstärkte sich der Druck von Seiten der im Jahre 1948 zur Macht gekommenen Nationalistischen Partei. Apartheidpolitik – eine Politik radikaler Sonderung auf allen Lebensgebieten – führte zu schlimmster Unterdrückung des sich regenden Freiheitsbewusstseins. Im Verlauf des dennoch wachsenden Widerstandes wurde Nelson Mandela mit etlichen seiner Gefährten schließlich zu einer 27 Jahre währenden Gefängnisstrafe verurteilt. Auf der Gefängnisinsel Robben Island wurden die Freiheitskämpfer schwersten Bedingungen ausgesetzt. Dennoch begann gerade dort Nelson Mandela mit der mühseligen Arbeit, im Geheimen seine Selbstbiographie zu schreiben.[63] Es ist erstaunlich, dass Mandela trotz aller Erniedrigungen, denen er wie alle schwarzen Afrikaner ständig ausgesetzt war, mit genauester seelischer Beobachtung jede Regung von Korrektheit und Gerechtigkeit in der Begegnung mit Richtern registrierte und schätzte. Der Ton der Biographie ist sachlich und nie gehässig. Im Gefängnis übte er Toleranz gegenüber seinen Plagegeistern und Gefängniswärtern. Unlängst veröffentlichte einer dieser Wärter, der besonders mit der Betreuung Nelson Mandelas beauftragt war, seine eigene Schilderung der Jahrzehnte währenden Begegnung.[64]

James Gregory verbrachte seine Kindheit in der Zuluprovinz Natal auf der großen Farm seiner Eltern. Mütterlicherseits konnte er seine Herkunft von den ersten holländischen Einwanderern ableiten. Der Junge suchte sich seine Spielkameraden unter den schwarzen Arbeiterkindern, und einer der Jungen, Bafana, wurde sein bester Freund. Als Gregory zur Internatsschule kommen sollte, schieden sich die Wege für immer. James Gregory fühlte sich einsam und isolierte sich von den neuen Kameraden. Nach wenig erfolgreich durchgeführten juristischen Studien und einer Tätigkeit als Verkehrspolizist landet er schließlich beim Wächterpersonal auf Robben Island. Er kann Zulu und Xhosa, die Sprachen der Schwarzen. Inzwischen hat die Apartheidindoktrinierung bei ihm gut angeschlagen. Er ist wie andere

Weiße erbittert darüber, dass die Terroristen «nur» zu lebenslänglichem Gefängnis verurteilt wurden, und erfährt vom Gefängnisdirektor, dass seine Aufgabe sei, «diese Menschen zu demoralisieren. Für unsere Rasse, für die Weißen, denen dieses Land gehört.»

Das Leben ist furchtbar hart, besonders für die Gefangenen. Doch haben auch die Wächter kein leichtes Leben. Wer könnte schon unberührt in dieser Welt der systematisch durchgeführten Unterdrückung leben? Die meisten der Wächter verdrängen ihre schlimmen Erlebnisse. Man betäubt sich mit Alkohol und schlägt sich buchstäblich durchs Leben. Gregory versteht die Sprache der Gefangenen. Dadurch öffnet sich eine Tür. Er erinnert sich oft an Bafana, der ihm einst auch das Leben gerettet hatte. So begegnet er Mandela, dem stärksten der Gefangenen. Apartheidgedanken schwinden im täglichen Umgang mit den Schwarzen mit der Zeit dahin. Mandela und Gregory erzählen einander Geschichten aus ihrer Kindheit, die in vielem einander so ähnlich ist. Man kommt sich näher, doch hält Mandela immer respektvolle Distanz zu Mr. Gregory. Umgekehrt spricht Gregory von «Nelson». Gelegentlich bekennt Mandela gegenüber Gregory: «Bei Ihnen finde ich keine Bitterkeit gegenüber den Schwarzen oder gegenüber Menschen mit anderer Hautfarbe. Ich habe Sie genau beobachtet und gesehen, dass Sie alle gleich behandeln.» Dies scheint für ihn wesentlicher zu sein als alle privaten Gefühle. Er notiert bis zuletzt jede auch noch so unbedeutend scheinende Geste, die Achtung vor den Menschenwerten bedeutet.

Doch gibt es schwere Erlebnisse, die tief ins eigene Schicksal einschneiden.

Mandela verliert seinen geliebten ältesten Sohn durch einen Autounfall. Es wird ihm nicht erlaubt, beim Begräbnis zugegen zu sein. In seinem tiefen Schmerz tröstet ihn Gregory. Später erfährt Gregory unvermittelt, dass auch sein Sohn durch einen Autounfall ums Leben gekommen sei. Nun erhält er, der Wärter, herzlich gefühlten Trost durch Mandela.

Als endlich die Stunde der Freiheit kommt, überreicht Mandela einen Brief an Gregory. Er bedankt sich für die wunderbaren Stunden, die sie zusammen verbringen konnten, und versichert, «dass Sie immer in meinen Gedanken sein werden». Vor den Augen erstaunter Zuschauer umarmen sich Gefangener und Gefangenenwärter. Gregory hört sich selbst sagen: «Thank you, Sir.»

Später wird er auf ausdrücklichen Wunsch Mandelas zur Amtseinführung des Präsidenten eingeladen. Bei der Eröffnung sitzt er mit seiner Frau in Mandelas persönlicher Loge. Der Justizminister stürzt herbei und stellt Gregory einem hohen Richter vor: «Dies ist der Mann, der Nelson Mandela dazu gebracht hat, den weißen Mann nicht länger zu hassen.»

Ubuntu-Individualität und Menschheit

Im Verlauf unseres Jahrhunderts, das in Afrika und nicht nur in Afrika den Menschen viel Schmerzen bereitete, wächst in diesem großen Kontinent ein Bewusstsein, das sich nicht an Stammeszugehörigkeiten und auch nicht an der aufgezwungenen Teilhabe am sogenannten Europäismus orientiert, sondern sich wenigstens mit der Zeit ausgesprochen dagegen absetzt. Zunächst handelt es sich darum, den verlorenen Selbstrespekt wiederzugewinnen, als Schwarze, als Afrikaner. In den französisch sprechenden ehemaligen Kolonialgebieten sprachen selbstbewusste Dichter und Politiker zeitweise von «La négritude» (Senghor, Césaire), andere suchten dann doch wieder das Stammesbewusstsein mit seiner reichen Tradition aufzufrischen, oft im Widerstand zur noch regierenden Kolonialmacht (Kenyatta). Was uns aber auf die Dauer als wesentlicher erscheint, sind die aktuellen Versuche, sich auf Elemente einer gemeinsamen afrikanischen Philosophie und Lebensanschauung zu besinnen.[65]

Als Europäer sind wir gewohnt, mit Philosophie ein kritisches, analysierendes Bewusstsein zu verbinden. Wir setzen logische Durchdringung der Sprache voraus und fordern strikte Gedankenführung. Am Ende stehen alternative Gedankensysteme, oft gegensätzlicher Art.

Das Bild neoafrikanischer Philosophie ist anders geartet. Die Begriffswelt ist nicht einheitlich, sondern geprägt von stammesgebundenen Sprachen. Dennoch lassen sich über ganz Afrika, besonders bei den Bantuvölkern, einheitliche Züge, gemeinsame Symbole und übergreifende Ideen nachweisen.

Weiter ist afrikanische Philosophie immer noch sehr mit Lebensgewohnheiten, mit Lebensweisheit und symbolischen Bildern, auch mit Mythen verbunden. Sie lebt geradezu in diesen Zusammenhängen und führt bis jetzt kein isoliertes, akademisches Dasein.

Wir werden versuchen, dies an einem aktuellen und wesentlichen Beispiel zu illustrieren. Mfuniselwa John Bengu, Mitglied im südafrikanischen Parlament, Journalist, mit einigen großen Aufträgen betraut, exponiert sich markant im öffentlichen Leben des heutigen Südafrika. Kürzlich veröffentlichte er seine Schrift *Ubuntu, the Essence of Democracy.*[66] Er geht in seiner Darstellung von diesem Begriff Ubuntu aus, der laut Professor G. Sitiloane erstmalig 1960 in afrikanischen Schriften auftaucht, mit dem sich jedoch viele Afrikaner seit sehr viel längerer Zeit vertraut wissen. Im Wort Ubuntu verbirgt sich der Wortstamm *ntu.* Dieser Stamm wird von Afrikanern aus den Wörtern herausgehört. Nach Jahnheinz Jahn[67] ist *ntu* die universale Kraft schlechthin. «*ntu* ist das Sein selbst, die kosmische Universalkraft, die nur das moderne rationalisierende Denken aus den Erscheinungsformen abstrahieren kann. *ntu* ist jene Kraft, in der Sein und Seiendes zusammenfallen.» Nun ist in den Bantusprachen *-ntu* für sich nicht existent. Es wird determiniert durch ein sogenanntes Präfix, u. a. *mu-* oder im Plural *ba-*. So entsteht *muntu* – Mensch bzw. *bantu* – Menschen, was jedoch nicht mit unserem Begriff Mensch identisch ist, da der Mensch nicht als Gegenstand aufgefasst wird. Bildlich ausgedrückt: «Im Menschen sitzt ungesehen noch ein kleiner Mensch … Ich hörte die Alten stets sagen, dass der Mensch selbst weiterexistiert, ER-selbst, der kleine Mensch, der hinter der äußerlich sichtbaren Gestalt verborgen sitzt, der *Muntu*, der von den Lebenden wegging. Mir scheint denn auch, dass *Muntu* nicht durch unseren Ausdruck Mensch übersetzt werden kann. Der *Muntu* hat natürlich einen sichtbaren Leib, aber das ist nicht der *Muntu* selbst. Ein gebildeter Schwarzer sagte mir einmal: Mit *Muntu* bezeichnen wir mehr das, was ihr im Französischen ‹la personne› nennt, und nicht so sehr ‹l'homme›.»[68] So können wir die aktuellen Worte Siliones verstehen, die für John Bengu wesentlich sind: « Um den Sinn von *Ubuntu-botho* zu ergründen, müssen wir erst nach dem Sinn von *Umuntu-motho* loten. Das afrikanische Verständnis eines menschlichen Wesens ist das eines Wesens, das in einem Körper von Fleisch und Blut eingeschlossen, aber auch geladen ist mit Göttlichkeit – mit anderen Worten: eine Kraft, eine Energie, die nur mit ‹heilig› bezeichnet werden kann. Daher das Umfassende, die Rücksichtnahme, die Zartheit und Rechtschaffenheit, das *Ubuntu-botho*, das notwendig ist, wenn wir miteinander verkehren». («To arrive at the rock-bottom of *ubuntu-botho*, we must fathom *Umuntu- motho*. The African understanding of a human being is that of an object indeed encased in a human body made up of flesh and blood but also charged with divinity – in other words, a force, an energy, that can only be described as ‹holy›. Hence the circumspection, consideration, tenderness, righteousness, i. e. ubuntu-botho, that is imperative as we deal with one another.»)

Es wird durch diese Worte deutlich, dass es einiger Mühe bedarf, um aus dem gegenwärtigen wissenschaftlichen Menschenbild der westlichen Zivilisationen («der Mensch und die anderen Tiere») die Brücke zu finden zum geistig fundierten Menschenbild der Afrikaner. So ist auch das Sozialverständnis verschieden. Erzbischof Desmond Tutu drückt sich hier folgendermaßen aus: «In der afrikanischen Weltanschauung ist eine Person nicht fundamental ein unabhängiges solitäres Wesen. Eine Person ist menschlich, wenn sie umschlossen ist von der Gemeinschaft mit anderen menschlichen Wesen, eingeschlossen im Verband des Lebens. Das summum bonum ist hier Unabhängigkeit, aber geteilte gegenseitige Abhängigkeit.» John Bengu drückt sich ähnlich aus: «Die Person und deren Mitmenschen erfüllen sich, wenn ihre Persönlichkeiten verbessert werden durch dasjenige, was sie teilen. In dieser Hinsicht sind die Person und ihr Nachbar sich gegenseitig erfüllende Ergänzungen.»

Hier kehren wir nun zurück zum Ubuntu-Begriff: *ubuntu* – die Kunst, Mensch zu sein. Fähigkeit, Tugend. Das heißt, ein afrikanischer Beitrag, zum Begriff der Humanität zu kommen, der uns fraglich geworden ist. Bengu betont in seiner Schrift, dass er sich bemüht habe, europäische Philosophen zu studieren. Er zählt sie auf, von Platon zu Descartes und Marx. Er habe sehr wenig gefunden. Dennoch werden die Afrikaner geradezu überspült vom Europäismus: «In Südafrika sind die westlichen Wertsetzungen so dominant, dass die Afrikaner sich verbunden haben mit ihnen, unter totalem Verlust ihrer eigenen afrikanischen Werte. Dies ist in der Tat tragisch. Je mehr wir von westlichen Werten abhängig werden, desto mehr werden wir unter-menschlich, und wenn wir unter-menschlich geworden sind, beginnen wir uns selbst zu hassen, und wenn wir uns selbst hassen, können wir den anderen Menschen nicht mehr Liebe schenken.»

Was wird sich dann zu einer afrikanischen Form von Demokratie entwickeln? John Bengu widmet dieser Frage ein eigenes Kapitel, das er überraschenderweise mit einer zentralen Formulierung von Rudolf Steiner einleitet:

Heilsam ist nur, wenn
Im Spiegel der Menschenseele
Sich bildet die ganze Gemeinschaft;
Und in der Gemeinschaft
Lebet der Einzelseele Kraft.

Dies ist das Motto der Sozialethik

Bei näherem Nachdenken ist Bengus Ansatz nicht überraschend, eher konsequent, denn in dieser Formulierung trifft sich anthroposophisches Menschen- und Gemeinschaftsverständnis mit dem afrikanischen. Auch uns kann das Ubuntu-Konzept vertraut erscheinen, wenn wir erst einmal die Kraft im Klang der Worte verspüren und uns von der gewohnten Abstraktion befreien.

Bengu beschreibt in seiner Schrift, wie der Rachegedanke mit der Idee von *Ubuntu* unvereinbar ist. Wenn man, wie Bischof Tutu, sich bemüht, Humanität in ihrer wirklichen Fülle zu erwecken, kann es nur Verständnis und Verzeihung geben, auch für die einstigen Plagegeister. Rache schafft wirklich nicht das Neue, dessen wir alle doch so dringend bedürfen.

Wenn wir uns mit dem aktuellen Dilemma beschäftigen, das uns die Naturwissenschaft unserer Tage unter anderem durch die Entwicklung der Gentechnologie bereitet, wobei lebendige Wesen, auch ungeborene Menschen, als Objekte, also als Gegenstände behandelt werden, scheinen uns die Worte eines Mangaliso Sobukwe, dem ersten Präsidenten des PAC, nicht gerade unangebracht: «Die Zivilisation der Welt wird nicht vollständig sein, ehe der Afrikaner seinen vollen Beitrag geleistet hat. So wie die sterbende sogenannte römische Zivilisation neues Leben bekam durch die Barbaren, so wird die im Verfall begriffene sogenannte westliche Zivilisation neues und reineres Leben erhalten aus Afrika.»

Waldorfschule weltweit

Noch während der Apartheidzeit, im Jahre 1982, wurde in Durban die Hardenberg Foundation gegründet, die sich später zu einem Institut für Lehrerausbildung (dem Novalis Institute) entwickelte. Frühzeitig kämpfte man besonders in südafrikanischen Waldorfschulen um das Recht, schwarze, weiße und farbige Kinder zusammen unterrichten zu dürfen. Zunächst wurde nur ein schwarzes Kind per Klasse erlaubt. Im Zuge dieser Bemühungen wurden auch 1988/89 schwarze Lehrer zusammen mit weißen Lehrern ausgebildet. Damals eine höchst kontroversielle Einrichtung, die von den hart indoktrinierten Weißen mit Skepsis, von den teilnehmenden Schwarzen mit erhebenden Gefühlen begleitet wurde.

Auch in Johannesburg entstand ab 1985 das Centre for the Art of Living, vornehmlich als ein Ort der Begegnung. Daraus entstanden bald Waldorfkindergärten und Waldorfschulen in verschiedenen Townships und «Homelands» der schwarzen Bevölkerung unter oft äußerst primitiven Bedingungen. Die Tatsache, dass Waldorfpädagogik zur Überwindung der damals noch bestehenden Sonderung beitragen konnte, weckte in europäischen Schulen eine Welle der Begeisterung. Während etlicher Jahre leisteten Oberstufenschüler unter anderem an schwedischen Waldorfschulen einige Tagewerke, um die neuen Schulgründungen zu unterstützen.

Ähnlich war die Situation in der gegen Ende der achtziger Jahre noch existierenden Sowjetunion. Waldorflehrer aus dem Westen waren im Grunde überrascht und unvorbereitet gegenüber den intensiven Fragen, die bis hin nach Sibirien, Kasachstan, Kirgistan auf sie zukamen. Da gab es eine Professorin und Leiterin einer Lehrerausbildung in Kirgistan. Sie hatte sich bislang intensiv mit marxistischer Philosophie befasst und war plötzlich auf Rudolf Steiners *Philosophie der Freiheit* gestoßen. Jetzt, im Zuge der Auflösung alter Klansysteme in ihrem Land erhob sich die Frage nach einer neuen Quelle moralischer Lebensführung. Kann uns da Waldorfpädagogik etwas bringen? Heute gibt es eine Waldorfschule dort. So existieren heute auch Waldorfschulen oder Waldorfklassen an dreißig verschiedenen Orten in Russland. Es geht ums Überleben, man kann unter vielen westlichen Programmen wählen; aber was soll man wählen und warum? Was immer wieder überrascht, ist das starke pädagogische Engagement der russischen Lehrer und die Bereitwilligkeit, sich mit neuen Sichtweisen auseinanderzusetzen. In einem weiterlebenden Kontrollsystem mit hohen Anforderungen an frühzeitige Abstraktion ist dies wahrlich keine leichte Aufgabe. Es ist nicht möglich, in den klassischen Waldorfländern erprobte Methoden einfach nachahmend zu übernehmen. Die verschiedensten lokalen Bedingungen stellen eine Herausforderung dar an Klarheit in der Zielsetzung und an Eigenaktivität im weitesten Sinne.

Fragen werden auch von staatlicher Seite gestellt. So zum Beispiel in Milwaukee, wo heute innerhalb eines problematischen Stadtgebietes aufgrund staatlicher Initiative hauptsächlich schwarze Kinder waldorfpädagogisch unterrichtet werden.

Auf Hispaniola, der Insel des Kolumbus, landete vor ein paar Jahrzehnten ein nordamerikanischer Bauingenieur mit seiner Frau in einem entlegenen Dorf, sozusagen am Ende der Welt. Die Bevölkerung in diesem Dorf, in Rio Limpio, besteht aus den Nachfahren der ehemaligen Sklaven. Alte Traditionen existieren nur fragmentarisch, da die Menschen einst brutal aus verschiedenen afrikanischen Gebieten in die neue Welt verschoben wurden. Durch die ständig praktizierten Brandrodungen herrschte eine zunehmende Bodenerosion, und die Menschen lebten unter erbärmlichen Verhältnissen. Also musste eine neue Methode entwickelt werden, Häuser zu bauen aus lokal anstehendem Lehm mit geringer Einmischung von teurem Zement. Hier galt es auch, neue Bodenkulturen einzuführen, Terrassen zu bauen, Wald anzupflanzen, für Absatz zu sorgen, mit Erwachsenen pädagogisch zu arbeiten und vor allen Dingen das Selbstgefühl der Menschen zu erwecken, so dass sie heute mehr und mehr Eigenverantwortung tragen können. Das Projekt wird unter anderem von der schwedischen Entwicklungsbehörde unterstützt. Das Ganze lebt jedoch von den ständig stattfindenden menschlichen Begegnungen mit Menschen mehrerer europäischer Länder. Um auch größere Veranstaltungen zu ermöglichen, wurde ein Kulturhaus, parallel zu dem gleichzeitig entstehenden Kulturhaus in Schweden (Järna), gebaut. Dorfbewohner verschiedenen Alters waren dabei tätig und entdeckten ihre Talente bei der künstlerischen Ausgestaltung des Baues. Einer der damals noch ganz jungen Künstler trägt neuerdings im Alter von 22 Jahren eine Initiative zur handwerklichen Ausbildung der Jugendlichen im Dorf. Letztendlich: der Kaffeeabsatz floriert. Unlängst wurde unter vielen Kaffeesorten gerade die Sorte des Dorfes von einer öffentlichen Probeanstalt in Schweden mit dem ersten Preis ausgezeichnet. Damit war sofort die ganze verfügbare Partie verkauft.

Aktuell ist zur Zeit auch die Entwicklung der öffentlichen Schule in Rio Limpio. Es finden waldorfpädagogische Studiengruppen statt, zusammen mit den Lehrern der Grundschule. Musikunterricht und handwerklicher Unterricht werden erteilt. Im Kulturhaus feiert man mit 250 Kindern den Tag der Studenten. Es wird gesungen und getanzt. An einer kleinen Schule werden Handarbeit und Kochen für Mädchen unterrichtet. Außerdem laufen Alphabetisierungsprogramme für Erwachsene und gymnasiale Kurse für die älteren Schüler. In den mehr entlegenen Gebieten wurden kleinere Schulen gegründet, darunter auch eine Schule für Haitianer, die meist unter schlechten Verhältnissen halb illegal leben. Zusammengenommen ergibt dies alles viele Aktivitäten, die für die Beteiligten völlig neu sind und freudig erlebt werden.

Wenn wir heute versuchen, Überblick zu erhalten über die aktuellen Entwicklungstendenzen der Waldorfpädagogik in vielen Ländern und Kontinenten, so ergibt sich heute schon eine Fülle von oft noch kaum ausgeschöpften Möglichkeiten. Die Entwicklung verläuft wirklich stürmisch und wird nicht von irgendeiner Zentralinstanz gesteuert. Natürlich gibt es missglückte Projekte, doch erneuert sich immer wieder das Vertrauen auf das Lebenskräftige dieser Pädagogik, die sich auf ein geistig fundiertes Menschen- und Weltverständnis gründet. In jeder noch so kleinen Initiative lebt viel Wille auf, und man ist oft erstaunt, mit welcher Zähigkeit und Durchhaltekraft ein pädagogisches Projekt sich am Ende trotz aller Widerstände entwikkelt. Wohltuend und fruchtbar ist dabei nicht das fixierte Programm, das in den verschiedensten Kulturkreisen ohnehin schlecht Wurzel schlagen könnte, sondern die Einsicht in das Wesen der Sache und der Appell an persönliche Initiative und Eigenverantwortung.

Der anthroposophische Impuls – Miterleben des Zeitenschicksals

Als im Jahre 1919 die erste Waldorfschule in Stuttgart eröffnet wurde, war sich Rudolf Steiner bewusst, dass damit ein Anfang gesetzt war für eine Pädagogik, die für alle Menschen in unserer Zeit gangbar und fruchtbar werden könnte. Er und seine Mitarbeiter handelten intuitiv im Zusammenklang mit dem sich bildenden Zeitbewusstsein. Nach einem Menschenalter sehen wir heute, wie treffend diese Initiative war. Wir verstehen auch, dass alles Neue sich erst entwickeln muss und nicht alle Entwicklungen nur eindeutig erfolgreich sind. Sie sind immer verbunden mit Rückschlägen und Krisen. Im Grunde vollziehen sich gerade pädagogische Entwicklungen im Zusammenwirken vieler Menschen, wobei auch die kleinste Zelle, das heißt Vorgänge in der Zusammenarbeit zwischen Schülern, Eltern und Lehrern das Ganze beeinflussen. Dieses Gesetz gilt für alle organische Entwicklung. Wir können uns heute, angesichts der schnellen Ausbreitung waldorfpädagogischer Initiativen in allen Kontinenten, in sehr verschiedenen Kulturen, Religionsgemeinschaften, unter Atheisten wie auch frommen Gläubigen wirklich fragen, was am Ende noch Waldorfpädagogik ist und was sie einst sein wird.

Zum Anfang der waldorfpädagogischen Bewegung sprach Rudolf Steiner von der in Freiheit anzustrebenden Begegnung der Lehrer mit geistigen Wesen aus der Hierarchie der Engel, Erzengel und Urkräfte. Diese Wesen begleiten in zurückhaltender Weise alle Kinder auf der Erde. Sie können uns Lehrer in der täglichen Arbeit, im Glück und Unglück nötigen Beistand leisten. Es handelt sich also in dieser Pädagogik nicht in erster Linie um eine in sich festgefügte Lehre oder ein Programm, das wir einfach auf die Kinder übertragen könnten. Eher können wir erleben, dass es um einen geistigen Impuls geht, und dieser Impuls ist nicht ein deutscher oder holländischer oder englischer Impuls. Er richtet sich an die Menschheit. In ganz bestimmten menschlichen Begegnungen wird dies manchmal deutlich ausgesprochen. So durch die ehemalige bulgarische Kulturministerin, die anlässlich eines Staatsbesuches in Stockholm beim Besuch einer Ausstellung vor den anwesenden Diplomaten und Mitgliedern der schwedischen Regierung ganz klar ausdrückte: «Diese Pädagogik dürfen Sie nicht für sich behalten, es ist eine Pädagogik für alle Kinder.» Es war nicht das Mitglied des kommunistischen Zentralkomitees, sondern die engagierte und zeitbewusste Kulturpersönlichkeit, die in dieser Weise Stellung bezog.

In ähnlicher, wenn auch viel intimerer Weise drückte sich unlängst Bob Stadnick aus in einem konzentrierten Gespräch, bei dem wir uns tief in die Augen schauten. Er, der sich als «spiritual teacher» der Lakota-(Sioux-)Indianer bezeichnete, sprach mit Bitterkeit davon, wie die US-Amerikaner ihnen die Kinder aus dem Reservat wegholten, um sie in ihre Schulen zu stecken. «Dort verlieren sie die Selbstachtung. Sie fangen an zu trinken und wollen nicht mehr leben. Aber Rudolf Steiner, von dem wir hörten, ist für alle Menschen da.»

In einem Vortrag, gehalten am 7. April 1923, sprach Rudolf Steiner eingehend von der Bewusstseinswandlung unserer Zeit. Wie können wir überhaupt das allgemein Menschliche erfassen? Dazu ist notwendig, dass wir uns für die menschliche Gestalt in ihrer Raumesform interessieren. Sie ist für alle Menschen gleich. Jedoch konnten die Menschen dies in früherer Zeit im Allgemeinen nicht leisten. «Sie hatten aber ein intensives Interesse für das Rassenhafte des Menschen. Und je weiter wir in alten Kulturen zurückgehen, desto weniger interessiert eigentlich den Menschen so für das allgemeine Bewusstsein die menschliche Gestalt; dagegen interessiert die Menschen, wie die Farbe der Haut ist, wie das Rassentemperament ist. Auf das schauen diese Menschen hin ... Es war ein Interesse vorhanden, wie gesagt, für das Rassige, nicht aber für das allgemein Menschliche, auch nicht in Bezug auf die äußere Gestalt.» Das Rassenhafte aber, so formuliert es Steiner, verbindet den Menschen noch mit der Tierheit.[69]

Andererseits hat der Mensch Schwierigkeiten, zum menschlichen Ich-Bewusstsein zu kommen. Dies verknüpft Steiner mit der mangelnden Anschauung des allgemein Menschlichen. Es zeigt sich hier, wie der neue Impuls unserer Zeit uns aufruft, uns zum Ich-Bewusstsein einerseits und zum Menschheitsbewusstsein andererseits hindurchzuringen. Es handelt sich hier, auch gemäß unserer eigenen Erfahrung, nicht um eine sentimentale Angelegenheit, die mit einfachen Beschlüssen zu regeln wäre. Es braucht bewusst vollzogener eigener Schulung, die sich auf persönliches Interesse gründet. Ohne dieses Interesse wäre sie wertlos.

Steiner war sich der entgegenstehenden inneren Schwierigkeiten wohl bewusst. In Vorträgen über anthroposophische Gemeinschaftsbildung sprach er eindringlich über notwendige Schritte, das eigene Erleben persönlichen Leides und Schmerzes zum Erleben übersinnlicher Erkenntnis zu erweitern. Dann aber, sagte Rudolf Steiner, braucht es noch einen weiteren großen Schritt hin zur Anthroposophischen Gesellschaft. Er besteht «*im Miterleben des Zeitenschicksals, das Schicksal der eigenen Seele* wird. Und man fühlt sich dann innerhalb der Menschheitsentwickelung darinnen gerade durch diese Umwendung des Willens, durch dieses Erfahren der Übersinnlichkeit alles Wahrheitswesens. Durch dieses Miterleben des eigentlichen Sinnes des Zeitalters fühlt man sich erst im vollen Sinne des Wortes als Mensch. Im Grunde genommen soll ja Anthroposophie nichts anderes sein als jene Sophia, das heißt jener Bewusstseinsinhalt, jenes innerlich Erlebte in der menschlichen Seelenverfassung, die den Menschen zum vollen Menschen macht. *Nicht ‹Weisheit vom Menschen› ist die richtige Interpretation des Wortes Anthroposophie, sondern ‹Bewusstsein seines Menschentums›; das heißt, hinzielen sollen Willensumwendung, Erkenntniserfahrung, Miterleben des Zeitenschicksals dahin, der Seele eine Bewusstseinsrichtung, eine Sophia zu geben.*»[70] (Hervorhebung durch den Autor.)

Persönliche Schlussbemerkung

Die vorangegangenen Betrachtungen gründen sich auf meine vierzigjährige Tätigkeit als Waldorflehrer an Waldorfschul-Oberstufen sowie als mitverantwortlicher Lehrer einer Waldorflehrerausbildung. Durch diese Tätigkeit ergab sich eine intensive Arbeit besonders mit Blick auf die Geschichte der Biologie in neuerer Zeit sowie der Entwicklung des Bewusstseins im Umgang mit Menschen verschiedener Völker. Meine Arbeit ist mit geprägt durch persönliche Begegnungs-Erlebnisse. Deshalb trägt sie subjektive Züge, die offen dargelegt werden sollen.

Wesentlich war durch viele Jahre hindurch der Gedanke Rudolf Steiners, ausgesprochen in der Vortragsreihe *Die Mission einzelner Volksseelen*, gehalten in Oslo 1910, dass alle, auch die kleinsten Völker, etwas zum Ganzen der Menschheit beizutragen haben. Nach einer langen Zeit divergent erscheinender Entwicklung strebt die Menschheit jetzt einer Konvergenz zu, wodurch nicht allgemeine Gleichheit, sondern große Vielfalt und damit Reichtum zustande kommen kann. Diese Gedanken wurden mir persönlich zum tragenden Ideal. Dasselbe gilt für viele meiner nordischen Kollegen, die sich mit den Osloer Vorträgen besonders beschäftigten.

Im Verlauf meines anthroposophischen Studiums stieß ich gelegentlich auf isolierte Bemerkungen Rudolf Steiners über Angehörige fremder Völker, die mir unverständlich schienen und schlecht in den hier dargestellten Zusammenhang passen wollten. Da alle bekannten Äußerungen Steiners unzensuriert und von Steiner selbst nicht durchgesehen im Rahmen der Gesamtausgabe veröffentlicht sind, ergibt sich ein reiches und vielseitiges Bild seiner Tätigkeit. Es ist unvermeidlich, dass unter solchen Bedingungen dies und jenes fraglich erscheint. Schlimm wäre es, wenn wir tausende von Vorträgen ohne eine gehörige Portion Kritik oder Skepsis entgegennähmen. Was aber weckt das Interesse, die Begeisterung der heute Lebenden? Was ist richtungsweisend für die Zukunft? Dies muss jeder mit sich selbst ausmachen. Was in Steiners umfassendem Werk den Enthusiasmus und Arbeitswillen bei mir selbst und bei vielen meiner Kollegen wecken konnte, ist in diesem Aufsatz wenigstens teilweise dargestellt.

Anmerkungen

1 Dokumentiert in *Off limits für das Gewissen,* herausgegeben von Robert Jungk, Hamburg 1961.
2 Zitat aus Franz Kurowski, *Herrscher der Meere. Die Geschichte der portugiesischen Welteroberung,* Berg 1990.
3 F. Teichmann, «Die Entstehung des Entwicklungsgedankens in der Goethezeit», in: *Entwicklung. Interdisziplinäre Aspekte zur Evolutionsfrage,* Universität Witten-Herdecke, Hrsg. W. Arnold, Stuttgart 1989.
4 Johann Gottfried Herder, *Mensch und Geschichte,* Leipzig 1935, S. 241.
5 Zitat aus Ekkehard Meffert, *Carl Gustav Carus,* Stuttgart 1986, S. 86.
6 «Von den Anforderungen an eine künftige Bearbeitung der Naturwissenschaft», in: Ekkehard Meffert, *Carl Gustav Carus,* Textband, Stuttgart 1989.
7 Ekkehard Meffert, *Carl Gustav Carus,* Textband, Stuttgart 1989, S. 14.
8 Zierer, *Geschichte Afrikas,* Murnau 1959.
9 Winston Churchill, *My Early Life 1930,* zitiert nach Sven Lindqvist, Utrota varenda jävel, Stockholm 1992.
10 Winston Churchill, *The River War 1899.*
11 Winston Churchill, *The River War 1899,* zitiert nach S. Lindqvist.
12 Zierer, *Geschichte Afrikas,* Murnau 1959.
13 Zitat aus Knut Hagberg, *Carl Linnaeus,* Stockholm 1957.
14 Zitiert aus dem Buch des bekannten schwedischen Autors Sven Lindqvist, *Utrota varenda jävel,* Stockholm 1992.
15 Charles Darwin, *Autobiography,* 1887, vollständige Ausgabe 1958.
16 Howard E. Gruber, *Darwin on Man,* Chicago 1981.
17 Ebd.
18 Herbert Spencer, *Überleben des Tüchtigsten (Survival of the Fittest)*
19 Olivier Rieppel, *Unterwegs zum Anfang,* Zürich / München 1989.
20 Ebd.
21 Chicago 1981.
22 Die Darstellung der Folgen darwinistischen Denkens im Zeichen des Kolonialismus und Imperialismus schließt sich an wohlbegründete

Forschungen des schwedischen Verfassers Sven Lindqvist an, dargestellt in seinem schon mehrfach genannten Buch *Utrota varenda jävel,* Stockholm 1992.

23 W. Winwood Reade, *Savage Africa,* 1864.

24 Oscar Hertwig, *Das Werden der Organismen. Eine Widerlegung von Darwin's Zufallstheorie,* Jena 1916.

25 Oscar Hertwig, *Gegen den ethischen, sozialen und politischen Darwinismus,* 1917 (mir vorliegend in schwedischer Übersetzung Lund 1918).

26 Anne Harrington, *Reenchanted Science. Holism in German Culture from Wilhelm II to Hitler,* Princeton N. J. 1996).

27 Harald Ofstad, *Vårt förakt för svaghet,* Stockholm 1987.

28 Harald Ofstad, *Vad är Nazism,* Dagens Nyheter 15. 5. l965.

29 Hamburger Fremdenblatt 16. November 1935, Hervorhebungen im Original.

30 Zitiert nach J. Hemleben, *Haeckel,* Hamburg 1964.

31 Rudolf Steiner, *Mein Lebensgang.* Gesamtausgabe (= GA) Bibl. Nr. 28, S. 46. – Das Werk Rudolf Steiners erscheint im Rudolf Steiner Verlag Dornach / Schweiz. – Hervorhebung durch den Verfasser.

32 Ebd., S. 221.

33 Ebd., S. 222.

34 Rudolf Steiner, *Grundlinien einer Erkenntnistheorie der Goetheschen Weltanschauung* (1886). GA 2.

35 Rudolf Steiner, *Die Philosophie der Freiheit.* GA 4, Ausgabe 1949, S. 95.

36 Ernst Haeckel, *Die Welträtsel,* Bonn 1903.

37 Ebd., S. 55.

38 Rudolf Steiner, *Grundlinien einer Erkenntnistheorie der Goetheschen Weltanschauung* (1886). GA 2.

39 Ebd., S. 41.

40 In: John C. Eccles (Hrsg.), *Brain and conscious experience,* Berlin, Heidelberg, New York 1966.

41 Rudolf Steiner, *Anthroposophie, ihre Erkenntniswurzeln und Lebensfrüchte.* GA 78. Taschenbuch 653, S. 40.

42 E. M. Kranich, *Von der Gewissheit zur Wissenschaft der Evolution,* Stuttgart 1989; meine Hervorhebung im Text.

43 Gordon Wolstenholme (Hrsg.), *Man and his Future,* London 1963.

44 Ebd., S. 380.

45 Ebd., S. 381.

46 Christopher Lash, München 1980.

47 Siehe dazu und auch zu dem unten Dargestellten die Ausführungen von W. Schad in: *Erziehung ist Kunst,* Frankfurt/M Tb. 1986, sowie in: *Verantwortbare Freiheit aus Menschenverständnis,* Stuttgart 1992.

48 Rudolf Steiner, «Gemeinsamkeit über uns – Christus in uns», Vortrag am 15.6.1915, in: *Das Geheimnis des Todes.* GA 159/160.

49 G. E. Lessing, *Die Erziehung des Menschengeschlechts,* § 93-98. – Eine ausführliche Behandlung des Themas Individualität findet sich in dem Aufsatz von S. Leber, «Die menschliche Individualität in Erziehungswissenschaft und Pädagogik» in: F. Bohnsack / E.-M. Kranich (Hrsg.), *Erziehungswissenschaft und Waldorfpädagogik.* 2. Aufl. Weinheim/Basel 1994.

50 Friedrich Ratzel, *Völkerkunde,* 2 Bände, Leipzig 1894/95.

51 Friedrich Ratzel, *Politische Geographie,* München und Leipzig 1897.

52 *Der Spiegel,* 17.2.1964.

53 *Journal of Heredity 1939,* 30:371-73.

54 Rudolf Steiner, *Die Theosophie des Rosenkreuzers.* Vortrag am 4.6.1907, GA 99; ferner *Das Hereinwirken geistiger Wesenheiten in den Menschen.* Vortrag am 1.6.1908, GA 102.

55 Rudolf Steiner, *Die tieferen Geheimnisse des Menschheitswerdens im Lichte der Evangelien.* Vortrag am 4.12.1909, GA 117.

56 Rudolf Steiner, *Vorstufen zum Mysterium von Golgatha.* Vortrag am 18.5.1913, GA 152.

57 Dagens Nyheter, 18. April 1993.

58 Rudolf Steiner, *Die Mission der neuen Geistesoffenbarung.* Vortrag am 8.1.1911, GA 127.

59 Rudolf Steiner, *Die spirituellen Hintergründe der äußeren Welt. Der Sturz der Geister der Finsternis.* GA 177.

60 Rudolf Steiner, *Soziales Verständnis aus geisteswissenschaftlicher Erkenntnis.* GA 191.

61 Martin Buber, *Ich und Du,* 1923. Dieses Zitat ist von mir frei aus der schwedischen Übersetzung rückübersetzt. Es ist der fünfte Aphorismus, vom Beginn des Buches an gerechnet.

62 Siehe Anm. 59.

63 Nelson Rolihlala Mandela, 1994.

64 James Gregory, *Goodbye Bafana. Nelson Mandela my Prisoner, my Friend,* Edition Robert Laffont, S.A. , Paris 1996.

65 Kofi Edusei, *Für uns ist Religion die Erde, auf der wir leben,* Stuttgart 1985; neuerdings Mfuniselwa John Bengu, *Ubuntu, the Essence of Democracy,* Cape Town 1996. Reichliches Material enthält das Werk von Jahnheinz Jahn, *Muntu,* Köln 1986.

66 Vgl. Anm. 65.

67 Vgl. Anm. 65.

68 Placide Tempels, *La philosophie bantou 1945,* zitiert nach Jahn.

69 Rudolf Steiner, *Der Jahreskreislauf als Atmungsvorgang der Erde und die vier großen Festeszeiten.* GA 223.

70 Rudolf Steiner, *Anthroposophische Gemeinschaftsbildung.* Vortrag am 13.2.1923, GA 257.

Isabel Stadnick / John Haas

Waldorfpädagogik in einem Indianerreservat in Süd-Dakota, USA

Vorbemerkung von Stefan Leber

Ich hatte einen der initiativen Gründer eines Waldorfkindergartens und einer Waldorfschule im Reservat der Pine Ridge Indianer in South Dakota, USA, Robert Stadnick, bitten wollen, über seine Lebensintention, die aus der Begegnung mit der Anthroposophie herrührte, zu berichten. Die Anfrage erreichte ihn nicht mehr, er war gerade verstorben. Nun stellte seine Frau dankenswerterweise einen Nachruf eines Freundes zur Verfügung. Sie selbst berichtet über die gegenwärtige Arbeit in einer eigenen Darstellung.

Die allgemeine Lage

Das Pine Ridge Indianerreservat in Süd-Dakota ist das zweitgrößte Indianerreservat der USA und mit einem durchschnittlichen Jahreseinkommen von 3.400 Dollar und einer Arbeitslosenrate von ca. 90 Prozent die ärmste Region Nordamerikas. Auf einer Fläche von etwa 35.000 Quadratkilometern leben über 30.000 Oglala Lakota Indianer, bei uns bekannt als Sioux. – Bis 1976 bestand ein Verbot der amerikanischen Regierung gegen jede Ausübung indianischer religiöser Handlungen. In den Staats- und Missionsschulen war es den Kindern nicht erlaubt, ihre indianische Sprache zu sprechen, und den Eltern war es untersagt, während der ganzen Schulzeit ihre Kinder zu sehen, bis jene, den Familien und der Kultur entfremdet, aus den Internatsschulen entlassen wurden. Die Folgen davon waren Identitätsverlust und Depression, die meistens in Resignation und Alkoholismus mündeten.

In den letzten zehn Jahren fand ein starker Aufschwung der indianischen Religion statt. Viele Lakotas wenden sich ihrer alten Spiritualität zu, in deren Zeremonien, wie unter anderem der Schwitzhütten-Zeremonie, sie eine Kraftquelle und zurück zu ihrer Identität finden. Auf dem Reservat gibt es verschiedene Schulsysteme. Neben den Missionsschulen gibt es BIA-Schulen (Bureau of Indian Affairs) und Stammesschulen, jedoch nur circa 30 Prozent der Schüler beenden die zwölfjährige Schulzeit.

Als 1992 die Wolakota-Waldorf-Society ins Leben gerufen wurde, war es ein Hauptanliegen der Society, von staatlichen Geldern unabhängig zu bleiben und somit auch frei von staatlichen Vorgaben. Im Herbst 1994 eröffnete der Wolakota-Waldorfkindergarten seine Türen mit einem eigenen Gebäude und einem kleineren Schulbus. Bisher wurde die Schule nur durch die Fundraising-Touren finanziert und ist daher finanziell sehr eingeschränkt.

Da die meisten Lakotas unter dem Existenzminimum leben, kann von den Eltern kein Schuldgeld verlangt werden. Die Eltern arbeiten an verschiedenen Projekten wie Verkaufsständen, im Backwarenverkauf etc., um für den Kindergarten Geld einzunehmen.

Der Beginn einer ersten Klasse hängt ganz von der finanziellen Situation ab. Auch die Anzahl der Kinder im Kindergarten ist auf die Anzahl der Plätze im Schulbus limitiert. Es würde unseren Rahmen überschreiten, einen zweiten Schulbus anzuschaffen und einen zweiten Schulbusfahrer anzustellen.

Zur Zeit beginnen einige lokale Wolakota-Waldorf-Mitarbeiter, an Proposals zu arbeiten, die an größere amerikanische Firmen gerichtet sind und um Finanzierungshilfe anfragen. Es ist ein Ziel, die zukünftigen Klassen in der Lakota-Sprache zu unterrichten, Lakota-Handwerke, Legenden, Geschichte in den Vordergrund des Stundenplans zu stellen. Am Anfang der Gründung des Wolakota-Waldorfkindergartens wussten die wenigsten Menschen hier, was «Waldorfpädagogik» ist. So haben viele Gespräche und Informationsabende stattgefunden. Die Resonanz ist immer sehr positiv. Viele Menschen sind sehr unzufrieden mit den gegenwärtigen Schulsystemen. Auch hat das Oglala-College im Frühjahr 1994 bereits einen Kurs in Waldorfpädagogik in das Kursprogramm aufgenommen.

Wolakota-Waldorfkindergarten

Die Lakota-Menschen sind sehr praxisbezogen. Sie nehmen wahr, was ihre Kinder im Kindergarten für Erfahrungen machen, und die Erfahrung ist, dass die Schule selber beziehungsweise der Kindergarten die beste Vorstellung von Waldorfpädagogik gibt.

Im diesjährigen Kindergarten hatten wir sogar vier Kinder, deren Eltern Lehrer an der staatlichen Schule in Kyle sind, aber ihre Kinder in den Waldorfkindergarten senden. Wie oben erwähnt, war es den Familien lange Zeit nicht erlaubt, in die Schule der Kinder miteinbezogen zu sein. Die Folgen davon sind nun, dass es schwer fällt, die Eltern zu mehr Engagement und aktivem Mitmachen zu bewegen. Doch mit jedem Jahr fasst die Wolakota-Waldorf-Society mehr Fuß, und wir fühlen auch, dass wir Sicherheit gewinnen und wirksamer arbeiten können, wenn wir die Schule sich langsam entwickeln lassen.

Eine Schwierigkeit liegt noch darin, Lakotas in Waldorfpädagogik auszubilden. Wie die Erfahrung zeigt, ist es mit zu vielen Schwie-

Wolakota-Waldorfkindergarten

rigkeiten verbunden, Lakotas in ein Waldorfseminar in einem anderen Staat zu senden. Die Lakotas sind zu sehr an ihr Land und ihre Familie gebunden, und die meisten halten einen Aufenthalt außerhalb des Reservates nicht aus. Daraus entwickelte sich die Idee, am Oglala-Lakota-College Waldorfpädagogik einzuführen.

Die Wolakota-Waldorf-Society ist inzwischen eine vom Staat Süd-Dakota und von Washington D.C. anerkannte Non-Profit-Organisation.

Robert Stadnick – Takolata Ota Wicasa = Mann mit vielen Freunden

Eine biographische Skizze von John Haas

Am 22. Juli 1938 wurde Robert Stadnick, genannt «Bob», in Omaha, Nebraska, geboren. Seine Mutter war eine Oglela Sioux, sein Vater war polnischer Abstammung. Seine frühe Kindheit verbrachte er im Fine Ridge Indianerreservat bei seinen Eltern und Großeltern. Er wurde «Little White Horse» genannt, wegen seiner helleren Haut.

Als Bob zwölf Jahre alt war, starben beide Eltern innerhalb eines Jahres nacheinander. Von da an wurde er von Al und Ethliyn Hunter, seinen Pflegeeltern, in deren Familie großgezogen. Sie wohnten auf dem Land außerhalb von Kyle im Fine Ridge Reservat, wo Bob viel über den Umgang mit Pferden, aber auch harte Arbeit lernte. Mit zwanzig Jahren verließ er das Indianerreservat und trat in die Handelsmarine (Merchant Marine) ein. Bei der Merchant Marine wurde Bob als Marine-Ingenieur ausgebildet, und er kam durch die Schifffahrt viel in der Welt herum. Wenn er nicht gerade auf einem Schiff unterwegs war, lebte Bob in New Orleans. Dort heiratete er Gloria Bouquillon, und zusammen hatten sie zwei Kinder, Lorraine und Allen. Es war in der Bibliothek eines der Marineschiffe, wo Bob zum ersten Mal in seinem Leben auf ein Buch von Rudolf Steiner stieß. Auf derselben Reise, nahe der Vietnam-Küste, erlitt er auf dem Schiff einen schweren Unfall, der ihn zwang, lange Zeit mit einer schweren Halsverletzung und einem Halswirbelbruch im Spital zu liegen. Dieser Unfall setzte seinem Leben bei der Marine auch ein Ende.

Auch seine Ehe wurde im Gefolge davon geschieden. Bob kehrte Anfang der siebziger Jahre in sein Heimatland zurück, um dort ein neues Leben zu beginnen. Er begann nun in Kyle, im Pine Ridge Reservat, zu arbeiten und entschied sich, in der Gemeinde zu bleiben, wo er seine ursprünglichen Daseinswurzeln fühlte. Er identifizierte sich sehr stark mit seiner indianischen Seite. Er wurde Betriebsmanager in der Little Wound Schule in Kyle; er liebte es, Dinge zu bauen und zu reparieren. Aus seiner zweiten Ehe mit Corrine Ruf stammen seine Kinder Robin, Logan, Constance und Jessy.

Bob baute das erste Erdhaus im Reservat und lebte mit seinen Kindern darin, die er allein aufzog, nachdem seine zweite Ehe geschieden worden war. Bobs Karriere an der Little Wound Schule endete, nachdem er einen Motorradunfall hatte und die schwere Arbeit nicht mehr verrichten konnte. Er ging durch sieben Knieoperationen und erholte sich nie ganz davon. Aber wie so oft in seinem Leben hatte er auch diesmal die neue Situation akzeptiert und sich an die leiblich eingeschränkten Verhältnisse angepasst.

Während seiner Tätigkeit in der Little Wound Schule begegnete Bob zum zweiten Mal Rudolf Steiners Büchern: Als der Schuldirektor starb, hatte man Bob gebeten, dessen persönlichen Besitz zu sortieren und durchzusehen. Bei der Durchsicht der hinterlassenen Bücher stieß Bob neuerlich auf Bücher Steiners, wobei er anfragte, ob er jene Bücher für sich behalten dürfte, was bewilligt wurde. Bob wurde nun innerhalb seiner Kultur sehr aktiv. Vor allem liebte er es, seinen Freunden Curtis Kills Ree und Joe Eagle Elk, beides Medizinmänner, zuzuhören und von ihnen zu lernen. Sie sprachen viel über Philosophie, Spiritualität, über Leben und Tod. Eine besondere Beziehung hatte Bob immer zu den vierbeinigen und zu den geflügelten Lebewesen. Birgit Kills Straight und Bob reisten nach Europa, wo sie über ihre Kultur Vorträge hielten, aber auch von anderen Kulturen zu lernen suchten. Auf einer dieser Reisen traf Bob seine zukünftige Frau Isabel, er sagte später, «es war Liebe auf den ersten Blick». Kurz darauf heirateten sie und blieben siebeneinhalb Jahre bis zu seinem Tod zusammen. Bob freute sich über ihre drei Kinder, Celestine, sechs, Caroline, fast vier, und Clarence, der bei seinem Tod gerade erst neun Monate alt, aber Bobs Freude und Stolz war.

Bob und Isabel lebten in dem Erdhaus, während sie ihr neues Haus am American Horse Creek bauten. Bob liebte es, sein eigenes Haus zu entwerfen und es selber zu bauen. Großen Respekt empfand er für Richard Moves Catrip, einen hochangesehenen Medizinmann. Er entschied sich durch die Begegnung mit ihm, ein spirituelles Leben zu

Robert Stadnick

führen und den Weg der heiligen Pfeife zu gehen. Als Bob die Spiritualität in sich stärker werden fühlte, wurde ihm immer klarer, dass es das Wichtigste sei, seinem Volk zu helfen, speziell den Lakota Kindern. Durch seine Frau Isabel, eine ehemalige Schweizer Waldorfschülerin, wurde Bob nun ein drittes Mal mit der Anthroposophie konfrontiert. Er entfachte zunächst Diskussionen über alternative Schulsysteme, entschieden wollte er das Schulwesen innerhalb seines Reservats ändern und nicht nur kritisieren. Im Sommer 1992 reiste Bob mit Richard Moves Camp und Norman Under Baggage nach Dornach zu einem Gespräch mit Herrn Dr. Heinz Zimmermann, dem Leiter der Pädagogischen Sektion an der Freien Hochschule für Geisteswissenschaft, Goetheanum. Ihre große Frage war: Können wir Waldorfpädagogik mit unserer Lakota-Kultur verbinden? Das Gespräch hatte einen sehr ermutigenden Einfluss auf die drei Lakotas und ließ sie den endgültigen Entschluss fassen, eine eigene Lakota-Waldorfschule im Fine Ridge Reservat zu beginnen. Zurück im Reservat wurde die Wolakota-Waldorf-Society gegründet. Bob wurde nun überaus aktiv: Er leitete den Bau des ersten Gebäudes für den Wolakota-Waldorfkindergarten am Three Miles Creek, etwas außerhalb von Kyle. Bob und Isabel wurden die Fundraiser für die Schule. Jedes Jahr ging Bob ein- bis zweimal auf eine Tour nach Europa, wo er an verschiedenen Schulen über die Situation im Indianerreservat und über die Spiritualität seines Volkes sprach. Er fand in Europa unter den Menschen viel mehr Verständnis für die indianische Situation als in Amerika. Kurz vor Weihnachten 1996 erkrankte Bob schwer, er wurde in ein Spital eingeliefert, wo er sechs Tage verbringen musste. Aber erholt hat er sich nicht. So wurde er erneut in das Regional Spital in Rapid City eingeliefert, wo er am Herzen operiert werden sollte. Doch so weit kam es nicht mehr. Bob Stadnick begann seine Reise in die geistige Welt, er starb am 5. Februar 1997 um 21 Uhr. Bei der Totenwache hatte Bobs Freund, Tim Bull Bear, Bob einen neuen indianischen Namen gegeben, den Namen, den sich Bob in seinem Leben errungen hatte: Takolata Ota Wicasa = Mann mit vielen Freunden.

Bob hat in seinem Leben viele Erfahrungen gesammelt und auf zahlreichen Gebieten viel gelernt. Er liebte Bücher, philosophische Diskussionen und Besuche bei den Ältesten. Aber vor allem liebte er seine Frau Isabel und seine Kinder und wird für immer in ihren Gedanken leben.

Aus Bobs Arbeit

Auf seinen Touren durch Europa hatte Bob sehr viele Waldorfschulen besucht, mit sehr vielen Menschen, Lehrern, Eltern und Schülern über die Schulen und ihre Pädagogik gesprochen. Was ihn an der Waldorfpädagogik sehr beeindruckte, war, dass ein Lehrer dieselbe Klasse durch acht Jahre führt. Er sah in der Waldorfpädagogik sehr viele Parallelen zu der Art und Weise, wie indianische Völker in früheren Zeiten ihre Kinder aufzogen: Familienmitglieder lehrten die Kinder die Verbundenheit mit der Natur und allen Lebewesen. Kinder müssen mit sehr viel Respekt behandelt werden, da sie ja dem Göttlichen noch so nahe stehen. Dann gab es ein Ereignis an der

Little Wound Schule in Kyle (einer staatlichen Schule), das ihn beschäftigte. Im Jahre 1992 kam es einmal vor, dass an einem Morgen Jugendliche stark angetrunken in die Schule kamen. Dieser Vorfall hatte Bob sehr beschäftigt. Er sah, wieviel der Kultur verloren gegangen war, wieviel Dekadenz sich ausgebreitet hatte und dass so viele Kinder ohne Fürsorge aufwachsen, zu wenig Liebe erfahren und so auch keinen Respekt entwickeln können. Durch die Arbeit an der Little Wound Schule hatte er viel Einblick in die Problematik des Schulsystems bekommen. Bob hatte immer eine große Liebe zu Kindern und sagte: Wenn du überzeugt bist, dass etwas nicht gut ist, dann ändere es zum Besseren! Und er zeigte selbst, wie man zur Tat schreiten kann. Viel sprach Bob darüber, dass man unbedingt alle Sinne beim Kind entwickeln muss. Dann werde sich auch der höchste Sinn, das Herz, die Mitte, öffnen. Durch das Herz nehmen wir die Spiritualität wahr, die nicht-sinnliche Welt.

Sehr viel und offen sprach Bob über Spiritualität und die Wichtigkeit des Betens. Er betonte, dass es nur einen richtigen Weg gibt, Kinder großzuziehen, und dies ist, indem wir in die alltäglichen Handlungen die spirituelle Seite mit einbeziehen, so beispielsweise das Gebet oder den Morgenspruch am Tagesbeginn und zu den Mahlzeiten. In der Lakota-Kultur standen immer vier Tugenden ganz oben: Respekt, Großzügigkeit, Mut und Weisheit. Diese Eigenschaften müssen von den Menschen in der Umgebung des Kindes ausgehen, sie haben das vorzuleben, dann kann das Kind ganz natürlich in die Gemeinschaft hineinwachsen. Bob fand in der Waldorfpädagogik so viele Parallelen zur traditionellen Lakota-Kultur und durch sie auch einen Weg, diese Werte in die Zukunft zu tragen und den Kindern eine gute Ausbildung und vor allem ein gutes Bewusstsein von sich und der Welt mitzugeben. Die Kinder brauchen eine Quelle der Kraft, aus der sie schöpfen können, um durch die Schwierigkeiten im Reservat hindurchzugehen. So werden sie gerüstet und mutig in die Zukunft schreiten. In seiner sehr einfachen Art konnte Bob vielen Menschen helfen, einen Zugang zur Spiritualität zu finden. Keiner betonte wie er, wie wichtig es ist, dass wir Menschen wieder lernen, auf unser Herz zu hören. Sein Ziel und die Vision der Wolakota-Waldorf-Gesellschaft war es, nicht nur eine

Pow Wow am Oglala Lakota-College

Schule zu haben, sondern alle Lebensbereiche mit einzubeziehen. Er wollte Kurse für werdende Mütter einführen, denn in der Lakota-Kultur wurde eine Frau, die ein Kind erwartete, mit sehr viel Respekt, Fürsorge und bewusst ausgewählten Einflüssen umgeben. Er wollte Handwerker einladen, die junge Lakotas in Holz-, Eisen- und Kupferarbeiten ausbilden. Durch die Besuche in den Waldorfschulen hatte Bob sehr viele Ideen und Inspirationen bekommen, und so manchen Abend saß er hier beim Wolakota-Treffen und erzählte mit Begeisterung von Schloss Hamborn (einer Waldorfschule und Lebensgemeinschaft im ländlichen Raum mit Landwirtschaft und Sanatorium sowie Altersheim) und anderen Waldorfschulen. Seine Begeisterung übertrug sich auf seine Mitmenschen und Lakota-Freunde, und aus dieser Begeisterung heraus hat sich als erstes der Wolakota-Waldorfkindergarten entwickelt. So stark Bob auch mit seinen indianischen Wurzeln verbunden war, war es doch seine Vision, sein Empfinden, dass alle Menschen und Völker verbunden, Brüder und Schwestern sind. Und so war ihm die Prophezeiung von Black Elk, dass in der siebenten Generation sich der heilige Kreis wieder schließen wird, zielgebend und zukunftsweisend. In der siebenten Generation sah er unsere Kinder, und in dem Bild des Kreises, der gebrochen war und sich wieder schließen wird, befanden sich alle Völker dieser Erde. Durch seine vielen Reisen hatte sich wie eine Brücke über den Ozean gebildet, eine Verbindung der indianischen Kultur mit der europäischen Kultur. Er war sicher: Vor allem die Impulse, die durch die Anthroposophie und die Waldorfpädagogik in die alte indianische Kultur einfließen, werden sich in die Zukunft hinein entfalten. Oft erzählte Bob, dass er beim Lesen von Rudolf Steiners Büchern immer sehr stark empfand, welche Liebe und Hingabe für die Menschen davon ausgingen.

Ute Craemer

Aus der Arbeit in der Favela Monte Azul

Eine ausgebildete Übersetzerin aus Deutschland mit Erfahrungen in der Entwicklungshilfe besuchte ein Seminar für Waldorfpädagogik, um danach über Paris schließlich 1970 an die Rudolf Steiner-Schule nach São Paulo zu gehen: Ute Craemer. Sie lernte dort die Favelas, die Slums der Stadt, kennen und begann 1975 mit einer erstaunlichen Entwicklungsarbeit, die, aus der Anthroposophie gespeist, sich den Problemen der Ärmsten und Verelendeten widmet. Rund 15.000 Menschen werden von dieser Arbeit berührt und mehr oder weniger intensiv gefördert. Aus dieser umfangreichen und verzweigten Tätigkeit sollen einige wenige Streiflichter aus der Feder der Initiatorin hier wiedergegeben werden.

Wir schreiben jetzt das Jahr 1997. Seitdem ich die Kinder der Favela Monte Azul kennen lernte, sind inzwischen zwanzig Jahre vergangen. Sie kamen mit ihren Plastikbeuteln und der Frage: «Voçe tem alguma coisa para dar?» (Hast du etwas, das du uns geben kannst?) Schon lange lebte ich mit der Frage, was man für die damals für mich anonymen Kinder, die bettelnd durch die Straßen gingen, die ich an der Schnellstraße aus ihren über- und nebeneinander geflickten Hütten heraus rennen sah – was man für diese Kinder tun könnte. Gleichzeitig unterrichtete ich Kinder aus der Mittel- und Oberschicht der São Pauloer Waldorfschule, und auch da sah ich Leid und Verklemmungen, die man vielleicht dadurch lindern könnte, dass man diesen materiell zwar besser gestellten, aber seelisch oft auch mit Hindernissen behafteten Kindern die Möglichkeit gab, etwas für andere zu tun. Darüber stand die große Frage: Wie kann man das materielle und das seelische Leid in der Welt so umwandeln, dass etwas Positives, Stärkendes entsteht? Wie kann man in das Schwere, Herabdrückende etwas Leichtes, Lebendiges hineinbringen, das dieses im Laufe der Zeit durchströmt und verwandelt? Der Mensch zwischen Licht und Finsternis oder zwischen

Ute Craemer

Geist und Materie ist das Grundthema, das meine Gedanken durchzogen hat und durchzieht.

Im Laufe der Jahre, in denen ich mich sehr mit Anthroposophie – nicht nur mit Waldorfpädagogik – beschäftigte, stieß ich auf einen Spruch Rudolf Steiners, der etwas von dem ausdrückt:

«Wir wollen alles Materielle im Lichte des Geistes tun, und wir wollen das Licht des Geistes so suchen, dass es Wärme entwickelt für unser praktisches Tun.»

Brücken

Das Brückenschlagen zwischen verschiedenen Welten war und ist ein Grundmotiv von Monte Azul. So fing es an: Brücken zwischen verschiedenen sozialen Schichten – den Schülern der São Pauloer Waldorfschule und den Kindern des Elendsviertel Monte Azul. Später kamen dazu Brücken zwischen verschiedenen Völkern und Kul-

Einige Zahlen zur Arbeit der Associacao comunitar Monte Azul

Stadtviertel, in denen wir arbeiten	Favela Monte Azul	= 3.800 Bewohner
	Favela Peinha	= 1.800 Bewohner
	Horizonte Azul	= 12.000 Bewohner
Mitarbeiter	120 fest angestellte Mitarbeiter	(etwa zwei Drittel aus der Favela stammend)
	15 freiwillige Helfer aus Brasilien, Europa und Japan	
Arbeit mit Kindern	Kinderkrippen	219 Kinder zwischen 0 und 7 Jahren
	Kindergarten	75 Kinder zwischen 3 und 6 Jahren
	Vorschulen	75 Kinder von 6 bis 7 Jahren
	Freizeitschulen	300 Kinder von 7 bis 14 Jahren
Arbeit mit Jugendlichen	Schreinerei	25 Jugendliche von 14 bis 18 Jahren
	Weberei	20 Jugendliche von 12 bis 17 Jahren
	Papierrecycling	10 Jugendliche 18 Jahre alt in der Phase der Militäreinberufung
	Puppenwerkstatt	4 Jugendliche von 16 bis 18 Jahren
	Bäckerei	3 Jugendliche von 14 bis 17 Jahren
	Elektrowerkstatt	16 Jugendliche von 15 bis 18 Jahren
	Möbelrecycling	10 Jugendliche von 14 bis 21 Jahren
Arbeit mit Erwachsenen	Puppenwerkstatt	7 Frauen, die von der Puppenproduktion leben
	Schreinerei	5 junge Männer, die Möbel und Spielzeug produzieren
	Bäckerei	3 Erwachsene, die Brote, Kuchen und Salzgebäck produzieren
	Elektrowerkstatt	12 Erwachsene, die den Beruf des Elektrikers lernen
	Erzieherausbildung	50 Erzieher der Kinderkrippen, Freizeitschulen
Gesundheitsstation	Arztsprechstunden	160 Patienten (durchschnittlich im Monat)
	Schwangerschafts-Vor- und Nachsorge	300 Patienten
	Zahnarzt	120 Patienten
	Behandlungen durch Krankenschwestern	400 Patienten
	Massagen	32 Patienten
	Chiropraktik	60 Patienten
	Psychologie	30 Patienten
Kulturzentrum	Theater	2 Gruppen
	Musik	1 Erwachsenenchor, ein Kinderchor, eine Blockflötengruppe, Gitarrenunterricht
	Tanz	2 Gruppen, 1 Kurs für Fortgeschrittene
	Kulturveranstaltungen	8 bis 10 im Monat
Gemüseanbau		für alle Küchen

turen! Europäische, japanische und nordamerikanische Freiwillige kamen, um hier ihre Weltsicht zu erweitern und ihren Beitrag zu leisten in den Kindergruppen, in der Gesundheitsstation, der Backstube und so weiter. Hinzu kamen die Brücken zwischen den anthroposophisch orientierten Initiativen und solchen, die noch nie etwas von Waldorfpädagogik, anthroposophischer Medizin oder allgemein von Anthroposophie gehört hatten und diese neue Sichtweise als ihren Standpunkt und ihre Arbeit erweiternd empfanden.

Was entstanden ist, ist beeindruckend. Die Betreuungsarbeit hat sich in den Elendsquartieren so entwickelt, dass sie in der 16-Millionen-Stadt Not lindert, sie ist sinngebend, kriminalitätsvorbeugend, das alles in einer Umgebung, die von einem gewaltigen Gegensatz von Arm und Reich geprägt ist. Die Quelle war und ist die Anthroposophie, sie vermag gegenseitiges Verständnis zu entwickeln.

Rückschläge und Kraftquellen

Oft werde ich gefragt: «Woher nehmen Sie die Kraft, um nach so vielen Jahren immer noch in der Favela zu arbeiten? Sicher gab es doch auch viele Enttäuschungen, Frustrationen, Lust, die Sache an den Nagel zu hängen, Selbstzweifel … Und wie steht es um Ihre persönlichen Bedürfnisse, Ihr Privatleben, Ihre Selbstverwirklichung?»

Ja, natürlich gibt es Enttäuschungen, aber, um es auf einen einfachen Nenner zu bringen: Ich mag diese Menschen und das, obwohl ich schon bestohlen, überfallen und von der Bürokratie schikaniert wurde! Ich habe genauso viel über das Menschenwesen, auch über ein Volk gelernt, wie ich in diesen dreißig Jahren anderen Menschen auf ihrem Lebensweg einen Schritt weiter geholfen habe. Die «Selbstverwirklichung» geht Hand in Hand mit dem sozialen Tun.

Neulich besuchte mich einer meiner ersten «Schützlinge», inzwischen 40 Jahre alt, Familienvater und seit vielen Jahren tätig im Sozialdienst, erst in Monte Azul, später als «Vater» im SOS-Kinderdorf und noch später in einer staatlichen gefängnisähnlichen

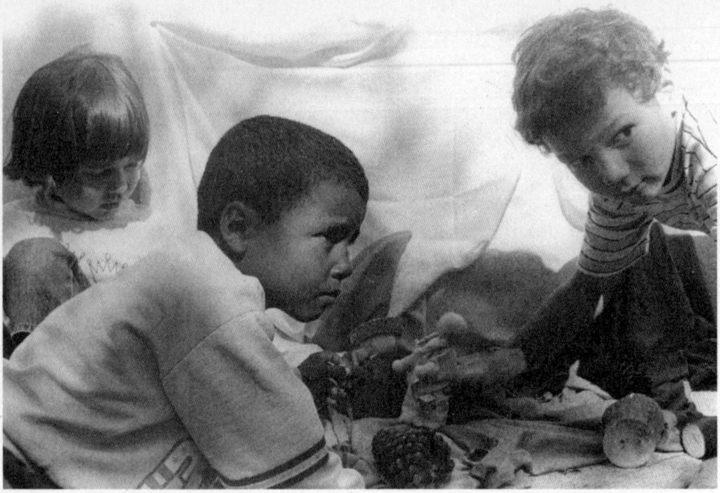

Kindergarten Monte Azul

Kinderaufbewahrungsanstalt. Er erzählte mir von einem Gespräch mit seinem Sohn und einigen Jugendlichen im Alter von 15 bis 18 Jahren: «Vater, warum gibst du dich denn immer wieder mit diesen schwierigen Jungen ab, holst sie sogar zu uns nach Hause?»

Da erzählte er, wie er mit 18 Jahren mit einem Köfferchen vom Land nach São Paulo zog und dann die Chance hatte, einen Beruf zu lernen und, insbesondere, eine ganz andere Weltsicht.

«Anderen helfen macht mir Spaß, und ich weiß, wie wichtig diese Stütze in meiner Jugendzeit war. Mein ganzes Leben hat sich dadurch verändert.»

«Ah, ja,» sagte ein Jugendlicher, «hoffentlich finde ich auch einmal meine Aufgabe im Leben.»

Dieses Gespräch beeindruckte mich. Immer wieder spricht man davon, wie das Elend sich von den Eltern auf die Kinder «vererbt», dass ein Teufelskreis entsteht und es schwierig ist, da auszubrechen. Selten aber spricht man von diesem «Idealfortpflanzungskreis», diesem «Engelskreis», wie man in Analogie sagen könnte: dass auch das

Favela Monte Azul

Gute eine Kraft in sich hat, die sich fortpflanzt auf andere Menschen. In diesem Fall schon in der dritten Generation.

So kann man sagen, dass man als Sozialarbeiter Kraft daraus zieht, wenn man so etwas wahrnimmt: Saaten gehen auf, also lasst uns säen, nicht nur punktuell und gezielt, sondern, wie die Natur selbst, großzügig und frei! Man kann im voraus nie genau wissen, wo der Boden fruchtbar ist und ob nicht nach zehn, zwanzig Jahren Früchte unerwartet sichtbar werden.

Bringen wir den Mut auf, Berührungspunkte oder -flächen zu schaffen, wo Menschen sich nicht aufgrund von Naturnotwendigkeiten oder Tradition begegnen, sondern wegen eines gemeinsamen Ziels. Keine Angst vor Reibungsflächen! Das Zukunftsfördernde ist da anzutreffen, wo sich Welten berühren, begegnen: an den Übergangszonen.

Der Entwicklungsgedanke setzt das Vorhandensein eines inneren, schöpferischen Kerns voraus, einer Quelle gleich, die immer wieder von neuem Leben spendet, Leben entfacht.

Papierrecycling in der Werkstatt mit Jugendlichen

Da gibt es verschiedene «Betätigungsfelder» dieser Schöpferkraft: zum einen der werdende Mensch, zum anderen die Arbeitsgemeinschaft von erwachsenen Menschen – im Falle von Monte Azul etwa 120 Mitarbeiter, die im Laufe der Zeit diesen inneren Wesenskern einer Gemeinschaft aufbauen. Dann die Favela an sich, die im Laufe der Jahre – so hat man das Empfinden – auch eine Identität erhält. Und darüber hinaus, ganz anfänglich, die anthroposophische Gemeinschaft, die bereichert wird durch eine solche Arbeits- und Begegnungsstätte, wie sie Monte Azul darstellt.

Stark motivierend wirkt die Entdeckung der menschlichen Würde der in der Favela lebenden Menschen. Diese davor zu bewahren, verschüttet zu werden durch den harten Überlebenskampf oder – falls schon eine harte Schale den Wesenskern verbirgt – ihn wieder zum Leben zu erwecken, ist eines der Hauptziele unserer Bemühungen. Die Verbesserung der materiellen Existenz – die Schlammwege in der Favela pflastern, die Wurmbäuche erleichtern, die Häuser regendicht und absturzfrei bauen und so weiter – schafft nur die Voraussetzungen, um auch ein inneres Wachstum und Freilegen von Fähigkeiten und Begabungen zu ermöglichen. Im Folgenden möchte ich diesen Entwicklungsgedanken erläutern, das heißt die Entfaltung der inneren Schöpferkraft und Liebefähigkeit des Menschen.

Der Gedanke, dass sich alles in ständiger Entwicklung bewegt beziehungsweise dass dieses innere Bewegtsein anzustreben ist, ist für jemanden, der als Pädagoge tätig ist, eigentlich selbstverständlich. Ein Kind trägt in sich ein Entwicklungspotential – und wir brauchen als Pädagogen nur die Hindernisse zu beseitigen oder sie so zurechtzulegen, dass sein wahres Wesen sich offenbaren kann, dass sein höheres Ich seinen Weg in die Realitäten des Lebens findet. Wie der Pädagoge Erhard Fucke dies bei seinem Besuch in der Favela vor Jahren formulierte: «Die Aufgabe des Erziehers ist es, Fenster zu putzen, damit das wahre Wesen des Kindes erscheint.»

Spielend die Welt kennen zu lernen, zu arbeiten, die Welt, in die wir hineingeboren, zu verwandeln und dadurch auch sich selbst kennen zu lernen, ist ja unser aller Ziel. Einen Schicksalsfaden, der verwickelt ist, wieder zu entwickeln ist eine Herausforderung für jeden Pädagogen und Sozialarbeiter. Wenn man vielleicht bei «behüteten» Kindern sich noch der Illusion hingeben kann, es genüge, ihnen Sachkenntnisse beizubringen, die es ihnen als Erwachsene ermöglichen, einen Beruf auszuüben, stoßen uns die Kinder in der Favela, besonders die aus zerrütteten Familien und Sozialverhältnissen, mit aller Macht darauf zu fragen: Was ist das Wesentliche bei der Erziehung? Was darf auf keinen Fall fehlen? Was ist schief gegangen in der Erziehung, dass so viele Kinder in der ganzen Welt, sogar in Deutschland und USA, ihr Zuhause auf der Straße suchen und ihre Seelen mit TV, Drogen, Terror füllen? Diese Kinder zwingen uns, das materialistische Weltbild und dessen gesellschaftliche und wirtschaftliche Konsequenzen in Frage zu stellen. Die sogenannten Straßenkinder haben die brasilianische Gesellschaft in zwei Lager geteilt. Der eine Teil sieht in ihnen Monster, die mit Rasierklingen, Messern, Revolvern an den Ampeln die haltenden Autos angreifen und – wie es Renate und Angela neulich passiert ist – dem Autofahrer entgegen schleudern: «Me dá dinheiro, rápido, senao vou estourar sua cabeça!»

(Gib Geld, schnell, sonst zerschlage ich dir den Kopf!) oder vollgepumpt mit crack und maconha den Passanten in der Innenstadt die Taschen aufschlitzen. Also Kinder, die, wie in der Zeitung neulich zu lesen war, es eigentlich verdient haben, von der Militärpolizei ermordet zu werden. Die andere Hälfte der Gesellschaft wurde nachdenklich: Diese Kinder sind Opfer der Zerrüttung aller traditionellen Bindungen, Opfer auch des Schulsystems, das ein aufgewecktes Kind nur erträgt, wenn es von den Eltern gezwungen wird, diesen «trockenen Hanf» über sich ergehen zu lassen. Opfer auch des gesellschaftlichen Systems, das die Menschen gezwungen hat, ihre Heimat zu verlassen, um sich in die Großstädte zu zwängen, wo der Machthaber das Geld ist. Dass diese Kinder Opfer sind, jedoch nicht mit dieser Rohheit geboren, sondern wie jedes Kind mit einer Hoffnung in das Leben traten und mit einer Aufgabe, erweckte in diesen Menschen das Gefühl: Hier muss etwas getan werden.

Ein Erzieher, Zéca, der in den Kinderaufbewahrungsanstalten der Stadtverwaltung arbeitet, erzählte mir Folgendes: Er betrat einen Raum, Hitze, Gestank, Lärm schlugen ihm entgegen. 150 Kinder, zusammengepfercht, sich streitend, einige Behinderte dazwischen, die sexuell missbraucht oder ununterbrochen gepiesackt wurden, alle ohne jegliche Beschäftigung, sehen nur tagtäglich vor dem Fernseher die entsprechenden Terrorfilme, «Novelas», dazwischen Werbung, die die Habgier aufstachelt, die Kinder allenfalls durch Raub befriedigen können. Zéca betrat also diesen Raum und dachte – was soll ich hier tun? Die Aufmerksamkeit richtete sich auf ihn: Endlich eine Unterbrechung in diesem tagtäglichen Einerlei. Die Stille benützte er, um ein Märchen zu erzählen. Alle beruhigten sich, kuschelten sich aneinander, einige Daumen lutschend, und hörten zu. Da war also etwas tief versteckt in diesen Kindern, die teilweise schon Menschen beraubt und umgebracht hatten, das ansprechbar war und immer wieder, wenn man nicht aufgibt, entdeckt werden kann. Obwohl es so verdeckt war und auch immer weniger durch die harten Lebensumstände erlebbar wird, ist es dennoch vorhanden. An diesen guten Kern glauben und immer wieder in sich das Vertrauen pflegen, dass er existiert, dass er angesprochen werden will auch dann, wenn das

Gesicht sich wieder verhärtet und der Mund sagt: «Das ist alles Unsinn, was du da erzählst.» Auch dann, wenn andere hartgesottene, vielleicht enttäuschte Erzieher sagen: «Das hat keinen Zweck; sie werden fliehen, wieder auf die Straße gehen, wieder stehlen und eines Tages umgebracht werden.» Zéca hat dann später einen Ausflug gewagt ins Freie – dazu muss man wissen, dass diese Kinderaufbewahrunganstalten wie Gefängnisse sind, mit bewaffneten Wächtern und riesenhohen Mauern. Die Kinder spürten, dass ihnen Vertrauen entgegengebracht wurde, dass sie zum ersten Mal als Menschen behandelt wurden.

In jedem Menschen den Menschen zu entdecken, ist das, was ihn über das Tiersein erhebt, ist der Ausgangspunkt jeder Entwicklung. Unsere Arbeit in den Favelas ist als Vorbeugung gedacht, das heißt, sie soll verhindern, dass es erst so weit kommt, dass Kinder auf der Straße ihr Glück suchen, um dann in Aufbewahrungsanstalten, Gefängnissen oder auf dem Friedhof zu landen.

Die Vorbeugung besteht unserer Meinung nach hauptsächlich darin, dass wir versuchen, schon im Kleinstkindesalter Nahrung nicht nur für den Körper, sondern auch für die Seele zu geben. Doch gibt es Kinder, die immer an der Grenze wandern: mal den Versuchungen der Stadt verfallen, mal wieder nach Hause zurückkehren und dadurch unseren heilpädagogischen und erzieherischen Bemühungen schwer zugänglich sind. Diese «Grenzgänger» bringen jeden Erzieher immer wieder an den Rand der Verzweiflung.

Diese Verzweiflung und Ohmachtsgefühle führen zu tieferen Fragen: Was hat denn eigentlich das alles zu bedeuten, was wollen diese Kinder uns zeigen, auf welchem Altar wurden sie geopfert, welches Opfer bringen sie jeden Tag, damit wir aufwachen? Hunger und Wohnungsnot hat es schon immer gegeben, und dies allein kann es nicht sein, was uns diese Kinder zeigen wollen. Was es bisher nie in so großem Maße gegeben hat, ist dieses seelische Elend, diese bohrende Leere im Herzen, wie einmal ein Straßenjunge zu mir sagte, diese Leere, die ja wohl eigentlich von unserem Ich, unserem höheren Ich, erfüllt werden sollte, das vom ersten Augenblick des Erdenlebens angesprochen, gehegt, gepflegt werden will, begossen mit seelischer Nahrung.

Dies sind Gedanken, die wir in der Arbeit in der Favela unter den Mitarbeitern pflegen, in Konferenzen, Gesprächen, sie erreichen die brasilianischen Mitarbeiter und sie strahlen aus und haben eine tiefgreifende Wirkung im sozialen Leben und haben Bedeutung für die betreuten Menschen, insbesondere die Kinder.

Udi Levy

Judentum und Anthroposophie

In meiner Kindheit und Jugend erschien die Welt, so wie sie von mir erlebt wurde, als selbstverständlich. Blicke ich heute, im siebten Jahrsiebt meines Lebens stehend, auf diese Lebensphase zurück, gewinnt vieles nachträglich eine Bedeutung, die es damals für mich nicht hatte. Wegmarken werden sichtbar, die früher unerkannt blieben, und es ist deutlich zu spüren, worauf auch in der Anthroposophie hingewiesen wird: Erst im siebten Jahrsiebt bietet sich ein objektiver Rückblick auf das bisherige Leben; es wird ein klarer Weg sichtbar, und es zeigt sich, welch tiefe Spuren scheinbar nebensächliche Ereignisse auf dem bisherigen Lebensweg hinterlassen haben. Auch die Frage, in welcher Weise Anthroposophie für das eigene Leben wirksam wurde, kann jetzt nicht mehr nur als Weltanschauungsfrage, sondern auch in Ihrem Einfluss auf das praktische Leben untersucht werden.

Das Grundgefühl der Harmonie zur umgebenden Welt, das trotz gelegentlicher Störungen von außen nie gefährdet war, erscheint mir heute im Hinblick auf den Ort, wo ich meine ersten 21 Jahre verbracht habe, und auf die Ereignisse der damaligen Zeit als unangemessen. Es gehört wohl zum Verdienst meiner Eltern, dass ein Vertrauen in eine familiäre Lebenssphäre, aus der man innere Ruhe und Gelassenheit schöpfen konnte, immer vorhanden war.

Meine Eltern stammen beide aus dem deutschsprachigen Raum. Die Mutter aus Wien, wo sie als Kind einer weitgehend assimilierten jüdischen Familie (ihr Großvater war Rabbiner und Kantor in der größten Synagoge Wiens, der Onkel Kavallerieoffizier im ersten Weltkrieg) aufgewachsen war und schon früh in Berührung mit Rudolf Steiners Gedankengut kam. Auch meinem Vater war die Anthroposophie nicht fremd. Er verließ noch in jungen Jahren seine Heimat im Odenwald (sein Vater war Infanterist im kaiserlichen Heer) und begab sich nach Palästina, um dort eine neue Heimat zu finden. In einem Kibbutz nahe Jerusalem lernten sich meine Eltern kennen.

Eine kleine Gruppe von aus Europa ausgewanderten Juden, die sich zur Anthroposophie hingezogen fühlten, traf sich nach den Wirren des Weltkrieges und der israelischen Staatsgründung in Jerusalem. Seit den fünfziger Jahren bildeten sie dort einen anthroposophischen Studienkreis und gründeten im Jahre 1969 ein kleines heilpädagogisches Heim in der Wüstenstadt Beer Sheva. Als Kind war für mich die Art und Weise, wie die Welt durch Anthroposophie betrachtet und erlebt wurde, vor dem Hintergrund der sozialdemokratischen Gesinnung, durch die meine gesellschaftliche Umgebung weitgehend geprägt war, eine selbstverständliche Alternative und Bereicherung.

In der Osterzeit des Jahres 1952 wurde ich in Jerusalem in einem anglikanischen Missionsgebäude geboren. Meine Kindheit verbrachte ich an einem Hang oberhalb des Kreuztals, wo sich das griechisch-orthodoxe Kloster befindet und der Legende nach der Baum stand, aus dessen Holz das Kreuz Christi gemacht wurde. In unmittelbarer Nähe gab es ein jüdisch-orthodoxes Wohnviertel. In den Straßen des Stadtteils wurde viel Deutsch gesprochen; der Anblick von KZ-Nummern auf dem linken Unterarm von Passanten gehörte beinahe zum täglichen Anblick. Gleich um die Ecke lebte Professor Hugo Bergmann, ein Philosoph, der zu Beginn des Jahrhunderts Rudolf Steiner in Prag begegnet war und ihm die Grundlagen der hebräischen Sprache beigebracht hatte. Meine Mutter ging oft zu ihm, um sich Bücher auszuleihen. Anthroposophie blieb jedoch etwas, über das nur mit denen gesprochen wurde, die einem nahe genug standen. Für mich beinhaltete sie während meiner Kindheit und Jugend Antworten auf Fragen, die ich nie gestellt habe. Sie war einfach da.

Als ich fünfzehn Jahre alt war, brach der Sechstagekrieg aus. In Jerusalem, der bis dahin geteilten Stadt, fielen die Mauern, und ich lernte eine Frau kennen, die seitdem meine Schicksalsgefährtin ist und Mutter unserer vier Kinder werden sollte. Nach Abschluss des Gymnasiums war ich zu einem dreieinhalbjährigen Militärdienst verpflichtet. Nach der Wiedervereinigung Jerusalems herrschte unter den jungen Soldaten die Überzeugung, ein starkes Israel würde in unmittelbarer Zunkunft mit seinen Nachbarn Frieden schließen. Diese Überzeugung wurde aber bald zunichte gemacht. Der Herbst 1973 brachte den sogenannten Jom Kippur-Krieg, den ich als 21jähriger Offizier an der ägyptischen Front auf der Halbinsel Sinai verbrachte. Viele Fragen häuften sich damals in meinem Innern, und auch mein künftiger beruflicher und privater Werdegang war mit vielen Fragezeichen versehen.

Auf der Suche nach Orientierung in dieser Situation der Ungewissheit folgten sieben Jahre der Aus- und Fortbildung in der Schweiz, der Familiengründung und der Mitbegründung einer sozialtherapeutischen Dorfgemeinschaft am Rande der Negev-Wüste. Das Leben mit seelenpflegebedürftigen Menschen und das tägliche Bemühen um die Gestaltung eines sozialen Organismus, welcher therapeutisch wirksam werden sollte, sorgen seitdem dafür, dass immer wieder neue Fragen existentieller und theoretisccher Art hervorbrechen und vieles, was einmal selbstverständlich war, immer wieder neu hinterfragt werden muss.

Anthroposophie wurde inzwischen zu einer Quelle, aus der nicht nur Antworten flossen; sie verhalf auch dazu, die richtigen Fragen zu stellen. Grundlage bildete dabei das immense Lebenswerk Rudolf Steiners, das heute in einer Fülle von Veröffentlichungen vorliegt. Es war vor allem das Thema der Volkszusammenhänge, ethnischen Besonderheiten und unterschiedlichen Volksmentalitäten, das nicht nur im Hinblick auf meine Arbeit (die Angehörigen der knapp 50 Betreuten in unserer sozialtherapeutischen Dorfgemeinschaft stammen aus 20 verschiedenen Ländern!), sondern auch auf meine eigene jüdische Abstammung im Zentrum meines Interesses stand. Dabei hat mich mein individueller biographischer Weg in eindringlicher Weise mit dem Schicksal meines Volkes und der Absicht, anthroposophisches Gedankengut zu erarbeiten, konfrontiert. Dies führte zu einer erheblichen Verunsicherung, die aus den Äußerungen Rudolf Steiners in Bezug auf die Entwicklungen des Judentums zu Beginn des zwanzigsten Jahrhunderts erwuchs.

In einer Fragenbeantwortung in Dornach am 8. Mai 1924 findet sich eine Bemerkung, die wohl als eine der fragwürdigsten Aussagen Rudolf Steiners im Hinblick auf das Judentum betrachtet werden kann: «Hat das jüdische Volk seine Mission in der menschlichen Erkenntnisentwickelung erfüllt? – Es hat sie erfüllt; denn es musste früher ein einzelnes Volk da sein, das einen gewissen Monotheismus bewirkte. Heute muss es aber die geistige Erkenntnis selber sein. Daher ist diese Mission erfüllt. Und daher ist diese jüdische Mission als solche, als jüdische, nicht mehr notwendig in der Entwickelung, sondern das einzige Richtige ist, wenn die Juden durch Vermischung mit den anderen Völkern aufgehen.»[1]

Da ich bis zum heutigen Zeitpunkt noch nicht durch Vermischung aufgegangen bin, bedarf diese Aussage einer gründlichen Klärung.

Weiter äußert sich Steiner: «Die Menschen neigen sehr leicht dazu, das Äußerliche anzubeten, und so ist es eigentlich wirklich geschehen, dass im Verlaufe der Jahrhunderte sich das Christentum sehr heidnisch gebildet hat. Dagegen hat immer das Judentum eine Gegenwirkung entfaltet.»[2] Und an anderer Stelle: «Heute ist es sehr notwendig, dass man diesen Dingen gegenüber streng nicht dieses … Volksmäßige, sondern das Allgemeinmenschliche hervorhebt.»[3]

Rudolf Steiner spricht im gleichen Zusammenhang von der Absicht einiger Juden zu Beginn des 20. Jahrhunderts, nach Palästina zu ziehen und dort einen Judenstaat zu gründen. Er empfindet diese Tendenz als reaktionär, gerade auch vor dem Hintergrund seiner eigenen Bemühungen, eine spirituelle Strömung ins Leben zu rufen, die jedem Menschen zugänglich ist *und nicht in sektiererischer Weise auf völkischen, religiösen oder anderen Voraussetzungen basiert.*[4] Zu den Zielen der neu gegründeten zionistischen Bewegung bemerkt er:

«Ein sehr angesehener Zionist, mit dem ich befreundet war, der legte mir einmal seine Ideale auseinander, nach Palästina zu gehen und dort ein Judenreich zu gründen. Er tat selber sehr stark mit an der Begründung dieses jüdischen Reiches, tut heute noch mit und hat sogar in Palästina eine sehr angesehene Stellung. Dem sagte ich: Solch eine Sache ist heute gar nicht zeitgemäß; denn heute ist dasjenige zeitgemäß, dem jeder Mensch, ohne Unterschied von Rasse und Volk und Klasse und so weiter sich anschließen kann. Nur das kann man eigentlich heute propagieren, dem sich jeder Mensch ohne Unterschied anschließen kann. Aber jemand kann doch nicht von mir verlangen, dass ich mich der zionistischen Bewegung anschließe.»[5]

«Dieses Gespräch, das ich Ihnen jetzt erzählt habe, hat stattgefunden vor dem großen Kriege 1914 bis 1918. Ja, sehen Sie, meine Herren, dass die Menschen die großen allgemein menschlichen Prinzipe nicht mehr wollen, sondern sich absondern, Volkskräfte entwickeln wollen, das hat eben gerade zu dem großen Krieg geführt! … und so ist das größte Unglück dieses 20. Jahrhunderts gekommen von dem, was die Juden auch wollen.»[6]

Bei dem nicht namentlich genannten Zionisten, den Steiner hier meint, kann es sich um niemand anderen als um Professor Bergmann gehandelt haben, von dem eingangs bereits gesprochen wurde. Er war es auch, der 1961 an der hebräischen Universität in Jerusalem die weltweit einzige offizielle Gedenkfeier zum hundertsten Geburtstag Rudolf Steiners an einer nicht-anthroposophischen Hochschule veranstaltete.

Die Bemühungen um das Verständnis des allgemein menschlichen Aspektes der Anthroposophie im Licht (oder Schatten) der hier wiedergegebenen Zitate soll Gegenstand der nun folgenden Überlegungen sein.

Das bedeutend größere Unglück des 20. Jahrhunderts, das Rudolf Steiner selbst nicht mehr miterleben konnte, stand erst noch bevor; und es waren nicht die Juden, die sich dabei von den allgemein menschlichen Prinzipien abgewendet hatten. Sie gehörten vielmehr zu denjenigen, die unter diesem «Abwenden» am meisten zu leiden hatten, und wurden Opfer eines der hasserfülltesten und grausamsten Genozide der Menschheit.

Während der zwanziger Jahre war die zionistische Bewegung klein und unbedeutend. Sie war das Ergebnis eines Bestrebens, das Judentum aus einer Situation zu befreien, in der es umgeben von Hass und Misstrauen seit Jahrhunderten in Europa gefangen war. Andere Strömungen innerhalb des Judentums verhielten sich anders. Viele Menschen jüdischer Herkunft waren im Begriff, sich zu assimilieren. Es fühlten sich die deutschen Juden als Deutsche, und viele von ihnen darf man als Kulturträger bezeichnen. Unter den Tausenden von Überlebenden, die nach dem Zweiten Weltkrieg in Israel Asyl fanden, war es nur eine Minderheit, die schon zuvor zionistisch gesinnt war. Dass aber diese Menschen eine Grundlage fanden, auf der sie ihr Leben nach der Niederlage des Dritten Reiches wieder aufbauen konnten, nachdem ein Drittel des Judentums der «Endlösung» zum Opfer gefallen war, ist weitgehend den zionistischen Pionieren zu verdanken, zu denen auch meine Vorfahren gehören.

In der Behandlung des Begriffsfeldes *Anthroposophie - Israel - Judentum - Christentum - Rassismus - Humanismus* muss an den Anfang eine zwar bekannte, aber dennoch äußerst bedeutsame Tatsache gestellt werden: Alle Äußerungen Rudolf Steiners über diese und verwandte Begriffe wurden *vor dem Holocaust* gemacht.

Die Geschichte der westlichen Kultur teilt sich – und zwar keineswegs bloß aus jüdischer Sicht – nicht nur in die Abschnitte vor und nach der Zeitenwende, sondern auch in die Zeit vor und nach dem Holocaust. Die katastrophalen Folgen dieses Krieges für das europäische Judentum hat Rudolf Steiner nicht vorhergesehen. Hätte er davon gewusst, so darf man in Kenntnis seines Werkes vermuten, dass er sich mit großer Wahrscheinlichkeit anders geäußert hätte.

Steiners Stellungnahme zum Antisemitismus erfolgte dagegen schon sehr früh und unmissverständlich: «Ich habe im Antisemitismus nie etwas anderes sehen können als eine Anschauung, die bei ihren Trägern auf Inferiorität des Geistes, auf mangelhaftes ethisches Urteilsvermögen und auf Abgeschmacktheit deutet.»[7]

Nach langem Aufenthalt im «Jerusalem der Anthroposophie», in Dornach (ganz in der Nähe von Basel, wo Theodor Herzl 1897, vor genau 100 Jahren, den ersten Zionistischen Weltkongress abhielt) war meine Rückkehr nach Israel auf paradoxe Weise wie ein Gang ins

Exil. Wie es schon durch viele europäische Auswanderer geschehen war, sollte ein europäischer Kulturimpuls, in diesem Falle Anthroposophie, die auf dem Nährboden deutscher Kultur entstanden ist, die Wüste «fruchtbar» machen.[8] Diese Parallele zu meinen eigenen Bemühungen im Bereich der Heilpädagogik bzw. Sozialtherapie erweiterte mein Gesichtsfeld über die Grenzen des individuellen Daseins hinaus. Der Leitfaden, der bei dieser «Wüstenwanderung» wegweisend wurde, war durch das Werk Rudolf Steiners gegeben.

In Steiners Betrachtung alter Kulturen wird der althebräischen eine Sonderstellung zuerkannt. Diese ergibt sich aus der Bedeutung der Volkskonstitution als Voraussetzung für die Menschwerdung Christi, dessen Genealogie sich bis auf Abraham zurückführen lässt. Das Herauskristallisieren des althebräischen Volkes aus den übrigen Völkern der antiken Welt erscheint aus anthroposophischer Sicht als Vorbereitung für das Entstehen des Christentums, das mehr als nur eine zufällige Metamorphose des Zeitgeistes bildet.

Über das Judentum, das auf eine viertausendjährige bewegte und facettenreiche Geschichte zurückblicken kann, lassen sich nur wenige Aussagen machen, die allgemeine Gültigkeit beanspruchen können. Die unterschiedlichen Deutungen der gleichen Glaubensinhalte weichen oft derart voneinander ab, dass sich dahinter kaum noch dieselbe Religion vermuten lässt.

Zu diesen wenigen allgemeingültigen Aussagen gehört die Feststellung, dass das Judentum überhaupt keine missionarischen Ambitionen hat. Abraham schloss einst den Bund mit der Gottheit, die ihn auserwählte (Genesis 15 und 17). Dieser Bund sollte für die Nachkommen des Abraham bis heute von Gültigkeit sein. Es ist aber ein Bund, der als geistiges Vermächtnis verstanden werden muss, das dem Fortschritt der gesamten Menschheit dienen soll, nicht als eine Absonderung der Bundesgenossen aus der Gemeinschaft der Völker. Das Auserwähltsein ist ein Joch, nicht etwa eine spirituelle Auszeichnung.

Seit diesem Bund haben sich innerhalb der jüdischen Geisteswelt die unterschiedlichsten Glaubensrichtungen und die vielfältigsten Exegesen der Heiligen Texte entwickelt. Keine andere Kultur der antiken Welt hat ihrer Nachwelt ein derart umfangreiches Schriftgut hinterlassen. Jeder gläubige, fromme Jude, gleichgültig welcher Richtung er angehört, verspürt tiefste Verantwortung gegenüber der Tatsache, dass er einem von Gott auserwählten, dem Gott auf eine ganz besondere und bestimmte Art verpflichteten Volk angehört. Es ist eine Verpflichtung, die ihn im Verlauf der Geschichte oft zur persönlichen oder auch kollektiven Verzweiflung getrieben hat. Der praktizierende Jude sieht sich in der Rolle des Hiob, der täglich einer göttlichen Prüfung unterstellt ist. Und er ist sich bewusst, dass die Gottheit von ihm ein vorbildliches Verhalten erwartet. Dies wird, von jüdischer Warte gesehen, von keinem anderen Volk in solch ausgeprägtem Maße verlangt. Mit Überheblichkeit hat diese Einstellung nicht im Geringsten zu tun. Es ist eine ganz einmalige Stellung gegenüber der göttlichen Welt, die aus dem Bewusstsein der Verpflichtung gegenüber einem Bund hervorgeht: dem Bund mit Gott – aber auch mit der Tradition seiner Vorfahren. Im Judentum ist die Begegnung mit Gott eine unmittelbare. Der betende Jude befindet sich mit der Gottheit in einem intimen, direkten Gespräch.

Wie Christus selbst musste auch das Judentum während der letzten 1500 Jahren einen Leidensweg durchschreiten, der sich von der eigentlichen Geschichte des Christentums nur schwer trennen lässt. Die Mission des althebräischen Volkes im Hinblick auf das Christentum, von der Steiner spricht, scheint mit der Geburt Christi noch lange nicht abgeschlossen. Man darf die Frage stellen, ob es die Juden selber, das Christentum oder gar die Christen waren, welche den Fortbestand des Judentums möglich und vielleicht auch notwendig machten.

Während der ersten Jahrhunderte des Christentums, bevor es durch den römischen Kaiser Konstantin anerkannt wurde – war die Kluft zwischen Christen und Juden noch gering.[9] Erst mit der Institutionalisierung des christlichen Glaubens begann die Wirksamkeit der Kirche und ihrer Lehren zur Bedrohung für Angehörige anderer Glaubensrichtungen zu werden. Einen unrühmlichen Höhepunkt erreichten klerikale Machtambitionen im frühen Mittelalter, als

Scharen von Kreuzrittern nach Osten zogen, um das Heilige Grab zu befreien, und alles, was ihnen dabei im Wege stand, mit Lanze und Schwert bekämpften. Später war es die Inquisition, die es sich zum Ziel machte, abweichende Glaubensvorstellungen auszurotten und deren Anhänger als Ketzer zu verfolgen.

Die Mitte des neunzehnten Jahrhunderts brachte neben dem «Erwachen» der Völker eine Welle der Aufklärung und Freigeistigkeit mit sich. Auch das mitteleuropäische Judentum wurde davon ergriffen und war zu großen Teilen im Begriff, sich zu assimilieren. Die Mehrzahl der mitteleuropäischen Juden fühlte sich vom aufkommenden Zionismus Theodor Herzls, einem Wiener Zeitgenossen Rudolf Steiners, nicht angesprochen. Die Rückbesinnung auf die völkische Identität wurde erst vom Antisemitismus im Nazi-Deutschland gewaltsam ausgelöst. Es folgten der Krieg und der Holocaust. Danach wurde der Drang der Überlebenden, eine Heimat zu finden, durchaus von zionistischem Gedankengut genährt. Das von den Nationalsozialisten hervorgerufene kollektive Trauma bewirkte, dass Religion und Politik weitgehend miteinander verschmolzen. Was Gott Abraham vor beinahe viertausend Jahren verheißen hatte, wird heute wieder als Rechtsanspruch geltend gemacht und beherrscht die politische Gesinnung vieler Menschen. Ein Mensch-Gott-Dialog, der in der fernsten Vergangenheit stattfand, wird in die Gegenwart geholt. Auf die Frage, was Gott in unserer Zeit von den Menschen erwartet, werden dieselben Antworten gegeben wie schon vor Tausenden von Jahren. Seit der Staatsgründung Israels durch Flüchtlinge des Holocaust haben solche Tendenzen nicht zuletzt aufgrund der Bedrohung durch seine Nachbarn immer wieder neue Nahrung bekommen.

Doch die heute bestehenden zionistischen Tendenzen haben ihren Ursprung nicht nur im Schicksal des jüdischen Volkes, in seiner Geschichte der Unterdrückung und Verfolgung. Es finden sich auch spirituelle Voraussetzungen, die sich aus seinem allgemein menschheitlichen, zeitgenössischen Verhältnis zur Transzendenz ergeben.

Die Erfahrung des Transzendenten wurde gerade in den letzten Jahrzehnten für eine zunehmende Anzahl von Menschen zu einem zentralen Thema. Die Wissenschaft stößt immer mehr an Grenzen der Erkenntnis. Andererseits besteht ein fast unbegrenztes Angebot an esoterischen Theorien und Methoden, die spirituelle Erfahrungen vermitteln wollen. Davon zeichnen sich aber viele gerade dadurch aus, dass sie das erkennende Bewusstsein verdunkeln oder völlig ausschalten. Auch innerhalb des Judentums gibt es die verschiedensten Strömungen, die sich mit der Frage des Transzendenten, des Außer- oder Übersinnlichen auseinandersetzen. Yeshayahu Leibowitz, einer der größten Denker des zeitgenössischen Judentums, weist darauf hin, dass die Bibel dem Gehirn gar keine Denkeigenschaften zuerkennt, sondern eher den anderen Organen des Menschen.[10] Er schreibt, dass die psychische oder auch «übersinnliche» Realität für das Denken nicht erfassbar sei. Der Chassidismus dagegen trachtet danach, die Gottheit im Jetzt und Hier stets antreffen zu können. Das Beten ist die Tätigkeit, in der der Mensch sich mit dem Gott vereint.[11]

Der Anspruch auf das Erleben der Gottheit im Gebet kann zu großen Missverständnissen führen, wenn daraus ein politischer Anspruch erwächst. Ebenso die Auffassung einer Welt, die zwar von einem Gott geschaffen wurde, doch von ihm verlassen ist. In manchen Kreisen wird die Bibel als Bauplan der Existenz aufgefasst. Die Welt wurde von Gott geschaffen und dem Menschen überantwortet. Gott hat sich von seiner Schöpfung zurückgezogen. Die Interpretation des göttlichen Wortes im Hinblick auf die gegenwärtigen Lebensverhältnisse ist eine weitere Grundlage für mögliche Auseinandersetzungen.

Theologie muss von Ideologie, das Bewusstwerden des Transzendenten von der politischen Orientierung unterschieden, getrennt und im menschlichen Bewusstsein wieder an seiner richtigen Stelle eingeordnet werden. Dies gilt nicht nur für Israel. Es gilt für jeden Ort auf der Erde, wo sich fundamentalistische, nationalistische Tendenzen und Intoleranz bemerkbar machen.

Für den Vorsatz, Theologie und politische Ideologie zu trennen, bietet das anthroposophische Gedankengut eine hervorragende Grundlage.

Gerade das begrifflich-philosophische Denken ebnet denjenigen Menschen einen Erkenntnisweg, in deren Kultur seit über dreitausend Jahren ein Verbot besteht, sich ein Bildnis von der Gottheit zu schaffen. Dadurch kann es zu einer besonderen Herausforderung werden, das Denken als Mittel zum Überschreiten einer Schwelle zu entwickeln.[12] Dies ist ein zentrales Motiv des von Rudolf Steiner beschriebenen Schulungsweges. Indem es sich selbst zum Gegenstand macht, kann das Denken als Teil der menschlichen Entelechie erkannt werden. Ein weiterer Schritt wird von Rudolf Steiner vollzogen, indem er den Grundgedanken der vielfach wiederkehrenden Erscheinungsformen jener Entelechie darstellt. Dieser Gedanke der Wiederverkörperung ist in verschiedenen Ausprägungen keiner der Weltreligionen fremd. So basiert auch die anthroposophisch orientierte Christologie auf dem Prinzip der Reinkarnation.

Die Vorgeschichte des Christentums ist von einer Fülle von Messias-Erwartungen geprägt, die es nicht nur innerhalb des Judentums gab. Von christlicher Seite wird das Leben Jesu als Erfüllung der alttestamentlichen Prophezeiungen gesehen. Die ersten Probleme innerhalb des Judentums hinsichtlich der Identifizierung des Jesus mit Christos (= hebräisch: Messias) gingen von der unterschiedlichen Haltung hinsichtlich der Auferstehung und der Wiederkunft des Gekreuzigten aus. Für das Judentum konnte seine Wiederkunft nicht als ein materiell-physisches Phänomen begriffen werden.

Mit der fortschreitenden Institutionalisierung der christlichen Kirchen kam bald das endgültige Auseinanderfallen beider Religionen. Von jüdischer Seite konnte die Repräsentanz des Gottes auf Erden, das heisst: die Kirche, nicht akzeptiert werden. Das Judentum ist in seiner religiösen Praxis auf das *Tun* hin orientiert. Der göttlichen Welt zu dienen manifestiert sich im täglichen Handeln. Das Einhalten gewisser Regeln bietet die Grundlage für die Offenbarung.

Im Christentum wird die Offenbarung zu einer Gnade, die weitaus weniger mit der täglichen Praxis zu tun hat. Für einen Juden spielt die individuelle Mensch-Gott-Beziehung eine übergeordnete Rolle. Die Auffassung, ein Messias komme für die gesamte Menschheit, wie sie vom Christentum vertreten wird, kann dem frommen Juden das Gefühl der Verantwortung gegenüber dem religiösen Gesetz und seiner täglichen Praxis nicht nehmen.

Die Erwartung des Messias lebte im Judentum auch nach der Zeitenwende weiter. Die Art und Weise, wie Jesus als Christos, als Messias, innerhalb des christlichen Dogmas vertreten war, wurde radikal abgelehnt. Rudolf Steiner vermittelt in seinen christologischen Darstellungen eine völlig neue Auffassung vom Christentum. Sie baut auf weitgehend vergessenes, zum Teil gnostisches Wissen, und sie bildet insofern etwas Neues, als sie erstmals eine Synopsis, eine Zusammenschau der historischen Ereignisse gibt, die sich für den intellektuell veranlagten Menschen der Gegenwart zu einem schlüssigen Bild zusammenfügt.

In ihren Auffassungen über verschiedene religiöse Grundideen nehmen Christentum und Judentum sehr unterschiedliche Haltungen ein. Alle christlichen Konfessionen haben eine genaue Vorstellung von der Geburt Jesu als dem Messias und beanspruchen durchweg, die Bedeutung des sogenannten Mysteriums von Golgatha zu kennen. Die anthroposophisch orientierte Messias-Auffassung ist eine völlig andere als diejenige, die von den herkömmlichen christlichen Dogmen vertreten wird.[13] Rudolf Steiner beschreibt eine neue Art von Christuserfahrung, die nach dem ersten Drittel des zwanzigsten Jahrhunderts möglich ist. Auffälligerweise hat sich zur gleichen Zeit die unchristlichste Ideologie, die je in der christlichen Welt entstanden ist, in Mitteleuropa zur Herrschaft erhoben.

Das Judentum blieb der einzige «Ort», wo eine Messias*erwartung* erlebt werden kann. Nur hier kann die Menschenseele von einer Stimmung der Erwartung erfüllt sein. Es bietet die einzige Möglichkeit, innerhalb eines Religionszusammenhangs immer noch die Erwartung des Messias ein Leben lang zu introvertieren – eine Messiaserwartung, die nicht von einer zweitausendjährigen konkreten Vorstellung überschattet ist. Es könnte als Antithese eines fundamentalistischen Jesus-Messias-Bildes verstanden werden. Es könnte (wenn man versucht, den Reinkarnationsgedanken einzubeziehen) der menschlichen Entelechie die Möglichkeit geben, in einer modifizierten Art ein Messiasbild zu erleben, wenn sie in einer früheren Inkarnation von Fundamentalismus, Fanatismus und dergleichen beherrscht wurde. Es könnte das Judentum nach der Zeitenwende als eine Inkarnationsgrundlage gesehen werden, in der eine Gesundung und Erneuerung der Messiaserwartung möglich ist.

Es soll nicht behauptet werden, dass dies innerhalb des Judentums überall möglich sei. Hier wie auch überall dort, wo Menschenseelen sich der Religion zuwenden, gibt es Tendenzen und Strömungen, die sich abkapseln und einen ausschließlichen Anspruch auf Wahrheit erheben. Solche Gruppierungen werden weder im Judentum noch im Christentum noch in anderen Religionen von einer Weltanschauung wie der Anthroposophie, die eine kritische und gedankliche Aktivität verlangt, angesprochen.

Wer den Ideen der Anthroposophie folgt, kann in den verschiedenen durch Volkszusammenhang, Kultur, Religion etc. gegebenen Möglichkeiten, die der menschlichen Entelechie für ihre Inkarnation zur Verfügung stehen, eine Vielfalt sehen, die dem Ziel einer individuellen Vervollkommnung dienen. Schließlich ist es nur ein kleiner Teil der Menschheit, der sich innerhalb des Christentums verkörpert hat. Völkische, religiöse Merkmale oder das Geschlecht haben eine ganz bestimmte Bedeutung für die persönliche Entwicklung des Einzelnen. Es wäre daher – besonders vom anthroposophischen Gesichtspunkt aus – vermessen, sie nach absoluten Wertkriterien beurteilen zu wollen.Ob die Aufgabe des Judentums erfüllt ist oder nicht, vermag ich nicht zu beurteilen. Obwohl der Wille zur Assimilisation von Seiten vieler Juden vorhanden war, wurde diese gerade durch Entwicklungen verhindert, die ihren Ursprung in der christlichen Welt haben. Der Nationalsozialismus und die Ereignisse des Zweiten Weltkriegs zeigen dies deutlich.

Die anthroposophische Christologie deutet auf eine Art der Christuserfahrung, die innigst mit dem inneren Erleben des Individuums verbunden ist.[14] Robert Lissau, ein Wiener Jude und Anthroposoph, hielt in einem Brief, der an Professor Bergmann in Jerusalem adressiert ist, den Wortlaut eines Gespräches fest, das er im Jahre 1911 mit Rudolf Steiner führte.[15] Darin zitiert er Steiner: «Die Juden erhalten in Bezug auf den Christus wieder einmal eine Mission.» Dies ist eine Aussage, die nur schwer gedeutet werden kann. Vielleicht hängt mit dieser Mission der lange Leidensweg einerseits, andererseits aber die Möglichkeit einer Christusbegegnung zusammen, die – aufgrund einer vorhandenen Messiaserwartung – frei ist von erstarrten Vorstellungen in Bezug auf den Christus, die sich mit der anthroposophischen Christologie nicht decken. Für einen aufgeschlossenen Menschen, der innerhalb des Judentums aufgewachsen ist, könnte Rudolf Steiners Christologie unter Umständen plausibler sein als für jemanden, der im konfessionellen Christentum groß geworden ist. Innerhalb des Judentums hingegen muss und kann ein *neuer* Messiasbegriff aufgenommen und muss nicht – wie im Christentum – erst umgeschmolzen werden.

Der Begriff der Transzendenz ist heute niemandem mehr fremd. Es sind vielfältige Wege vorhanden, die den Suchenden zur spirituellen Erfahrung führen können. Die Anthroposophie bietet diese Möglichkeit auf der Grundlage der Selbsterkenntnis unabhängig von Herkunft, Religion und ähnlichen Merkmalen. Dies ist mit Sicherheit einer der Gründe dafür, dass Angehörige unterschiedlichster Völker und Kulturen in der anthroposophischen Bewegung eine geistige Heimat finden können.

Rudolf Steiner formulierte in diesem Sinne in Artikel 1 der Prinzipien der Anthroposophischen Gesellschaft: «Die Anthroposophische Gesellschaft soll eine Vereinigung von Menschen sein, die das seelische Leben im einzelnen Menschen und in der menschlichen Gesellschaft auf der Grundlage einer wahren Erkenntnis der geistigen Welt pflegen wollen.» Und weiter in Artikel 4: «Die Anthroposophische Gesellschaft ist keine Geheimgesellschaft, sondern eine durchaus öffentliche. Ihr Mitglied kann jedermann ohne Unterschied der Nation, des Standes, der Religion, der wissenschaftlichen oder künstlerischen Überzeugung werden ...»[16] Über die Frage, wie weit Anthroposophie ein Weg zur wahren Erkenntnis der geistigen Welt ist, muss sich jeder eine eigene Meinung bilden. Hat er sich aber einmal auf diesen Weg begeben, kann jeder, der nach geistigen Erkenntnissen strebt, den Anschluss zu Gleichgesinnten aus aller Welt finden.

Anmerkungen

1 Rudolf Steiner, *Die Geschichte der Menschheit und die Weltanschauungen der Kulturvölker.* GA 353, Dornach ²1988, S. 203.
2 Ebd., S. 199f.
3 Ebd., S. 205.
4 Ebd., S. 201f.
5 Ebd.
6 Ebd., S. 202.
7 Rudolf Steiner in einem Aufsatz aus dem Jahr 1901, siehe *Gesammelte Aufsätze zur Kultur- und Zeitgeschichte.* GA 31, Dornach ³1989, S. 378.
8 Der ehemalige Vorsitzende der Anthroposophischen Gesellschaft, Rudolf Grosse, berichtete einmal von einem Besuch in Südamerika, wo er gefragt wurde, ob das Beherrschen der deutschen Sprache unverzichtbar wäre, um Rudolf Steiners Werk zu verstehen. Er erwiderte, es sei nicht die deutsche Sprache, sondern die Sprache Rudolf Steiners, die man verstehen müsse. Und doch war seine Sprache deutsch. Ganz nebenbei soll hier auch erwähnt werden, dass Anthroposophen jüdischer Abstammung in den 30er Jahren nach ihrer Flucht aus dem deutschsprachigen Raum eine bedeutende Rolle bei der weltweiten Verbreitung der Anthroposophie spielten.
9 Hinweise darauf gibt es sogar in den altjüdischen Schriften wie dem Talmud, in dem ein Gerichtsurteil nach dem Neuen Testament gefällt wird. Siehe *Talmud*, Schabbath 116a, wie auch Rudolf Steiner in *Zeitgeschichtliche Betrachtungen.* GA 174, Vortrag vom 27. März 1907, Dornach ²1984.
10 Siehe: Yeshayahu Leibowitz, *The Psycho-physical Problem.* Tel Aviv 1984.
11 Siehe: R. Schatz Uffenheimer, *Quietistic Elements in Eighteenth Century Hassidic Thought.* Jerusalem 1988.
12 Siehe dazu insbesondere Rudolf Steiner, *Die Philosophie der Freiheit.* GA 4, Dornach ¹⁶1994.
13 Eine Reihe von Schriften Rudolf Steiners beschäftigen sich mit dieser

Thematik. Es seien hier nur erwähnt: *Das Christentum als mystische Tatsache* (GA 8) und die Vortragszyklen zu den vier Evangelien (GA 103, 114, 123, und 139).

14 Siehe dazu Rudolf Steiner, *Die neue Geistigkeit und das Christus-Erlebnis des zwanzigsten Jahrhunderts.* GA 200, Dornach [3]1980.

15 Der Brief datiert vom 22. Juli 1961. Lissau schrieb ihn anlässlich einer Publikation, die von den Feiern zu Rudolf Steiners hundertstem Geburtstag an der Hebräischen Universität in Jerusalem berichtete.

16 Rudolf Steiner, *Die Weihnachtstagung zur Begründung der Allgemeinen Anthroposophischen Gesellschaft 1923 / 1924.* GA 260, Dornach [4]1985, S. 48 und 50.

Anmerkung des Herausgebers: Von Udi Levy liegt ein Buch mit dem Titel «Die Nabatäer» (Stuttgart 1996) vor, in dem er auf die Kultur dieses rätselhaften Wüstenvolkes eingeht.

Entwicklungsarbeit in der Wüste

Interview von Prof. Dr. Klaus Fintelmann mit Dr. Ibrahim Abouleish

Dr. Ibrahim Abouleish, gläubiger Moslem, war lange Jahre in der pharmazeutischen Forschung in Österreich tätig, als er sich nach der Begegnung mit einer älteren Anthroposophin sowie einem daraus resultierenden eingehenden Studium der Anthroposophie entschloss, in seine Heimat nach Ägypten zurückzukehren und sowohl für die wirtschaftliche wie auch kulturelle Entwicklung einen Beitrag zu erbringen. Sein Engagement erfolgte im Aufbau einer Farm in der Wüste nahe Bilbeis, etwa 60 km nordöstlich von Kairo, wo mit dem Heilpflanzenanbau und der landwirtschaftlichen Erzeugung nach biologisch-dynamischen Gesichtspunkten begonnen wurde, später kam eine chemiefreie Baumwollgewinnung hinzu. So ist durch seine Initiative eine das ganze Land durchziehende ökologische Landwirtschaft entstanden, die Tausenden von Fellachen den Lebensunterhalt ermöglicht. Im Zentrum, der Sekem-Farm, entstand ausserdem eine schulische sowie berufliche Ausbildung, die sich methodisch an der Waldorfpädagogik orientiert. Jüngst kam ein Zentrum für medizinische Versorgung der Mitarbeiter und der umliegenden Bevölkerung hinzu. Etwas von dem vielgestaltigen Wirken, das zwar aus der Persönlichkeit resultiert, aber erst durch die Berührung mit der Anthroposophie freigesetzt wurde, wird im nachfolgenden Interview sichtbar.

Ibrahim Abouleish, Sie sind der Gründer von SEKEM. Was bedeutet SEKEM?

SEKEM ist eine Kulturinitiative, eine anthroposophische Entwicklungshilfe-Initiative. Sie wurde vor 18 Jahren gegründet mit dem Ziel, die in uns Ägyptern schlummernden Kräfte zu wecken, so dass wir durch das Lernen und Arbeiten für die neuen Aufgaben in der Welt gewappnet sind. Denn es ist so, dass der Übergang meines Landes von den überlieferten Kultur- und Wirtschaftsformen zu solchen, die dem Stand der Zeit entsprechen und die für die Lebensbedingungen der Bevölkerung notwendig sind, eine gewaltige Aufgabe darstellt.

Wenn man SEKEM besucht, diesen neuen Lebenszusammenhang mit Landbau, Heilmittelbetrieben, Kulturzentrum, Ausbildungseinrichtungen und Medizinischem Zentrum, kommt man hierher auf eine Farm. Das erste was man erfährt ist, dass sie biologisch-dynamisch bewirtschaftet wird. Was bringt diese Landwirtschaftsmethode für Ägypten? Können Sie das Unternehmen etwas vorstellen?

Wissen Sie, Ägypten hatte das Glück, vor vielen Millionen Jahren ein fruchtbares Delta durch den Nil zu erhalten, so dass jeder Same, der in diesem Lande fiel, zu einer wunderbaren Pflanze gedieh. Und nun, da die Bevölkerung wächst und wächst, war es notwendig, weitere Landbaugebiete zu gewinnen. Das ist nicht schwer, aber es gibt dafür zwei Voraussetzungen: Wasser und die Sicherung der Bodenfruchtbarkeit. Nun ist es eine Gabe der Natur, dass der Nil nicht nur oberirdisch Wasser führt, sondern auch von einem langsam strömenden unterirdischen Strom begleitet wird. Diesen Strom konnten wir anbohren, er schenkt uns das Wasser. So kommt es, dass wir in der Wüste eine neue Oase gewinnen konnten. Doch das, was der Nil unserem Lande geschenkt hat, die Fruchtbarkeit, das ist bei der Nutzung des Grundwassers nicht vorhanden. So mussten wir sehen, wie wir zu einer neuen Fruchtbarkeit kommen. Das Ziel war für mich vom Beginn 1978 an, dies mit der die Natur unterstützenden biologisch-dynamischen Wirtschaftsweise, die mir aus meiner Zeit in Europa bekannt war, zu bewältigen, also ohne den Einsatz chemisch gewonnener Düngemittel und der zugehörigen Pflanzenschutzmittel. Deshalb haben wir sehr früh eine Herde Kühe, und zwar Allgäuer Rinder, eingeführt, die zu einer prächtigen Herde gediehen. Mit deren Dung sowie dem Kompost der Abfälle, Pflanzenreste usw. erhalten wir die Fruchtbarkeit. Das weitere Problem, bei dem wir viel Lehrgeld zahlen mussten, war, wie man der Versalzung der Böden entkommen kann. Dies ist inzwischen mit Hilfe einer wohldurch-

Arbeit im Kräutergarten

dachten Fruchtfolge gelungen. Wie man sehen kann und wie es auch objektiv von den Universitäten untersucht wurde, ist es uns durch diese Methode gelungen, die Wüste fruchtbar und urbar zu machen.

Die Farm hat einen Umfang von etwa 70 ha (0,7 km²), da aber immer mehr Einrichtungen, Verarbeitungsbetriebe, Werkstätten, Schule, Ausbildungszentren hinzu kamen, musste die Produktion ausgeweitet werden. Wir produzieren ja vor allem Gemüse, Getreide, Heilpflanzen, die zu Tee für den ägyptischen und arabischen Markt verarbeitet werden, Futterpflanzen, Obst, und chemiefreie, das heißt rückstandsfreie Baumwolle. Das führte dazu, dass in den bald zwanzig Jahren unserer Arbeit weitere Farmen gepachtet oder unter Vertrag genommen werden konnten. Es sind heute über 150 Farmen unterschiedlicher Größe und über das ganze Land verteilt, die über 2000 ha bewirtschaften. Dazu kommt die Tierhaltung: Kühe, Hühner, Bienen, Kamele, Schafe und so weiter.

Die schwierigste Aufgabe bestand und besteht in der Schulung der Mitarbeiter, deren Weiterbildung und Qualifizierung sowie in der Sicherung der Qualität, denn dies ist die Voraussetzung für eine Vermarktung. Ein großer Teil unserer Initiativen geht in die Bildungsarbeit und die Ausgestaltung einer entsprechenden Infrastruktur.

Man muss sich vorstellen, dass auf den Farmen ca. 1200 Menschen beschäftigt sind. Zusammen mit den Familienangehörigen, die dadurch ernährt werden, umfasst der SEKEM-Zusammenhang heute wirtschaftlich etwa 5000 Menschen.

Ich habe gehört, dass auch biologisch-dynamische Baumwolle angebaut worden ist und dass das sogar ein besonderer Wunsch der Regierung gewesen sei.

Vor sieben Jahren haben wir hier in unseren Heilkräutern bei Kontrolluntersuchungen Pestizid-Spuren festgestellt, obwohl wir diese nicht benutzen. Es stammte aus einer Flugzeugspritzung in der Nähe, wie sie jährlich im Auftrag der Regierung über die Baumwollfelder ausgebracht wird und die der Wind dann entsprechend weit über das Land verweht. Daraufhin befragten wir die verantwortlichen Instanzen und beantragten schließlich, dass die Flugzeugspritzungen eingestellt werden sollten, was damals natürlich nicht möglich war. Denn es gab zunächst keine Alternativen. Uns wurde hingegen auf unsere Anfrage hin erlaubt, den Nachweis zu führen, dass Baumwolle auch mit biologisch-dynamischen Methoden angebaut werden könnte. Wir durften mitten im Delta auf einer biologisch-dynamischen Farm die ersten Versuche durchführen, es waren zunächst 30 ha, und es gelang, ohne Chemie die Baumwolle anzubauen und auch auf diesem Gebiet die biologisch-dynamische Methode als erfolgreich nachzuweisen. Wir durften den Versuch unter Aufsicht einer behördlichen Instanz und mit der Mitwirkung aller wissenschaftlichen Stellen des Landes ein zweites Mal wiederholen. Das war dann derart überzeugend für die Regierung, dass sie daraufhin die Flugzeugspritzung einstellten und damit dem Lande 30 000 Tonnen Pestizide jährlich ersparten. Vor drei Jahren wurde von der Regierung veranlasst, dass auf etwa 300.000 ha entsprechend unserem Vorbild auf SEKEM ohne Pestizide angebaut wird.

Nun wird ja diese Baumwolle verarbeitet. Ist diese in das allgemeine Depot der textilen Verarbeitung gegangen oder haben Sie da auch eigene Wege zur Verarbeitung und Vermarktung gesucht?

Ja, jetzt entdeckten wir, dass wir hochwertige Fasern haben. Diese werden ja gewöhnlich mit über 2000 Chemikalien überschüttet, wenn

Betriebseurythmie

sie versponnen und verwoben werden. Die Ausrüstung und Färbung führt zum vollen Einsatz der Chemie. So war es eine Herausforderung, die Gedanken zu Ende zu führen, nämlich «biologisch-dynamische» Kleider daraus zu machen. Es gelang uns, diese Schritte, die bisher konventionell in der Verarbeitung üblich sind, ohne den gewaltigen Aufwand an Chemie durchzuführen. Und so produzieren wir heute Kinderkleidung und Erwachsenenkleidung aus dieser biologisch-dynamisch erzeugten Baumwolle in einer Fabrikation, die mehr als 200 Menschen allein in der Näherei beschäftigt.

Wenn man die Anbauflächen hier beobachtet, so fällt auf, dass überwiegend Heilpflanzen angebaut werden. Ist das ein besonderer Grund, dass hier Landwirtschaft in dieser Richtung betrieben wird?

Für diese kulturelle Entwicklung braucht der Mensch natürlich seine Nahrung, die ihm so viel Kraft gibt, dass er auch bewusstseinsmäßig wach genug ist für die Aufgaben. Aber die Heilkräuter spielen eine ganz große Rolle für die medizinische Verwendung, damit man die Krankheiten heilen kann. So hat SEKEM es sich seit der Entstehung zur Aufgabe gemacht, Heilmittel aus Heilpflanzen, aber auch Lebensmittel zu erzeugen.

Es ist ja nicht ohne weiteres möglich, dass man eine solche neue medi-

zinische Methode in einem Land einführt. Dazu gehören ja auch Voraussetzungen an Bildung, an Unterweisung, an Unterricht.

Das stimmt. Als wir begonnen haben, hatte das Land keine Ahnung mehr von den alten traditionellen medizinischen Methoden. Wir mussten ein Bildungsprogramm von über zwölf Jahren einleiten – in allen Medien –, das zum Ziel hatte, dass die Arzneimittel aus natürlichen Ressourcen wieder in das Bewusstsein der Bevölkerung dringen.

Diese alte Volksmedizin basiert ja auf instinktiven Kräften. Die Menschen hatten noch Zugang zu den Stoffen, die ihnen halfen. Heute muss das durch schulische Bildung ersetzt werden. Das ist aber auch notwendig, so scheint mir, wenn man biologisch-dynamisch wirtschaften will, denn es sind ja viele Prozesse zu beachten: zeitliche Prozesse, rhythmische Prozesse. Wie wird das jetzt der Bevölkerung vermittelt, dass es ihr Eigenes wird?

Wie die biologisch-dynamische Methode eine ganz moderne wissenschaftliche Methode zur Fruchtbarmachung der Erde ist, so ist es auch bei den Arzneimitteln. Es sind sehr viele Wissenschaftler beteiligt, damit überhaupt ein Heilmittel produziert werden kann. Es sind die Botaniker, die die Heilpflanzen bestimmen; dann sind es die Landwirte, die die Bedingungen der Pflanzungen genau studiert haben: die Zeiten der Feldbestellung, Aussaat und Ernte, die Böden, die Art der Bewässerung. Dann sind es andere Wissenschaftler, die helfen, das biologische Gleichgewicht herzustellen und zu erhalten. Dann sind es die Enthemologen, die auch nach der Ernte bei der Lagerung der Kräuter helfen, vor Insektenbefall zu schützen. Weiterhin sind es nach der Ernte die Technologen, die die Trocknung der Heilpflanzen so optimal bewerkstelligen, dass die Wirkstoffe der Heilpflanzen erhalten bleiben. Zum Schluss sind es die Pharmazeuten, die die Heilpflanze so bearbeiten, dass sich die der Pflanze innewohnenden Kräfte entfalten können. Dann gibt es die Chemiker, die die Analysen vornehmen, damit die Heilmittel produzierbar sind und eine kontinuierliche Qualität gewährleistet wird. Es sind also sehr viele Wissenschaftler daran beteiligt, dass ein adäquates Heilmittel aus der Natur erzeugt wird.

Auch die Ärzte werden in der ganzheitlichen Methode geschult. Es

Sekem-Gesundheitszentrum

werden klinische Studien in ganz Ägypten durchgeführt, die anthroposophische Heilmittel in ihrer Wirksamkeit nachweisen. Im SEKEM-Gesundheitszentrum, das sich im Aufbau befindet, werden ägyptische Ärzte von europäischen Ärzten nach einem ganzheitlichen Menschenbild eingeführt, um dann der Gesundheit der Fellachen und Beduinenbevölkerung dienen zu können. Eine neue allgemeine Facharztausbildung, die in SEKEM intendiert wurde, wird im Herbst in dem dann fertiggestellten medizinischen Zentrum beginnen.

Nun sagten Sie am Anfang, es gehe um die kulturelle Entwicklung Ägyptens. Was jetzt über neue Anbaumethoden, über neue therapeutische Wege geschildert wurde, wendet sich, so wie Sie es darstellen, an Erwachsene, die sehr oft in Europa studiert haben, um überhaupt in dieser Weise mitdenken zu können. Aber wer kulturelle Entwicklung will, muss ja von der Basis ausgehen, also vom jungen Menschen.

Natürlich werden diese erwachsenen Mitarbeiter auch fortgebildet, ausgebildet in dem Erwachsenenfortbildungsinstitut, das von uns Mahad genannt wird. Für die Kinder des Landes gibt es Kindergärten, Grund- Mittel- und Oberstufenschule. Die Kinder werden nach dem Prinzip der Menschenkunde erzogen, die von Rudolf

Eurythmie in der Schule

Steiner mit der Waldorfschule entwickelt wurde. Deren Konzept suchen wir auf die Verhältnisse und Bedingungen unseres Landes zu übertragen. Die rund 250 Kinder der Schule – der Kindergarten hat 50 Kinder in zwei Gruppen – kommen sowohl von Mitarbeitern wie auch aus Beduinen- und Fellachenfamilien in der unmittelbaren Umgebung von SEKEM. Die Lehrer sind Ägypter, die von europäischen Lehrern ausgebildet und begleitet werden.

Kann man das, was jetzt als Schule konzipiert ist, was sich als ein neuer Bildungsgedanke verwirklicht, in einem Leitwort sagen? Was ist der Grundgedanke dieser Bildung?

Im Grundstein unserer Schule ist eingeschrieben, dass wir «lernen und arbeiten» und «arbeiten und lernen» – das soll miteinander verbunden werden. Schon im Kindergarten beginnt es, dass die Kinder als ganze Menschen erzogen werden: indem das Kind die Arbeit des Erwachsenen nachahmt und als ein schöpferisches, phantasievolles Spiel vollzieht. Das arbeitende Lernen vollzieht sich altersgemäß, so dass die Lernprozesse sich an der altersgemäßen Entwicklung der Kinder orientieren. Über die zunehmende Wachheit und Bewusstheit, mit der die Lernprozesse begleitet werden, soll die Liebe zur Arbeit nicht verloren gehen. Der Ägypter hat noch eine ganz natürliche Liebe zur Arbeit, er arbeitet gerne und mit Ausdauer. Deshalb versuchen wir in der Schule, handwerkliche Arbeit und berufliches wie allgemeines Lernen zu verbinden. In Ägypten herrscht noch eine gewisse antike Haltung vor: Die körperliche Arbeit ist für die einfache Bevölkerung, die intellektuelle, die Verwaltungsarbeit für die besseren Schichten. Wir suchen diese Gegensätze auszugleichen und durch die ganzheitliche Ansprache von Kopf, Erleben und Handarbeit zu vermitteln.

Wir hörten, dass in der Medizin altes Wissen durch neues Können ersetzt wird. Damit stellen sich grundlegende wissenschaftliche Fragen. Denn es geht ja nicht an, ohne Berücksichtigung des heutigen Standes der Wissenschaft einfach an Altes unverändert anzuknüpfen. Muss sich da nicht eine große Vermittlungs- und Forschungsaufgabe stellen? Wie wird überhaupt der Gedanke der Forschung, der des wissenschaftlichen Erkennens und der Weiterführung des schon Vorhandenen aufgegriffen? Gibt es dafür eine Institution?

Wir haben, seit SEKEM besteht, natürlich immer versucht, die Fragen, die auftauchen, zu lösen. Das heißt, wir haben stets geforscht. Ob dies nun um die Versalzung der Böden, um Fragen der Sterilität im Wüstenklima, um Schädlingsbefall, um Fruchtfolgen usw. ging. Damit dieser Ansatz in der größten Systematik und auch ganz grundsätzlich sich entfalten und schließlich über den engen Rahmen hinaus in das ganze Land ausstrahlen kann, haben wir jetzt den Versuch unternommen, die schon geplante Akademie für angewandte Kunst und Wissenschaft allmählich zu verwirklichen. Es ist ja so, dass Ägypten ein armes Land ist, da ist kaum damit zu rechnen, dass aus den ohnehin leeren Kassen des Landes Finanzmittel für alternative Projekte kommen. Die Voraussetzung für dieses Unterfangen wie für die gesamte Bildungsarbeit, die SEKEM leistet, liegt darin, dass durch die Gütererzeugung unserer Produkte eine wirtschaftliche Basis für unsere Planungen zuvor geschaffen sein muss. Da sind wir auf dem Wege. Der Gedanke besteht darin, dass wir in dieser Institution durch qualifizierte Wissenschaftler aus Europa und aus Ägypten diese Forschung systematisch aufbauen und damit zugleich eine Ausbildung fähiger Nachwuchskräfte verbinden. Neben dieser forscherischen Tätigkeit werden vor allem Landwirte, Ökonomen, Lehrer, Künstler und Ärzte an diesem selbständigen Mitdenken und Mitarbeiten beteiligt sein. Das heißt, die Forschung wird zugleich auch eine Akademie für Fortbildung und Ausbildung sein. Eine Vision besteht darin, sieben Fakultäten oder Fachbereiche aufzubauen.

Es ist in Europa ein großes Problem, dass in den Hochschulen die akademische Bildung eigentlich in einem Elfenbeinturm, wie wir sagen, untergebracht ist und dass der Absolvent der Hochschule lange Zeit benötigt, um ein wirklicher Praktiker zu werden. Haben Sie hier andere Wege vor sich?

Hier in Ägypten ist diese Situation noch drastischer als in Europa. Hier gehen die Kinder, die bereits in der Schule wenig Praxis kennen gelernt haben, nach dem Abitur zur Hochschule. Als Absolventen haben sie sich ein viertel Jahrhundert lang von jeglicher realer Arbeit entfernt, sie sind völlig ahnungslos über das, was in der Welt vor sich geht. Dies ist in Europa anders, wo viele Studenten Praktika absolvieren müssen oder gar ihr Geld mit Jobben verdienen. Durch die Lebensferne ist es schwer, dass von den Akademikern in unserem Lande produktive Umwandlungsimpulse ausgehen. Das ist auch der Grund, warum hier so vieles schläft. Deshalb soll die geplante Akademie etwas anderes als einen Elfenbeinturm darstellen. Sie soll alles das, was gearbeitet wird, zum Gegenstand des Forschens, des Denkens machen. Das Denken soll wiederum Impulse für das Tun geben. Also das Prinzip, das im Kindergarten schon angelegt ist, soll sich fortsetzen bis zur Akademie.

Das lässt mich jetzt zu der Frage kommen: Wie sind Sie selber zur Anthroposophie gekommen? Sie sind in Ägypten aufgewachsen, Sie waren dann als Student in Österreich, haben in Graz promoviert und entscheidende Jahre Ihres Lebens dort forschend in der pharmazeutischen Industrie verbracht und eine Österreicherin geheiratet. Wie kamen Sie nach Ägypten zurück, und welche Rolle spielte dabei die Anthroposophie?

Die Anthroposophie hat dabei eine ausschlaggebende Rolle gespielt. Wäre ich nicht der Anthroposophie begegnet, wäre ich ganz sicher heute noch als Forscher in Europa tätig. Vor 25 Jahren lernte ich die Anthroposophie kennen, diese Begegnung hat im nachfolgenden Studium und durch das, was ich daran erlebt habe, in meiner Seele vieles verwandelt. Dieses Neue, das mein Leben verändert hat, war das Mitleid mit meinen Landsleuten, meinen Brüdern und Schwestern, als ich nach vielen Jahren meine Heimat wieder besucht habe. Ich sah die Misere, die Armut und das Chaos, welches in Ägypten herrschte. Ich glaube, ich wäre kein Anthroposoph, wenn ich wie bisher in Europa hätte weiterleben können. Aber durch die Anthroposophie erwuchsen in mir neue Impulse, entzündeten sich neue Ideale: nämlich das ganze Land zu verwandeln in ein zeitgemäßes und menschengemäßes Kulturland.

Also der Wille, eine kulturelle Entwicklung neu in Ägypten mit zu bewirken, ist aus der Anthroposophie für Sie erwachsen. Wie steht das mit Ihrer Religion im Zusammenhang?

Wenn ich jetzt zurückblicke, muss ich sagen, dass die Anthroposophie, die ja praktisch für mich eine neue Methode, eine neue Bildungsmethode war, in meiner Seele auf einen Boden fiel, der sie sofort aufgenommen hat und dadurch auch eine enorme Verwandlung erfahren hat. Diese Geisteswissenschaft traf auf den in mir lebenden Moslem, der mit dieser ihm von Kindheit an eigenen religiösen Weltanschauung tief und aufs innigste verbunden ist. Aus der Begegnung dieser zwei Ströme, der Geisteswissenschaft und des Islam, ging als Frucht die SEKEM-Initiative hervor, die heute in Ägypten als islamische Initiative anerkannt wird. Durch das an der anthroposophischen Geisteswissenschaft geschulte Denken erschien mir der Islam im Wahrheitslicht. Nun entdeckte ich die menschliche Entwicklungsmöglichkeit im Islam und die dort möglichen Gemeinschaftsformen, die heilsam in das soziale Leben wirken. Das Bemühen des Propheten, im 7. Jahrhundert eine Gemeinschaft zu gründen, kann man folgendermaßen zusammenfassen: Alle Arbeit, die wir auf der Erde verrichten, tun wir als Nachfolger Allahs auf Erden in seinem Auftrage zum Wohle des Menschen und der Natur. So errichten wir durch unsere Arbeit an der Erde unsere «Häuser» im Jenseits, wo unsere Nachbarn die Propheten und die Heiligen sind. Der Moslem ist aufgefordert, so lange er lebt zu lernen. Wobei das

Lernen das Ziel hat, die Wahrheiten, die in den Menschen und im Kosmos leben, zu erforschen durch eine lebendige Wissenschaft, eine lebendige Religiosität und eine lebendige Kunst. Er orientiert sich dabei an den höchsten moralischen Idealen: an Allah selbst, der sich in 99 Namen kund tut. Deren Gehalt zu erforschen und als Ziel des eigenen Handelns anzusehen, darin findet der Moslem seinen Schulungsweg. Islam heißt wörtlich: Friede, Hingabe an das Übersinnliche, denn alle unsere sozialen Probleme haben den Grund, dass wir uns dem Göttlichen entfremdet haben. Und wenn wir miteinander im täglichen Umgang mit all seiner Vielschichtigkeit uns begegnen, wollen wir, weil das die höchste Religiosität ist, uns gegenseitig zur Entwicklung anregen und fördern.

Sehen Sie keinen Widerspruch zwischen Ihrem Glauben und der Anthroposophie?

Nein. Durch die Anthroposophie entdeckte ich den Entwicklungsgedanken und von dort aus auch, wie tief er im Islam veranlagt ist. Es erscheint mir so, dass diese Geisteswissenschaft mir absolut im Inneren schon vertraut war, ehe ich sie kennen lernte. Obwohl sie für mein Bewusstsein ja doch vollkommen neu war, wurde sie dann dadurch, dass ich sie zu begreifen anfing, der Grund für meine innere Verwandlung – zuerst einmal der Selbst-Verwandlung und dann, wie man heute sieht, auch ein Beitrag für die Verwandlung des Landes. Dass ich dabei einen Menschenkreis fand, der die Arbeit unterstützt und mitträgt, darf dankbar ausgesprochen werden, Menschen, die aus Europa kommen und kein einfaches Los auf sich nehmen, und Menschen aus Ägypten. Ihnen allen und den Menschen des Landes Ägypten verdankt SEKEM sein Entstehen und sein Wachstum.

Wanderer zwischen Kulturen

Interview von Stefan Leber mit William Fordham

Mister William Fordham lernte ich als Sprachlehrer über meine Kinder vor über eineinhalb Jahrzehnten kennen. Er hatte auf die Schüler eine begeisternde Wirkung, sie liebten ihn. Ein Jahrzehnt später erlebte ich ihn bei einem Besuch an der Waldorfschule in Denver, Colorado, später erneut als Lehrer in Stuttgart. Das gab die Basis, auch persönlich nach Herkunft und der Wanderung zwischen den beiden Kulturen, der amerikanischen und mitteleuropäischen, sowie der Herkunft zu fragen, wovon das Interview handelt.

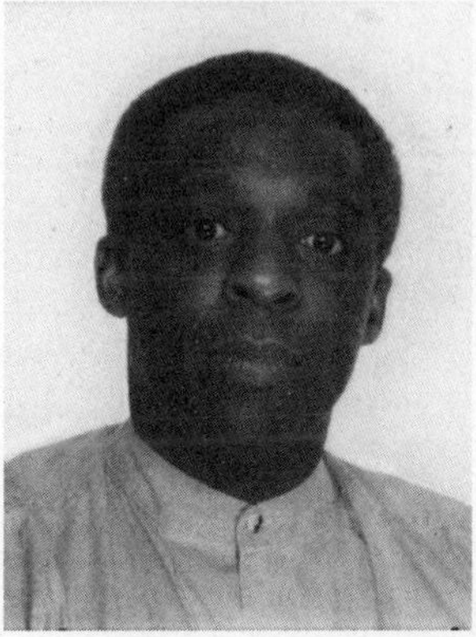

William Fordham

Sie sind in den USA geboren. Aus welchem Elternhaus kommen Sie, wie war Ihre Herkunft?

Das ist nicht so einfach zu sagen. Ich bin zwar in Amerika geboren, aber meine Mutter ist in Deutschland groß geworden, und mein Vater stammt aus den Südstaaten der USA. Die beiden haben sich nach dem Krieg – er war US-Soldat – in Deutschland kennen gelernt und sind dann nach Amerika gezogen.

Wie kam Ihre Mutter nach Deutschland?

Das ist eine sehr lange Geschichte. Mein Großvater stammt ursprünglich aus Afrika, ist aber in Hamburg erzogen worden bei einer deutschen Familie; er ist dann Chemiker geworden und hat meine Großmutter dann in Hamburg kennen gelernt. Aus dieser Ehe stammt meine Mutter.

Das ist also die mütterliche Linie. Aus welchem Land in Afrika kommen die Großeltern?

Mein Großvater kam aus Togo, damals Togo-Land, das ja eine deutsche Kolonie war. Er wurde dann von einer adligen Familie adoptiert. Meine Großmutter ist hier in Stuttgart groß geworden, stammt aber aus der Verbindung eines Inders (Ostindien) und einer Deutschen. Sie haben sich in Hamburg gefunden.

Zwei Jahre, nachdem meine Eltern geheiratet haben, sind wir nach Amerika gezogen, da kam ich dann in New Jersey zur Welt.

Ihr Großvater väterlicherseits stammt aus den Südstaaten, und Sie kennen Ihre Familiengeschichte – ich wüsste zum Beispiel über meine Großeltern nichts zu sagen –, Sie haben offenbar eine viel größere Familientradition. Ihnen wurde viel erzählt über die Zustände in der Vergangenheit.

Ganz gewiss. Natürlich, wenn man als schwarzer Mensch, als Kind und dann als Jugendlicher in Amerika aufwächst, ist das alles gar nicht so einfach. Allerdings war das in meiner Situation so: Wir haben immer in einer bestimmten Gegend, meist in einer weißen Gegend gewohnt, ich bin dort dann auch zur Schule gegangen.

Mein Vater war Berufssoldat. Wir wohnten nach meiner Geburt in Boston, an der Ostküste, dann später außerhalb Bostons auf einem Vorgebirge, Cape Cod; da bin ich die ersten sieben Jahre hindurch aufgewachsen.

Ihr Vater ist oft versetzt worden?

Ja, er war in Washington, die Familie war in Cape Cod, in Hyannis Port. Als ich zwei, drei Jahre alt war, war gerade der Koreakrieg.

Sie kommen also nicht aus einer Familie, die am Rande steht, sondern unter den Schwarzen aus einer privilegierten Familie.

Ja, das könnte man so sagen.

Sie haben dann die Probleme, die sich in den Schwarzen-Ghettos abspielen, gar nicht kennen gelernt?

Nein, nicht am eigenen Leib.

Ihre Bildung war dann auch entsprechend so, dass für Schule und Ausbildung von den Eltern für Sie gesorgt und gedacht worden war?

Ja, ganz bestimmt.

Wie alt waren Sie, als sich Ihre Eltern getrennt haben?

Da war ich sieben Jahre alt. Meine Mutter hat natürlich Deutsch als Muttersprache gesprochen. Das hatte auch auf uns einen sehr starken Einfluss, auf meinen Bruder und meine Schwester, auf mich; sie sind beide älter als ich. Nach dieser Trennung sind wir dann wieder mit der Mutter nach Europa gezogen. Die Kindheit habe ich teilweise hier verbracht. Wir waren auch drei Jahre lang in Norddeutschland, in Hamburg-Wandsbek. Ich besuchte da eine englische Schule mit der Unterrichtssprache Englisch. Ich bin dann immer mit meinen Geschwistern durch die Stadt gefahren in diese International-School. Beim Spielen in Wandsbek habe ich den ersten Klang der deutschen Sprache gehört und auch gelernt.

Wann sind Sie dann wieder in die USA zurückgekommen?

Mit zehn, kurz vor meinem zehnten Geburtstag. Da sind wir wieder nach Amerika gezogen, wir lebten außerhalb von New York City, auf Long Island. Dort ging ich zur High School. Danach kam ich wieder nach Deutschland, und zwar nach Stuttgart zum Jugendseminar. Ich hab mich damals entschlossen, nicht gleich zu studieren und schob als Zwischenphase das Jugendseminar ein.

Das war eine Anknüpfung, zehn Jahre später, an den früheren Deutschlandaufenthalt.

Genau. Was ich hier als Kind erlebt habe, auch von der Sprache her, das erneuerte sich. Allerdings war ich auch in meiner Jugendzeit immer wieder in Europa, mit dreizehn, vierzehn hatten wir nämlich hier Urlaub gemacht.

Was haben Sie im Anschluss an das Jugendseminar gemacht?

Danach war ich wieder in Amerika, ich besuchte dann ein College, den Abschluss machte ich in Pädagogik und Philosophie, danach blieb ich gleich an der Universität. Ich arbeitete dort als Berater für ausländische Studenten und studierte weiter. Es war die Zeit, wo die Schwarzen-Bewegung sich sehr stark entwickelte. Ich habe mich damals als Akademiker ganz entschieden für die Belange der Schwarzen eingesetzt. Gerade bei uns auf der Universität war sehr viel los. Ich gab Kurse, um das Bewusstsein und die Identität der Schwarzen zu stärken. Mein Anliegen war eine bessere Ausbildung für die Schwarzen und Ähnliches. Ich habe damals in Washington D.C. gearbeitet, Programme geschrieben und war in dieser Richtung für black power sehr aktiv. Wir haben versucht, etwas für die Unterprivilegierten zu tun. Von der Regierung kam damals sehr viel Geld, um etwas für die Benachteiligung meiner Bevölkerungsgruppe zu tun. Viele von uns haben auf der Universität auch diese Gelder bekommen, um in den Ghettos Erziehungsprogramme durchzuführen.

Waren Sie auch in den Ghettos tätig?

Ja. Ich habe von der Universität aus Abendkurse eingerichtet und durchgeführt, wir haben sogar eine Open-Door-School eingerichtet für junge Menschen, die meistens zwanzig, einundzwanzig Jahre alt waren und ein High School-Diplom erwerben wollten. Da gaben wir Kurse, die direkt auf die Universität führten. Viele erwarben einen Abschluss, sie konnten dann studieren, und das Geld war da. Wir waren eine Gruppe schwarzer Akademiker (ich war noch nicht Professor, aber ich wollte Professor werden), die hat das einige Jahre intensiv durchgeführt.

Haben Sie selbst an sich auch Rassismus erfahren? Verachtung? Überheblichkeit?

Direkte Gewalt nicht. Nachdem wir von Europa wieder in die USA zurückgekommen waren, wohnten wir in einer Gegend, wo die meisten Menschen weiß waren. Wir waren da als schwarze Familie ohne Vater, und natürlich wurden wir «Nigger» genannt; wir wurden nicht direkt akzeptiert, und das spürte man sofort, auch in der Schule. Da wurde man nicht angenommen. Da lebte einfach in der Gesellschaft ein tiefes Vorurteil, als Schwarzer wurde man abgelehnt. Als Kind bekam man die innere Abwehr sehr deutlich zu spüren; man ging deshalb auch nicht in bestimmte Gegenden, besonders nicht abends. Das habe ich dann auch in Europa erlebt.

War es da noch stärker als in den USA oder weniger?

Ich glaube weniger, insofern, als der Ablehnung in Europa mehr eine Unwissenheit zugrunde lag. Die Deutschen hatten ein Bild von den schwarzen Menschen: sie sind alle aus Afrika und so weiter. Es war ein Herumtasten, sie stellten gelegentlich Fragen an mich, die teilweise sehr naiv waren.

Wie ging Ihre Ausbildung und Ihr Berufsweg weiter? – Haben Sie auf der Universität unter den Wissenschaftlern – weiß / schwarz – irgendetwas bemerkt?

Ja, natürlich. Wir waren eine nicht so große Gruppe von schwarzen Akademikern, und man wurde sonderbar behandelt. Denn die anderen haben uns gebraucht.

Also, Sie waren so eine Art Feigenblatt.

Ja, und gerade zu dieser Zeit natürlich, 1971, ging der Kampf um Unabhängigkeit und Selbständigkeit der Schwarzen, um Gleichwertigkeit. Gerade zu dieser Zeit kamen weitere schwarze Akademiker hinzu. Es kam für die Universität darauf an – ich war an einer Staatsuniversität –, dass sie soundsoviel schwarze Kollegen benötigten. Das hat man auch deutlich gespürt.

Hier sagt man bei der Frauenbewegung für ein analoges Phänomen: «Quotenfrau».

Ja, genau. Man wird sich dessen sehr bewusst, man ist nicht wegen seiner menschlichen Eigenschaften gewollt, sondern der politischen Anforderungen wegen. Man bewegt diese Frage hin und her, man möchte etwas tun, aber das hat keine – ich möchte das so ausdrücken – richtige Zukunft; es war damals wie ein Trostpflaster. Wir mussten das tun von der Universität her gesehen, und nach einer gewissen Zeit hätten wir es dann auch sein lassen können.

Es war im Grunde nicht gewollt, sondern aufgesetzt.

Ja, so habe ich das damals aufgefasst. Ich war damals 21, 22 Jahre alt, der Idealismus war natürlich da, und man hat sich mit voller Kraft dafür eingesetzt. Ich habe dann sehr früh, so nach ungefähr vier Jahren gesehen, dass es keinen richtigen Inhalt hatte – das ist etwas ohne Zukunft, ohne Substanz, besonders bei uns an der Universität. Ich habe das Ganze in Frage gestellt. Was wollen wir denn eigentlich? Sofort, nachdem man das Ganze dann in Frage gestellt hat, kam einem massiver Widerstand entgegen. Was haben Sie denn zu fragen? Sie sind angestellt, hier ist das Geld, tun Sie, was Ihnen gesagt wird. *Help your brothers.* Deswegen musst du es tun. Das wurde für mich allmählich inakzeptabel, weil ich dann auch gleichzeitig gesehen habe: Das Geld fließt ja nicht nur für das, was wir machen sollen, sondern die Universität verfolgt auch ihre eigenen Ziele und Projekte und benutzt das

Geld dafür. Wir waren uns alle dessen bewusst, dass wir finanziell gut dran waren, aber das war genau der Grund, weshalb keiner etwas zum tieferen Sinn der ergriffenen Maßnahmen gesagt hat. Ich habe damals etwas gesagt, es hat sich das rasch zugespitzt in der Abteilung, in der ich arbeitete, und mir wurde dann gesagt: Sie können ja friedlich gehen, dann zahlen wir Sie dem Vertrag entsprechend aus, oder Sie bekommen gar nichts. Als missliebiger Kritiker stand ich vor der Frage: Entweder gehe ich jetzt und habe noch ein halbes Jahr volles Gehalt, oder ich bleibe hier und versuche, ein kleines Feuer für meine Vorstellungen zu entfachen. Damals bin ich gegangen, ich war etwa 24 Jahre alt, ich habe ein halbes Jahr pausiert. In dieser Zeit kam ich dann wieder mit der Waldorfpädagogik und der Anthroposophie in Berührung. Ich habe an der Rudolf-Steiner-Schule in New York City hospitiert.

Wie hatten Sie damals das Jugendseminar kennen gelernt, wo Sie erstmals mit der Anthroposophie in Verbindung kamen?

Es kam durch meine Mutter. Ich habe ja erzählt, dass sie in Hamburg groß geworden ist, mein Großvater hatte damals ein ziemlich großes Vermögen, und sie wurde auf eine Heimschule geschickt. Und diese Heimschule wurde von Anthroposophen geführt. Es war sozusagen der Keim, den sie mit nach Amerika gebracht hat. Sie hat damals, als wir dort waren – ich war zehn –, die Christengemeinschaft regelmäßig besucht, und als ich dann nicht studieren wollte, hat sie mich in Verbindung gebracht mit Carlo Pietzner, einem der Repräsentanten der anthroposophischen Heilpädagogik in den USA. So kam diese Verbindung zum Jugendseminar zustande.

Haben Ihre Geschwister auch einen anthroposophischen Einschlag durch Ihre Mutter bekommen?

Nein, eigentlich nicht so sehr. Sie sind andere Wege gegangen, sie sind sich dessen bewusst. Ich habe damit angefangen, indem ich hospitiert habe und ein Praktikum an der Schule absolvierte. Sie selber haben das aber nicht aufgenommen.

Sie waren also an der Waldorfschule in New York City. Wie ging es dann weiter?

Ich kam da an, klopfte an, andere junge Leute waren auch dort, und Henry Barnes, der Repräsentant, hat sozusagen ein praktisches Ausbil-

William Fordham beim Englischunterricht

dungsjahr mit mir durchgeführt. Er hat uns die *Menschenkunde* vermittelt. Wir haben viel praktische Erfahrung gewonnen durch den Unterricht. Ich habe Epochenunterricht und Sprachunterricht gegeben. Nach einem Jahr wurde ich gefragt, ob ich nicht eine Klasse übernehmen wollte. Das habe ich dann auch getan. Die erste Klasse. Ich habe die Klasse dann bis zur vierten geführt, damals habe ich deutlich gespürt: Meine Kenntnisse in der Anthroposophie und Waldorfpädagogik sind noch nicht so, wie sie sein sollten – ein Jahr Jugendseminar, mit Henry Barnes dieses praktische Jahr oder eineinhalb Jahre, das wollte ich weiterführen, mich ausbilden, noch vertiefen. Inzwischen war ich verheiratet, und wir haben gesagt: Wenn ich noch studieren will, ich war schon 29, 30 Jahre alt, dann muss ich das jetzt tun, sonst kommt die Familie, und dann muss ich wieder arbeiten. Ich habe die vierte Klasse dann abgebrochen, habe mich zunächst am Priesterseminar beworben – ich kannte dessen Leiter, Dr. Benesch, vom Jugendseminar – und besuchte es dann für ein Jahr. Danach kam ich an die Waldorfschule Uhlandshöhe als Sprachlehrer, dann als Englisch- und Religionslehrer; das war die erste Zeit in Stuttgart, 1980 bis 1985.

Danach ging ich für neun Jahre als Klassenlehrer nach Denver, und jetzt bin ich wieder hier an der Uhlandshöhe.

Sind Sie wegen Ihrer Frau, die erkrankt war, zurück in die USA?

Ja. Sie hatte eine Krankheit mit einer körperlichen Konstitutionsschwäche und dazu noch sehr großes Heimweh nach Amerika. Sie fühlte sich in Deutschland überhaupt nicht wohl. Sie war blond, man hätte meinen können, sie komme aus Dänemark. Aus gesundheitlichen Gründen war das damals notwendig für sie, wieder zurückzukehren. Wir hatten inzwischen zwei Kinder. Meine Frau ist im Mittleren Westen, in Kansas, groß geworden, das spielt auch eine große Rolle, diese Weite. Wir waren dann wieder drüben, und meine Frau ist nach achteinhalb Jahren an Krebs gestorben. Sie war jung, die Kinder waren noch sehr jung, mein ältester Sohn damals zwölf, der jüngste war neun. Ich habe dann ein Freijahr genommen, und durch die Beziehung, die ich nach Stuttgart noch hatte, kam dann die Anfrage, ob ich nicht wieder kommen wolle. Vieles hat hier angefangen, wir hatten schöne menschliche Beziehungen, so zu Hilde Berthold, sie hatte, als ich am Priesterseminar war, die Betreuung meiner Frau übernommen.

Sie fühlen sich jetzt in Deutschland wohl bei Ihrem zweiten Berufsaufenthalt?

Ja. Als Waldorflehrer muss man doch seine Schule finden. Ich habe ja in New York City gewohnt, gearbeitet als Lehrer, da war ich nicht so zu Hause.

Und in Denver?

In Denver auch nicht. Hier in Stuttgart meine ich, mit dem Kollegium und mit der ganzen Bewegung, bin ich am richtigen Ort. Man bewegt das natürlich hin und her als Amerikaner, als schwarzer Amerikaner, und man meinte, man hat in Amerika etwas zu geben, was man eben kann. Ich habe überlegt: Soll ich in Detroit arbeiten? Vielleicht ist das Zukunftsmusik. Jetzt kann sich etwas Neues gestalten.

Die Kinder hier lieben Sie ja, wie ich als Vater von meinen Kindern weiß.

Ja, und ich auch, das ist gegenseitig.

Nochmal zur Frage der Rasse. Da gibt es ja eine Fülle von Beziehungen Schwarzer in Europa – schwarze Lehrer, weiße Schüler –, da treten auch irgendwelche Animositäten von Schülerseite auf – oder nicht? Wie erleben Sie das?

Ich habe das nie von Schülerseite erlebt! Höchstens bei den Kollegen – indirekt, das kann manchmal als Frage kommen oder vielleicht als Vorwurf. «Das können Sie vielleicht nicht so verstehen, weil Sie den Hintergrund nicht haben oder weil Sie sich nicht damit befasst haben.»

Solche Äußerungen haben Sie von Kollegen gehört?

Ja. Ich versuche, das nicht persönlich zu nehmen. Das Menschliche ist das Wesentliche. Natürlich, wenn man mit Kollegen ins Gespräch kommt und sie erfahren, da ist eine gleiche Denkweise, dann muss dem ein Kontakt von Mensch zu Mensch vorangehen. Danach ist es ja selbstverständlich, dass Menschen einander verstehen. Aber das Gespräch muss zuerst stattfinden. Bei Kindern läuft das ganz anders ab. Sie treten einem gegenüber, und sie wollen wissen: Wie sind Sie denn aufgewachsen? Und wie ist das mit deiner Hautfarbe, mit deinen Haaren? Die sind ja anders, spontan: «Darf ich Sie mal anfassen?» Man versucht dann auch, sich als Mensch zu geben, und das ist das, was eigentlich zwischen Kindern und Lehrer geschieht.

Welche Klasse unterrichten Sie jetzt?

Eins bis acht, Unterstufe. Früher war das mehr Klasse zehn, elf. Aber immerhin hatte ich in Denver als Klassenlehrer nur weiße Schüler, in New York City ebenfalls.

Ein eigentümliches Schicksal, obwohl es dort anders möglich wäre!

Gerade in New York City! Ich hatte einen schwarzen Buben; die Eltern wollten eine andere Schule, sie haben die Waldorfpädagogik nicht verstanden. Ich habe persönlich sehr daran arbeiten müssen, auch in der Universitätszeit. Wie reagiert man? Wo steht man? Öfters hatte man selbst das Gefühl: Ich gehöre ja hier nicht hin, ich bin schwarz, ich habe eine ganz andere Orientierung. Ich will nicht sagen, dass ich darunter litt, aber das bewegte einen doch sehr tief.

Sie kennen ja seit Ihrer Jugend die Anthroposophie. In jüngerer Zeit ist wiederholt Rudolf Steiner des Rassismus bezichtigt worden. Er hatte einen Vortrag vor Arbeitern gehalten, wo er vom «Triebleben der Schwarzen» spricht – ich vergröbere die dort ohnehin schon grobe

Darstellung nochmals –, dann darüber, wie durch Sonneneinstrahlung die Differenzierung in der Hautfarbe zustande kommt, wie die Biologie das eben «zurechtkocht» etc. Allerdings steht im gleichen Vortrag, was meist weggelassen wird, dass gerade das Triebleben der Schwarzen ein Schutz für sie sei, in den Materialismus und in die Barbarei abzusinken, was bei den Weißen eben die viel größere Gefahr bildet. Wir als Deutsche haben ja einiges geleistet in diesem Absinken in die Barbarei. Am Ende sagt Rudolf Steiner, die Menschen müssen zusammenleben lernen, die Menschheit ist eine Einheit, und jede Farbe, jeder Beitrag, der aus der Vergangenheit, aus dem Erbstrom herrührt, ist gewissermaßen ein unverzichtbarer Baustein der Menschheit. Das sind also diese beiden, man kann sagen antithetischen Gesichtspunkte, die bei Steiner aufzufinden sind. Jetzt sind das ja etwas abgelegene Provinzen im Werk Steiners. Anthroposophie hat noch andere Provinzen. – Was haben Sie für Ihr Menschsein, Ihr Menschentum aus der Anthroposophie gezogen? Wie würden Sie das beschreiben?

Ich glaube, ich hatte schon sehr früh diese Frage, gerade aus meiner Biographie: Wo gehöre ich hin? Wer bin ich? Ich hatte immer den Drang und die Neigung: Vielleicht sollte ich mich wieder in eine ganz schwarze Umgebung zurückziehen? Vielleicht gehöre ich da hin? Aber man lebt dann immer weiter mit dieser Frage nach der eigenen Individualität, und ich habe immer danach geforscht. Mit siebzehn, achtzehn habe ich hier in Stuttgart erlebt, dass man seine Individualität erst herausarbeiten muss, obwohl sie ja schon existiert. Mit meiner Hautfarbe fühlte ich mich mehr äußerlich verbunden, das ist das, was einem äußerlich entgegenkommt. Wenn man einem Menschen begegnet, wird man sofort auch äußerlich beurteilt: Der gehört zur schwarzen Rasse beziehungsweise er kommt aus Afrika. Stets sind diese Urteile da. Lange Jahre muss man sich damit auseinandersetzen. Ich habe dann einen bestimmten Anker oder eine Quelle in der Anthroposophie gefunden. Ich ging den Weg, mich von der Vererbung immer mehr zu befreien. Das geht nicht von heute auf morgen, das ist ein sehr langer Prozess. Das ist eine innerliche Wandlung, die man machen muss. Gerade in der Anthroposophie habe ich Verschiedenes gefunden, sozusagen als Stütze, um diesen Gang zu gehen. Als junger Mensch habe ich das natürlich nicht sofort erkannt, gute sechs, sieben Jahre lang war ich mit anderem beschäftigt. Es ist nicht einfach, weil ich auch in der Anthroposophie als schwarzer Mensch nicht mit vielen schwarzen Menschen zusammenkomme, die auf dem gleichen Erkenntnisweg sind. Immerhin, das Universelle, das Kosmische, was die Menschheit verbindet, hat keine Farbe. Aber man muss zu diesem Bewusstsein kommen und aus diesem Bewusstsein handeln und unterrichten. Ohne das geht es nicht, und ohne an diesem Faden zu arbeiten, kann man eigentlich als Mensch, besonders als schwarzer Mensch nicht in anthroposophischen Kreisen existieren. Für die meisten schwarzen Menschen – ich habe auch Kurse an der Universität in Denver gegeben – ist so ein Schulungsweg aus der Anthroposophie alles andere als selbstverständlich. Dadurch haben wir sehr wenige coloured Kinder – ich meine jetzt indianische, mexikanische und so weiter – an unseren nordamerikanischen Waldorfschulen. Die Eltern haben diese Verbindung noch nicht gefunden, und es wird noch eine Zeit lang brauchen, bis sich das ändert.

Evariste Tshimanga

Wie ich zur Anthroposophie kam

Vor einigen Jahren wurde von einer Gruppierung, die sich in ihrer Zielsetzung politisch als «Ökolinkx» bezeichnet, in Räumen der Universität Stuttgart eine Veranstaltung durchgeführt, wo die These vorgetragen wurde, Theosophie, Anthroposophie usw. seien rassistisch. In der anschließenden Diskussion trat unter anderem eine Persönlichkeit in der Diskussion hervor, die diese Thesen zurückwies, die ich auf diese Weise erstmals wahrnahm: Evariste Tshimanga. Dabei ging er argumentativ nicht von einem Textverständnis Steiners, sondern vom eigenen Erleben aus. Eigentümlich war, dass in einer vielleicht als typisch deutsch zu bezeichnenden Veranstaltung jene, die eigentlich als Opfer der Diskriminierung oder als Objekt zur Verteidigung ihrer Rechte dargestellt werden, eher als störend, also in der Welt gedanklicher Abstraktionen wie eine Wolke vor der Sonne empfunden werden, d.h. in ihrer Darstellung gar nicht beim voreingenommenen Publikum ankommen.

Ein oder zwei Jahre später lernte ich dann diese Persönlichkeit als Studierenden am Seminar für Waldorfpädagogik genauer kennen, wach, kritisch, anregend und von reicher Bildung. E. Tshimanga hat in seinem Heimatland eine Französische Schule besucht, dann an der Universität Hohenheim Naturwissenschaften studiert, nun unterrichtet er seit einigen Jahren an der Oberstufe einer süddeutschen Waldorfschule.

Ich bin in einer Zeit geboren, in der sich viele afrikanische Staaten von ihren Kolonialmächten befreiten und sich allmählich ein neues afrikanisches Bewusstsein entwickelte. Das offenbarte sich in Gedichten, in Essays und in der Literatur, aber auch in vielen Auseinandersetzungen innerhalb intellektueller Kreise. Gleichzeitig gab es die Orientierung nach Europa und Amerika. Familien vor allem aus der Oberschicht schickten ihre Kinder in gute Schulen und zum Studium möglichst ins europäische Ausland. Solche Familien, zu der auch meine gehörte, setzten sich aber auch damit auseinander, was nun die Identität Afrikas sein könnte.

Denn unabhängig von allen westlichen Einflüssen war immer auch das präsent, was man als das traditionelle Bewusstsein bezeichnen kann. Ob das der Fetischkauf auf dem Markt war, mit denen man geistige Mächte beeinflussen wollte, ob das die Heilung bestimmter Krankheiten beim Medizinmann oder die Ahnenverehrung war – dazu gehört das Bestatten der Toten am eigenen Haus, damit die verstorbenen Seelen wohlwollend über die Lebenden wachen –, die traditionelle afrikanische Sichtweise gehörte im Alltag dazu. Selbst was die Orientierung nach Europa anbelangt, dabei spielte nicht nur die Prägung der Kolonialzeit eine Rolle, sondern auch vorkoloniale Traditionen: Kinder im Ausland bilden zu lassen, war bei uns gang und gäbe bereits vor Jahrhunderten. Die ursprünglichen Traditionen lebten in vielen alltäglichen Dingen, vermischt mit neuen Einflüssen und immer auch vermischt mit Religion. Religiöse afrikanische Anteile waren längst in das Christentum integriert, und umgekehrt ließ sich christliches Gedankengut auch in afrikanischer Religion finden.

In diesem Klima also bin ich aufgewachsen. Zu Hause wie in der Schule wurde ich katholisch erzogen. Meine Eltern, die zur Bildungsschicht in Zaire gehörten, legten Wert auf gute Erziehung und solide Bildung. Ich wurde in einer Schule von Jesuitenpatern in französischer Sprache unterrichtet, die mir außer den üblichen Lernfächern europäische Bildung und Kultur vermittelten. Goethe, Victor Hugo, Plato und Cäsar, das heißt die humanistische Richtung, auch Mozart, Beethoven, Bach waren Bestandteile des Unterrichtes. Der «Reigen seliger Geister» von Willibald Gluck wurde bei Schulfesten gespielt und erinnert mich heute noch an meine Schulzeit in Zaire.

Im Alltag zu Hause, auf der Straße, bei Freunden und Verwandten dagegen waren immer zwei, wenn nicht sogar drei Strömungen vorhanden: das alte Afrika, die westliche Ausrichtung und die geistige

Auseinandersetzung mit Überkommenem und das, was ich als das neue afrikanische Bewusstsein bezeichne. Meine Eltern und wir Kinder sprachen häufig darüber und diskutierten über Ähnlichkeiten und Unterschiede, über Christentum und traditionellen Glauben. Wir gingen wie viele andere regelmäßig zum Gottesdienst, zur Messe, zur Kommunion. Christus auf der einen Seite, geistige Hintergründe unseres alltäglichen Lebens auf der anderen Seite, das war keineswegs immer gegensätzlich. Bei außergewöhnlichen Ereignissen wurden geistige Mächte oder jene beseelten Naturerscheinungen genauso in Betracht gezogen und unter Umständen mit herkömmlichen, afrikanischen Mitteln versucht zu erreichen, wie man in der Kirche darum beten konnte. Der afrikanische Glaube, dass der Mensch in Kontakt steht mit den Ahnen und dadurch auch mit der kommenden Generation, war tief verwurzelt und entsprach dem, was wir als Bestandteil im Christentum wiederfanden: für andere zu sorgen und anderen Menschen Respekt zu zollen aufgrund des Göttlichen in ihm. Jeder Mensch – so entspricht es vielen alten afrikanischen Auffassungen – trägt Gott in sich.

Der traditionelle Glaube regelte bei uns einen großen Teil des Zusammenlebens und des sozialen Verhaltens, begründete Rituale, denen sich wiederum meine Eltern, vor allem mein Vater, verpflichtet fühlte. Als Stammesführer gehörte er zum Ältestenrat, bei dem ich als Sechzehnjähriger das erste Mal als Zuschauer dabei sein durfte. Das beeindruckte mich ebenso sehr, wie mich andererseits die besondere Verantwortung beeindruckte, mit der mich in der Schule einer der Jesuitenpater betraute.

Ich versuchte, meinem Gitarrenlehrer diese zuweilen in europäischen Augen konträre Mischung, in der ich aufgewachsen war, klarzumachen. Zu meinem Erstaunen jedoch interessierte er sich vor allem für die unsichtbare Welt, die in Afrika allgegenwärtig ist, und erklärte mir schließlich, dass er sich in einem Kreis befände, in dem man davon ausgehe, dass solch eine Welt mit geistigen Wesen durchaus als Realität angesehen werde. Ich war verblüfft.

Während meiner Jahre in Deutschland hatte ich oft mit verschiedenen Studenten, deutschen wie ausländischen, über Kulturen und

Kulturunterschiede diskutiert und darüber, was das typische Afrikanische sein könne. Ob es so etwas überhaupt gebe oder ob die feststellbaren Unterschiede nicht vielmehr auf Erziehungs- und Umwelteinflüsse zurückzuführen seien. Afrikanische Traditionen, die mit geistigen Wesenheiten zu tun haben, stießen zwar auf Interesse, aber eher auf eine Art rationaler, westlich-naturwissenschaftlicher Basis. Jeder Glaube an geistige Mächte ließe sich ja, so die Meinung meiner deutschen Kommilitonen, psychologisch oder soziologisch begründen und damit enttarnen. Dass jemand hier in Deutschland also wirklich an eine andere geistige Dimension glaubte und dies nicht nur psychologisch begründet – gibt es das? In Zaire war damals der alte Glaube, der mit Geistigem zu tun hatte, unter uns Jugendlichen im Sinne des neuen Afrikabewusstseins auch heiß umstritten gewesen. Wir wollten Beweise, handfest und überprüfbar, wenn von geistigen Wesen die Rede war.

Wir setzten uns aber damit anders auseinander, als ich das später in Deutschland erlebte, weil wir letztendlich an geistige Wesen glaubten. Zumindest mein Bedürfnis zu verstehen war größer als das, daran zu zweifeln. Nun sagte mir dieser Gitarrenlehrer, dass es in Deutschland Menschen gebe, Weiße, die sich allen Ernstes mit Phänomenen beschäftigten, denen ich damals auf den Grund gehen wollte. Er sagte mir auch, wer diese Leute seien, mit denen er solches bespreche, aber erst viel später wurde mir klar, dass er Musiklehrer an der Stuttgarter Waldorfschule auf der Uhlandshöhe war und zum Kreis der Anthroposophen gehörte.

Das Wort Waldorfschule oder Anthroposophie hörte ich zu jener Zeit nicht und hätte auch kaum etwas damit anfangen können. Meine Neugier war zwar geweckt, aber erst bei der Geburt unserer Tochter in der Filderklinik kam ich mit der anthroposophischen Bewegung erneut in Berührung.

Schon bei meinem ersten Besuch in dieser Klinik fiel mir die Atmosphäre im Unterschied zu anderen Krankenhäusern auf; die ungewöhnlichen Farbtöne an den Wänden, die auffällige Architektur. Was mochte hinter dieser Bauweise und Atmosphäre stecken? Ich war noch mehr interessiert, weil in der gesamten Klinik ein Klima der Hilfsbereitschaft und Verantwortlichkeit herrschte, das mir sehr vertraut war. Eine derartige soziale Einstellung war der Grundwert meiner Eltern gewesen und etwas, wonach ich, aufgrund meiner Erziehung, bemüht war zu leben. Wie damals beim Gitarrenunterricht begegnete mir abermals mitten in Deutschland etwas sehr Vertraut-Heimatliches. Schon deshalb war es naheliegend für mich, als ich von der Waldorfpädagogik beziehungsweise vom Waldorfkindergarten hörte, unsere inzwischen zwei Kinder dort anzumelden.

Mir gefiel auch da die Atmosphäre und die innere Einstellung dem Kind gegenüber, die sich in vielen Details mit meiner Erziehungshaltung deckten: dass man die Würde des Kindes achtet und sich um seine persönlichen Eigenheiten bemüht, nicht das oberflächlich «Süße» eines Kindes in den Mittelpunkt stellt, vielmehr das Kind als eigenständigen Menschen ansieht. Das entsprach meinen afrikanisch geprägten Vorstellungen von Erziehung und meiner Sicht von Kindern so sehr, dass ich mich an allem beteiligte, was von Seiten des Kindergartens geboten wurde. Ich wurde zum Kindergarten-Elternbeirat gewählt und nahm an Arbeitskreisen teil, bei denen auch Literatur über Kindererziehung durchgenommen wurde. Genau solch ein Lesekreis hätte mir aber beinahe das Interesse an dem, was Waldorfbewegung sein kann, wieder genommen.

Wir sprachen über ein Buch – falls ich mich recht erinnere, war es das Buch über Strafe in der Selbst-Erziehung und Erziehung. Ich hatte eine Menge Fragen beziehungsweise wollte auch wissen, was eigentlich hinter einigen der mir erklärten Sichtweisen an Theorie steckt. Einige Eltern, die schon länger mit der Waldorfidee befasst waren, antworteten mir: «Lesen sie erst mal zehn Jahre Rudolf Steiner.» Das empfand ich weder als zufriedenstellende Auskunft noch brachte mich das in meinen Fragen weiter. Im Gegenteil. Ich verstand nicht, warum auf klare Fragen keine klaren Antworten kamen.

Ich distanzierte mich ein wenig, obwohl ich dennoch von der Grundidee in dieser Erziehung so beeindruckt war, dass ich keinen Zweifel hatte, unsere Kinder in einer Waldorfschule anzumelden. Damit rief ich Unverständnis innerhalb meines Bekanntenkreises hervor. Warum wir unsere Kinder in die Waldorfschule schicken, wurde ich so oft gefragt und hatte selbst nur Antworten, die sich auf mein Gefühl gründeten. So entschloss ich mich, dem, was sich Waldorfpädagogik und Anthroposophie nennt, auf den Grund zu gehen. Ich besuchte einen Vortrag im Stuttgarter Forum 3, Thema war «Die Wesensglieder des Menschen». Ich saß in der ersten Reihe und war wieder einmal verblüfft. Konnte es so etwas geben? Mir kam es vor, als ob ich alles schon einmal erlebt, gehört oder gedacht hätte. Es entstanden eine Menge Fragen. Diesmal bekam ich Antworten beziehungsweise bat mich der Referent gelegentlich zu verstehen, dass er nicht in allen Details in solch einer Runde auf meine Fragen eingehen könne. Ich könne zu einem Arbeitskreis kommen, der solche Fragen behandle. Ich ging hin und hatte mehr und mehr das Gefühl, Licht in das bisher Unverstandene bringen zu können. Endlich erkannte ich auch einen Zusammenhang zwischen dem, was ich früher in Afrika erlebt hatte, und dem, was mir über die geistige Welt aus anthroposophischer Anschauung erzählt wurde. Ich bekam auf viele Fragen, die sich nun weiter daraus ergaben, Antworten. Nicht immer konnte ich die Begründungen akzeptieren. Viele Aussagen jedoch, die mir nicht sofort begreiflich waren, konnte ich später mit Hilfe eigener Beobachtungen nachvollziehen.

Ich machte nicht nur Beobachtungen, die das Gelesene von Rudolf Steiner bestätigten. Ich änderte meine Sichtweise. Die alltäglichen Dinge um mich herum begann ich anders wahrzunehmen und zu bewerten. Immer wieder stieß ich dabei auf jene mir bereits bekannten Eindrücke aus meiner Vergangenheit in Afrika, die ich bis dahin nur nie einordnen konnte. War es nicht so, dass ich in meiner Kindheit dieses Wissen bereits erfahren hatte, wenn auch verkleidet in die Namen von Geistern oder – ich könnte sagen – in ursprünglich seelisch-bildhafte Vergleiche?

Inzwischen habe ich mich viele Jahre mit Rudolf Steiner, der Anthroposophie und der Waldorfpädagogik beschäftigt. Ich bin noch längst nicht an einem Punkt, an dem ich sagen könnte: Ich habe alles verstanden. Und ich kann auch nicht sagen, dass ich mit allem einverstanden wäre.

Allerdings versuche ich das, was ich begriffen habe, mir so anzueignen, dass ich in meinem Alltag danach handeln kann. So konnte ich vor vier Jahren die Entscheidung fällen, auf das Lehrerseminar zu gehen und Waldorflehrer zu werden.

Dieter Hornemann

Ein Asylsuchender findet Hilfe für Ghana

In CRUDOF, dem Center for Rural Development and Organic Farming, wird mitten im Aschanti-Gebiet in Ghana ein Beitrag zur ländlichen Entwicklung geleistet, der vielen Menschen Hoffnung gibt. Es ist aus einem Asylbewerber-Schicksal hervorgegangen. Seine Geschichte ist die Geschichte von Kofi Edusei.

Wie alles begann

Der Waldorflehrer Hans Gilck und ich hatten 1980 eine Reihe von Jugendabenden unter dem Thema «Die Völker der Welt» begonnen. Wir luden Gäste ein, die aus ihrer Heimat berichteten. In dieser Zeit kam an die Waldorfschule Stuttgart-Kräherwald ein Anruf von Familie Hosch aus Stuttgart-Botnang. Sie hätten bei sich einen Asylsuchenden aus Ghana, der einsam sei. Ob es nicht in der Waldorfschule jemanden gäbe, der zu Afrika eine Verbindung habe. So kam Kofi Edusei zu uns.

Nach drei Jahren intensiver Bekanntschaft schenkten wir ihm den *Landwirtschaftlichen Kurs* von Rudolf Steiner und vermittelten ihm einen Studienplatz in England am Emerson College. Von dort kehrte er in seine Heimat zurück, um die neuen Impulse dorthin zu tragen.

1989 kam plötzlich ein Anruf, er sei wieder in Deutschland. Er hatte einen Preis als bester Farmer des Jahres gewonnen. Der Preis war eine Woche Deutschland. So konnten wir die Verbindung wieder auffrischen. Damals lud er Hans Gilck und mich ein, im April 1990 nach Ghana zu kommen zur Einweihung des Landstücks, das er mittlerweile bekommen hatte.

Kofis Geschichte

Kofi Eduseis Heimat liegt im tropischen Regenwald Westafrikas. Am 24. September 1944 kam er in Swedre, einem kleinen Dorf im Aschanti-Land, weit im Innern von Ghana, zur Welt. Er war als zweitgeborenes Kind der einzige Sohn unter sechs Geschwistern. Seine Eltern lebten wie die übrigen Dorfbewohner ausschließlich von den kleinen, im Hackbau bewirtschafteten Feldern. Mit fünf Jahren kam Kofi gegen den Willen des Vaters in die örtliche Grundschule. Darüber sagte er selbst: «Mein Vater, ein weitbekannter und hochangesehener Medizinmann und traditioneller Heiler, wollte, dass ich als sein Ältester und einziger Sohn in seine Fußstapfen treten und mich einem gründlichen Studium der Tradition und der Kultur meines Stammes unterziehen sollte.» Tatsächlich lernte er trotz des Schulbesuches an der Hand des Vaters bis zu dessen Tod noch vieles über die Kultur der Aschanti. So erfuhr er auch zum Beispiel die Bedeutung der kosmischen Einflüsse sowohl für die landwirtschaftliche Praxis und für die Anwendung von Heilkräutern als auch für das ganze übrige Leben der Menschen. Da der Vater schon im hohen Alter stand, ruhte die Verantwortung für das Land und die Ernährung der Familie, nachdem die ältere Schwester geheiratet hatte, ganz auf den Schultern von Mutter und Sohn. Kofis Hauptaufgabe bestand darin, auf dem etwa 100 x 100 m großen Gelände genügend Nahrungsmittel für den eigenen Bedarf nebst einem kleinen Überschuss zum Verkauf zu erwirtschaften, um notwendige Güter wie Salz oder Seife erstehen zu können.

Nach der Grundschule besuchte Kofi die Sekundarschule in Bremang und Asan Krongwa und wurde schließlich in das Wesley College in Kumasi aufgenommen. Dort machte er eine Lehrerausbildung und studierte im Besonderen Tradition und Brauchtum seines Volkes. Zu den Pflichten der Studenten gehörte es auch, unter der Leitung des Landwirtschaftslehrers Gemüse für die Mahlzeiten am College anzubauen. Nach Abschluss dieser Ausbildung arbeitete Kofi Edusei dann als Lehrer und bewirtschaftete zusammen mit den jüngeren Schwestern das Land seines verstorbenen Onkels, das ihm zur Bearbeitung übertragen worden war. Dem Vermächtnis seines Vaters folgend, blieb ihm jedoch die Beschäftigung mit der traditionellen Religion und Kultur seines Volkes immer ein besonderes Anliegen. Dabei sah er jedoch ganz deutlich, dass ihm der Weg der alten Einweihung, den sein Vater noch hatte gehen können, durch die zunehmende Zivilisation versperrt war. In späteren Jahren wurde er unter anderem Geschäftsführer und Sprecher der Eltern-Lehrer-Vereinigung (Parents-Teachers-Association) seines Bezirkes.

Als 1979 von der UNICEF und von Nigeria stammende und für die Schulen in Ghana bestimmte Hilfsgüter wieder einmal ihr Ziel nicht erreichten, sondern spurlos verschwanden, beschloss die Eltern-Lehrer-Vereinigung, eine Anfrage an das Erziehungsministerium zu richten, um den Verbleib der Hilfsgüter aufzuklären. Die Initiatoren dieser Anfrage wurden nach wenigen Tagen verhaftet und unmenschlich misshandelt. Kofi Edusei konnte durch den Hinweis eines Verwandten gerade noch rechtzeitig fliehen und kam auf einem dramatischen Fluchtweg mitten im härtesten Winter nach Polen und schließlich über Ost- und Westberlin nach Stuttgart. Hier suchte er am 2. Februar 1980 um politisches Asyl nach. Seine Mutter und seine Frau mit drei kleinen Kindern im Alter von sechs, vier und einem dreiviertel Jahr wussten über Monate hin nicht, wo sich der Sohn und Ehemann befand und ob er überhaupt noch am Leben war.

Nach der Flucht erkrankte er infolge all der Ereignisse zunächst schwer, lernte dann aber durch mehrere glückliche Umstände – es war noch vor der Verschärfung der Asylantengesetze in der Bundesrepublik[1] – eine verständnisvolle Familie kennen, die ihn aufnahm. In einem metallverarbeitenden Betrieb fand er Arbeit als Packer und konnte durch die Bemühungen seiner Gastgeber schließlich auch eine Wohnung mieten. Eines Tages stieß Kofi Edusei zu einer Jugendgruppe der Christengemeinschaft in Stuttgart, die jeden Mittwoch einen Jugendabend veranstaltete, der zu jener Zeit unter dem Thema «Die Völker der Welt» stand. Er war dorthin eingeladen worden, um aus seiner Heimat zu erzählen. Als Kofi den Jugendraum – eine ausgebaute Garage mit Kaminfeuer und runden Fenstern – zum ersten Mal betrat, atmete er tief auf. Er schien etwas Heimatliches zu fühlen. Zunächst berichtete er etwas zurückhaltend vom Landbau in Ghana. Sein nicht immer einfaches Englisch wurde übersetzt. Die jungen Leute aber waren begeistert und baten ihn spontan, am nächsten Mittwoch wiederzukommen. So wurde aus dem einen Besuch eine wachsende Freundschaft über Jahre hinweg. Je mehr er spürte, dass ihm Offenheit für eine geistige Weltsicht entgegenkam, desto mehr zeigte er sich bereit, von den geheimnisvollen Gedanken und Gebräuchen seines Volkes zu berichten.

Wir erfuhren dabei vieles über Naturgeister, über vorgeburtliches Leben der menschlichen Seele, über ihre Wege nach dem Tod, was uns aus der Anthroposophie heraus vertraut war. Ein gegenseitiges Verständnis wuchs. – Für Kofi war es wunderbar, Menschen zu finden, die seine Gedanken teilen konnten.

Neben der Beschäftigung mit der Tradition seines Volkes galt Kofi Eduseis Interesse immer weiter der Landwirtschaft. Seine Berichte über die landwirtschaftlichen Methoden der Akan ließen eines Tages die Idee aufkommen, ihm das Buch *Geisteswissenschaftliche Grundlagen zum Gedeihen der Landwirtschaft. Landwirtschaftlicher Kurs Koberwitz* von Rudolf Steiner zu schenken. Die Lektüre dieses Werkes erweckte in ihm den dringenden Wunsch, die biologisch-dynamische

Wirtschaftsweise genauer zu studieren, da er deren Richtigkeit und Bedeutung spontan erfasst hatte. Er sah darin die Möglichkeit, seinem Volk in dessen verzweifelter Ernährungslage zu helfen. Das Vorhaben, ihm ein Studium am Emerson College in England zu ermöglichen, erschien 1982 noch außerordentlich schwierig, war doch über seinen Asylantrag nach über zwei Jahren immer noch nicht entschieden. Viele glückliche Fügungen, die ideelle und finanzielle Hilfe eines großen Freundeskreises sowie die inzwischen veränderte politische Lage in seinem Heimatland, die eine Rückkehr nach Ghana zu erlauben schien, ermöglichten es schließlich, dass er im September 1983 am Emerson College das Studium des Rural Development Programs, das Entwicklungshilfe auf geisteswissenschaftlicher Basis vermittelt, aufnehmen konnte. Sein Entschluss, seinem hungernden Volk und den unter dem westlichen Einfluss immer mehr zerbrechenden traditionellen Gemeinschaften und dem damit verbundenen Verlust menschlicher Werte durch tragende Ziele weiterzuhelfen, wurde noch bestärkt, als er im Sommer 1984 nach vierjähriger Abwesenheit sein Dorf und seine Familie wiedersehen konnte. Er schrieb damals: «Das ganze Dorf erwartete uns. Ich wurde wie ein König willkommen geheißen mit Freudenfeuern, dumpfen Trommeln und Tänzen. Wenn ich auch nur ein Diener dieses armen Volkes bin, von dem ich abstamme, so brachten meine Gegenwart und mein Kommen neues Leben nicht nur in mein Dorf, sondern auch in die umliegenden Dörfer. Ich habe mich nicht verändert, selbst nicht durch meine lange Abwesenheit von zu Hause. Ich bin so glücklich, wieder mit ihnen zusammen zu sein, um ihre Probleme mit ihnen zu teilen. Die Situation in Ghana ist so kritisch, dass es sehr schwierig wäre, sie hier zu beschreiben. Mein kurzer Eindruck ist der, dass mein Volk langsam seine menschlichen Werte verliert. Ich bin sehr glücklich, dass ich den richtigen Weg sehe, ihm zu helfen. In einer solchen Lage kann ein Mann seine Dienste in das Wohl seines Volkes stellen.»

In seinem Heimatdorf Saakrom begann Kofi langsam, aber zielstrebig seine Arbeit zur Rettung seiner Heimat. Nach zehn Jahren schrieb er einen Zwischenbericht, aus dem wir einige Absätze zitieren wollen.[2]

Die Abwanderung in die Stadt

In Saakrom gibt es Probleme: Wie in vielen anderen Ländern der Erde haben wir die Jugendarbeitslosigkeit nach der Schule. Wer auf der Schule nicht vorankam, wird als *drop out* bezeichnet, ein Ausdruck, der sich von den kolonialen Zeiten bis heute erhalten hat. Diese *drop outs* – es sind sehr viele Jugendliche zwischen 14 und 21 Jahren und sogar darüber – werden zunehmend enttäuscht. Schulische Bildung versprach ihnen Arbeit, die sie nach der Schule jedoch nicht finden. Dann beginnen sie, in die Stadt abzuwandern, um dort Jobs zu suchen, die es für sie ebensowenig gibt. Zu diesem Schritt werden sie gewöhnlich verführt, wenn einer von ihnen nach einem Jahr in der Stadt mit einem Radio oder mit gebrauchten amerikanischen Jeans zurückkommt. Er erzählt den armen Dorfjungen, dass in der Stadt alles eitel Wonne sei. Nach einer Weile verlässt der nächste das Dorf, um bald die Trostlosigkeit der Stadt zu entdecken. Er hat nichts zu essen und schläft irgendwo. Oft sieht man diese Jugendlichen nachts zusammengekrümmt an einer Tankstelle liegen. Doch kehren sie nicht nach Hause zurück, aus Angst, Versager genannt zu werden. Denn die Eltern zu Hause im Dorf sind stolz, dass ihr Sohn auch in der Stadt lebt. Was für ein Leben er dort führt, das wissen sie nicht.

Wenn die Lage für einige dieser Kinder ganz unerträglich wird, sieht man, wie sie Botschaften an ihre Eltern schicken mit der Bitte um Essen oder Geld. Manchmal erhalten sie Nahrungsmittel, aber kein Geld, da ihre Eltern keines haben. Die glücklichen unter ihnen bringen es schließlich soweit, am Straßenrand Eis, Obst, Hundeleinen oder andere belanglose Gegenstände zu verkaufen. Da frage ich mich: Wie lange soll es mit diesen Jugendlichen – den Säulen der Zukunft unseres Volkes – so weitergehen? Keine Antwort!

Der Zustand der Landwirtschaft: Mutter Erde leidet

Wenn die Abwanderung der Jugend aus dem Dorf in die Stadt ungehindert weitergeht, ist Mutter Erde das erste Opfer.

In alten Zeiten lebten Vater, Mutter und alle jüngeren Familienmitglieder zusammen und bebauten das Land. Kinder waren im Hinblick auf die Landwirtschaft der Reichtum der Eltern. Während der Anbauperiode verrichtete die Familie zusammen mit allen Männern der Dorfgemeinschaft sämtliche Arbeiten, die das Land erforderte, nach dem «Noboa» genannten System der Gemeinschaftsarbeit. Dieser Brauch verringerte die Arbeitslast für die einzelne Familie. Sie rodeten den Wald, säten und pflanzten alle Feldfrüchte in die geschaffene Lichtung. Dann ruhte das gerodete Land mit dem bereits ausgebrachten Pflanz- oder Saatgut, und das Gerodete trocknete ab bis zu den ersten zwei oder drei Regenfällen. In dem nun einsetzenden Prozess der Kompostierung von Holz und Laub durch die Kleinlebewesen bekam Mutter Erde, was sie brauchte, um ihre Kinder zu ernähren. Mit dieser Methode konnten die Menschen viele Jahre auf diesem einen Stück Land Ackerbau betreiben. Noch heute wird dieses altertümliche Verfahren «Proka» genannt, das Verrotten zu Erde.

Heute leben die Kinder nicht mehr im Dorf, um für Mutter Erde zu sorgen und ihr zu helfen. Die alten Eltern bleiben zurück. Doch sind sie nicht kräftig genug, um so für Mutter Erde zu sorgen, wie sie es mit ihren Kindern zusammen getan hätten, wenn diese geblieben wären. Ein großes Stück Land können sie nicht für die Pflanzung vorbereiten. Sie können nicht mehr die anstrengende Arbeit des Fällens und Rodens leisten und sich dann durch das dornige Gestrüpp kämpfen, um zu pflanzen oder zu säen. Deshalb greifen sie nach dem schnellsten, billigsten und einfachsten Mittel, ein Stück Land zu roden: sie stecken es in Brand, und innerhalb weniger Stunden ist alles frei, das Land ist leicht zugänglich.

Aber dies geht zu Lasten von Mutter Erde und später zu Lasten der ganzen Gemeinschaft. Nichts außer Asche bleibt auf dem nackten

Boden zurück. Und nach ein oder zwei heftigen Regenfällen ist auch die Asche fortgespült. Dann beginnt die Erosion. Der Boden wird ausgelaugt, und nach ein oder zwei Jahren kann er keiner Feldfrucht mehr zum Wachsen verhelfen. Der arme Farmer muss zu einem anderen Land weiterziehen, und das alte Land wird zu «Afe sesee afuo», zur Farm des letzten Jahres, und dann hört man die Farmer oft sagen: «Asaase no awu» – «Das Land ist tot.» Doch stirbt der Boden niemals. Er ist immer am Leben. Wir müssen lernen, dass er lebendig war und lebendig sein wird, solange wir Menschen ihn nicht töten.

Zusammenfassend können wir sagen: Wenn wir die Erde töten, töten wir uns selbst, unsere Kinder und Kindeskinder.

Jetzt sehe ich in Saakrom viele ehemals tote Böden, die wiederbelebt wurden durch gesundende Ackerbaumethoden wie *Alley Cropping* (dabei werden Reihen stickstoffbindender Gehölze zur Erhöhung der Bodenfruchtbarkeit abwechselnd mit Nahrungspflanzen angebaut), Fruchtwechsel, Kompostierung und Mulchen. Das waren einst Landstücke, auf denen Bananen, Yams, Cocoyam, Kassawa, Pfeffer und all die anderen Früchte, die wir brauchen, reichlich gediehen. Diese Böden wurden dann von «Akyeampong» (Chromolaena odorata) erobert. Das ist ein ursprünglich aus dem tropischen Afrika stammender Korbblütler, eine Unkrautpflanze in neuen und ausgelassenen Farben, besonders auf verarmten Böden. Sie wächst in vollem Sonnenlicht und bei teilweiser Beschattung. Vollen Schatten erträgt sie nicht, und unter dem Blätterdach einer gut geführten Farm verschwindet sie. Akyeampong wurde deshalb zu einem Erkennungszeichen für arme Böden und ein Symbol wachsender Armut in der Bevölkerung. Dabei hat sie besondere Eigenschaften: Sie wird zur Leichenkonservierung verwendet. Wenn man große Mengen der ganzen Pflanze auf einen Leichnam legt, wird er für zwei bis vier Tage vor der Verwesung bewahrt.

Das Land kann uns und unseren Kindern nicht mehr die Nahrung geben, die wir brauchen, um in der rechten Weise zu tüchtigen Mitgliedern der Gemeinschaft heranzuwachsen. Die Eltern schicken ihre Kinder nicht mehr zur Schule, da sie das Schulgeld nicht mehr bezahlen können. Dann beginnt der Hunger. Wir werden unterernährt und bekommen alle Arten von Krankheiten, die wir wegen der hohen Kosten nicht behandeln können, und unsere einst leistungsfähigen Medizinmänner und Kräuterheilkundigen gibt es kaum noch, da die Jugend, die solche wertvollen Fähigkeiten von ihren Eltern übernehmen sollte, fortgegangen ist in die Stadt. So sterben wir viel zu früh – die mittlere Lebenszeit eines Ghanaers ist zwischen 40 und 60 Jahren.

Wieder zu Hause

Dies war die Lage in meiner Heimat, als ich von Europa zurückkehrte. Seit der Kindheit war ein Leben bestimmt vom Willen, denen zu helfen, die nicht kräftig genug sind, ihnen eine Hand zur Unterstützung und Anleitung zu reichen. Schon als Junge wurde mir von meinen Spielkameraden die Rolle des Anführers zugesprochen. Obwohl ich diese Eigenschaften hatte, war ich manchmal mit meinen Freunden zu grob, so dass einige Eltern nicht wollten, dass ich mit ihren Kindern spielte. Ich war wie das sprichwörtliche Feuer und Wasser. Manchmal wurde ich gebraucht und manchmal nicht. Vor diesem Hintergrund kam mir der Gedanke, eines Tages bei der Bekämpfung der Landflucht unserer Jugendlichen zu helfen, und dabei wollte ich das anwenden, was ich mir am Emerson College an ländlicher Entwicklungshilfe erworben hatte.

Der Landerwerb

Ich wusste, dass für die Verwirklichung all dieser Gedanken und Ideen ein Stück Land nötig wäre. Es sollte ein Platz im Dorfbereich sein, auf dem die verschiedenen Entwicklungsprogramme erprobt werden können.

Ich erläuterte mein Vorhaben sowie den Landbedarf dem Häuptling und den Ältesten meines Dorfes. Sie waren sehr erfreut und führten mich zum *Asase klura,* dem obersten Verwalter des Landes. Er war nicht der Eigentümer, da in unserer Tradition niemand Land besitzt. Im Namen der Vorfahren sorgt er für das Land. Er war auch bereit, mir den benötigten Platz in Saakrom, ein über 8 ha großes Landstück am Ende des Dorfes, zu überlassen. Von meinem Haus, das gerade am anderen Ende des Dorfes liegt, musste ich durch das ganze Dorf laufen, um dorthin zu gelangen. Mit der Hilfe von Dr. Hans Gilck, Dieter Hornemann, Pfarrer der Christengemeinschaft in Stuttgart, und Walter Burkart von der Gemeinnützigen Treuhandstelle (Entwicklungshilfefonds) in Bochum war es mir möglich, alle Formalitäten für den Beginn der Arbeit auf diesem Land zu erledigen.

Die «Landeröffnungszeremonie» – die Geburtsstunde von CRUDOF

Am Freitag, 22. April 1989, vollzogen der *Asase klura,* Nana Adusei-Braimah, alle Häuptlinge seines Einflussbereiches, der Häuptling und die Ältesten meines Dorfes und der oberste Priester des Gebietes die Zeremonie der Eröffnung des Bodens zusammen mit Pfarrer Dieter Hornemann und Dr. Hans Gilck aus Deutschland, die zu diesem Anlass gekommen waren.

An diesem Tag fiel noch vor Tagesanbruch ein heftiger Regen. Gegen 7 Uhr morgens hatten sich das ganze Dorf und die Bewohner der benachbarten Dörfer auf diesem mit dichtem, etwa vierzig Jahre altem Sekundär-Wald bewachsenen Land versammelt. Am Rande war eine kleine Fläche von etwa 25 m^2 bereits für das Ritual gerodet.

Frischer Palmwein von einer Palme, deren Wein noch niemand getrunken hatte,[3] wurde in einem schwarz glänzenden Tongefäß zu dem Platz gebracht. Der Priester nahm eine neue Flaschenkürbisschale, dann wandte er sich zur aufsteigenden Sonne. Der Sprecher des Dorfes hob das Tongefäß mit dem Palmwein vom Boden auf und goss dreimal in die Schale, die der Priester hielt. Der Priester sprach in Bildern zu den Menschen, und nach altem Brauch wurden seine Worte dem versammelten Volk durch den Sprecher überbracht.

Zuerst spendete er das Trankopfer für *Otwieduampon Nyankopon,* den Allumfassenden, dann wieder für *Asaase Yaa* – Mutter Erde, für *Nananom* – die Geister der Ahnen, und schließlich für *Nhuhu ne Nhaha,* die Erd- und Baumgeister, sowie die *Mmoatia* und bat sie, zu trinken.

Mit dem Spenden des Trankopfers ruft der Priester alle Kräfte an, zu kommen und uns zu helfen, damit die Arbeit auf dem Land sowohl von den Lebenden als auch von denen, die dieses Leben schon verlassen haben, gefördert werde. Wenn er den Wein aus der Schale auf den Boden gießt, schließt ein Sprecher bei jeder Nennung einer Wesenheit die Worte des Priesters ab mit «wië», das bedeutet «so sei es». Wenn der letzte Tropfen Wein aus der Schale geleert ist, schließt die ganze Versammlung die Anrufung des Priesters mit einer feierlichen Antwort ab: «Mo ne kasa» – «Du hast gut gesprochen.»

Als der Priester das Trankopfer beendet hatte, wurde Pfarrer Dieter Hornemann ebenfalls gebeten, ein Gebet zu sprechen. Er folgte dieser Bitte und bat Gott, uns in all unseren Gedanken über die vor uns liegende Arbeit auf diesem Land beizustehen.

Danach bildete die ganze Versammlung einen Kreis um den *Asase klura,* den obersten Verwalter des Landes. Ihm wurde ein Haumesser gereicht, und er säuberte damit einen Platz, grub ein Loch und pflanzte eine junge Palme, die zu diesem Zweck hierher gebracht worden war. Jedermann nahm ein wenig Erde und legte sie an den Fuß der kleinen Palme. CRUDOF (Centre for Rural Development and Organic Farming), das Zentrum für ländliche Entwicklung und organische Landwirtschaft, war geboren. Dann wurden wir vom Priester gebeten, ein wenig von dem verbliebenen Palmwein zu trinken. Die Erde war nun bereit für CRUDOF. Der Samen der Unsterblichkeit und Dauer war gesät, und alle, die Lebenden und die in der geistigen Welt Weilenden, waren Zeugen.

Der Medizinmann im Kreise seiner Familie

Bei einer solchen Gelegenheit, wenn sich die ganze Gemeinschaft versammelt, sind alle am sozialen Leben Beteiligten hier auf Erden und im nachtodlichen Leben dabei. Der erste Trunk vom Palmwein aus einem neuen Gefäß und einer neuen Schale ist für Gott und die Ahnen bestimmt, denn sie sind rein und verlangen Reinheit in jeder Hinsicht für die vor uns liegende Aufgabe. Der Palmwein wird geopfert, da er dem Boden entstammt und zu ihm zurückkehren soll, als ein Wiederbelebungstrank, der in die Erde sickert und sie ernährt. Die Palme entnimmt ihre Nährstoffe dem Boden. Einiges davon wird in Palmwein umgewandelt und zum Trinken geläutert.

Der Priester wendet sich der aufgehenden Sonne zu, da die Arbeit, die sich auf diesem Land entfalten wird, ebenso stetig vorankommen soll, wie die Sonne jeden Tag aufgeht.

Der Trunk wird dreimal in die Schale gegossen, da auch wir Menschen unsere Nahrung nicht mit einem Bissen verschlingen. Die Palme steht als Symbol für Unsterblichkeit und Dauer. Das bedeutet, dass das beabsichtigte Programm in die Zukunft hinein weitergeführt werden soll. Auch ist es in seinem Nutzen ebenso vielfältig wie die Palme. Und jeder, der von dem Palmwein trinkt, wird zu einem Zeugen dieses Geschehens.

Im September 1993 konnte ich für längere Zeit nach Ghana reisen. Wir hatten viele Gespräche, besonders auch mit dem weisen Medizinmann Kwami Nti. Der Eindruck, dass Menschen mit einer geistigen Weltsicht sich über alle Völker und Rassen hinweg verstehen können, wuchs von Gespräch zu Gespräch. Das Tagebuch dieser Reise ist in dem Buch *Geheimnisvolles Afrika* veröffentlicht.[4]

Am 10. Februar 1995 verstarb Kofi Edusei, 51jährig, nach kurzer, schwerer Krankheit. Wir eilten nach Afrika, um uns um seine Beerdigung und die Fortführung der Arbeit zu kümmern. Direkt danach schrieb ich folgenden Bericht:

«Wenn ich sterbe, seid unbesorgt»

Beim Ashanti-Volk herrscht ein matriarchales System. Wenn einer stirbt, ist die Familie seiner Mutter für ihn verantwortlich. Im Heimatdorf der mütterlichen Familie ist er zu begraben. Als eine Woche nach Kofis Tod, wie es bei den Ashanti üblich ist, die Familie zusammenkam, um zu beraten, da baten die Häuptlinge der um CRUDOF liegenden Dörfer, man möge doch eine Ausnahme erlauben und Kofi bei ihnen begraben. Die Ältesten der Familie mütterlicherseits berieten und antworteten dann: «Es ist ja nicht klar, ob CRUDOF ohne Kofi weitergeht. Er soll bei uns begraben werden. Ein Fluss kann nur abwärts fließen, so muss ein Toter zurück zu seinem Ursprung.»

Als wir nach drei Tagen im Haus von Kofis Familie ankamen, traf uns ein Bild des Jammers. Seine alte Mutter und seine Schwester waren in tiefer Trauer und auch seine übrigen Verwandten noch wie gelähmt von dem Schrecken. Für sie alle war Kofi Halt und Stütze gewesen. Auch der älteste Mann aus der Familie war anwesend. Als wir ihm unser Anliegen vorgetragen hatten, brach er in Tränen der Rührung aus. Er sah durch unser Kommen, dass auch künftig ihres Sohnes Werk von uns unterstützt würde. Und so sagte er unter

Tränen: «Ich weiß, ihr habt ihn wirklich geliebt. Nehmt seinen Körper, und begrabt ihn, wo ihr es für richtig haltet.»

Am Abend desselben Tages kamen wir zum Center. Die Sonne war gerade im Untergang. Welch traurigen Anblick beleuchteten auch hier ihre letzten Strahlen. Wo einst so frohes Leben war, ist alles verödet und leer. Die Wasserpumpe ist kaputt, die Werkstätten sind verlassen, und die sonst so blühenden Beete sind verkrautet und vertrocknet. Alle waren kopflos geflohen. Wie arm kann die Welt werden durch den Tod eines Menschen!

Wir zünden rasch ein Feuer an, die hereinbrechende Tropennacht zu erhellen und die guten Geister wieder herbeizurufen. Wir brauchen nicht lange zu warten. Schon kommen die ersten jungen Leute aus dem Dorf angerannt, begrüßen uns strahlend. Bald ist das halbe Dorf da, sogar der Häuptling und die Ältesten kommen. Von ihnen werden wir in der rituellen Form begrüßt und willkommen geheißen. Als sie erfahren, dass morgen früh ein Abgesandter von Kofis Familie kommen wird und mit welcher Botschaft, da brechen Freudenstürme aus. Wir wollen ihn doch hier begraben und ihm ein Denkmal errichten!

Anderntags erleben wir eine denkwürdige Versammlung. Eine große Anzahl von Häuptlingen, Ältesten und Würdenträgern kommen mit schwarzen Gewändern zusammen. Durch Trankopfer werden die Geister und die Ahnen gerufen, Kofis Name wird immer wieder genannt. Der Abgesandte der Familie entschuldigt sich förmlich, dass sie nicht gleich der Bitte stattgegeben hätten. Es wird ihm vergeben. Der neugewonnene Friede wird gefeiert, allgemeine Freude und Heiterkeit breiten sich aus.

Abends ist Besprechung mit allen Mitarbeitern im Center. Alle sind einer Meinung: Gleich morgen soll die Arbeit weitergehen.

Es war ein Freitag gewesen, als er starb. Am Mittwoch hatte der Arzt ihm gesagt, dass keine Hoffnung mehr bestünde. Als ihn am Nachmittag dieses Tages eine enge Mitarbeiterin besuchte, sagte er zu ihr: «Wenn ich sterbe, seid unbesorgt. Die Arbeit im CRUDOF wird weitergehen.»

Am Donnerstag kamen noch viele Besucher zu ihm. Er sprach zu ihnen alle tröstliche Worte, versuchte, sie aufzuheitern. Um zehn Uhr abends verabschiedeten sich die letzten, nicht glaubend, dass er sie verlassen würde. Nachts um zwei Uhr kam ein Mitarbeiter, um Kofis Schwester in der Nachtwache abzulösen. Er hörte, wie Kofi die Namen all seiner Mitarbeiter rief. Da er sah, wie schwach Kofi war, fragte er ihn, ob er glaube, sterben zu müssen und wer denn dann die Arbeit weiterführen solle. «God will provide it» (Gott wird dafür sorgen). Das waren seine letzten Worte. Morgens um 6.30 Uhr starb er dann ganz friedlich.

Durch Kofi Edusei ist eine Brücke entstanden zwischen den letzten Resten der Geistigkeit Schwarzafrikas und der neuen Spiritualität Europas. Nun müssen wir sehen, wie auch ohne diese einzigartige Persönlichkeit das Begonnene weiterwachsen kann. Erste hoffnungsvolle Anzeichen gibt es durchaus.

Kofis bester Freund Kwadwo Barnich hat die Fortführung der Arbeit auf sich genommen. Wie Kofi wird auch er weiter durch die Entwicklungshilfefonds der GLS-Bank in Bochum unterstützt.

Im September 1996 besuchten Ute Haas und Richard Drexel Saakrom. Ihr Bericht ist sehr ermutigend. Die Arbeit geht weiter, ja sie erreicht noch größere Dimensionen.

Anmerkungen

1 Die derzeitige Situation ist durch die Unterbringung in Sammelunterkünften und das generelle Arbeitsverbot für Asylbewerber viel schwieriger geworden.

2 Der volle Wortlaut in Kofi Eduseis Buch *Für uns ist Religion die Erde, auf der wir leben,* Verlag Urachhaus, Stuttgart [2]1995.

3 Der Palmwein wird durch Gärung im liegenden Stamm einer frisch gefällten Palme gewonnen (Anm. d. Übersetzers).

4 Dieter Hornemann, *Geheimnisvolles Afrika,* Flensburger Hefte Verlag, 1994.

Aletta Nhlapo / Martin Wiegand

Kindergartenarbeit im Township

Wer Aletta Nhlapo in einer Garage mit rund achtzig Kindern, die sie als Kindergärtnerin betreut, erlebt hat, mitten unter den Wellblechhütten einer Township, rühmt ihr pädagogisches Ingenium, das sich zweifellos aus einer ungewöhnlichen pädagogischen Begabung speist, das aber durch den Kontakt und die Ausbildung in Waldorfpädagogik auch bewusst wird und in den elenden Lebensbedingungen ein Licht der Hoffnung und auch ein Stück Kindheit ermöglicht.

Ich wurde am 7. Juli 1968 in Alexandra, einem von Schwarzen bewohnten Vorort Johannesburgs, geboren. Mein Vater war damals schon 70 Jahre alt, aber so genau weiß das eigentlich niemand. Denn mein Vater kommt aus Swaziland, seine Mutter war eine Geistheilerin, die auch den Regenzauber beherrschte. Damals gab es noch keine Geburtsregister, und als mein Vater viel später einen Ausweis brauchte, schätzte man sein Geburtsjahr auf 1898, weil er sich noch an den Burenkrieg (1899 – 1902) erinnern konnte.

Wie mein Vater meine Mutter kennenlernte, ist eine denkwürdige Geschichte. Mein Vater hatte mit seiner ersten Frau nur einen Sohn, Themba, d.h. Hoffnung. Danach konnte sie keine weiteren Kinder mehr bekommen. Da sah mein Vater im Traum seinen schon lange verstorbenen Vater, der auf ein junges Mädchen im Sportanzug wies und sagte: «Das ist deine Frau!» Vater widersprach: «Was soll ich mit ihr? Sie ist ja noch ein Kind!» Aber sein Vater wiederholte seine Worte mit großem Nachdruck. Mein Vater behielt den Traum für sich. Und zwei Wochen später sah er sie! Sie trug genau den Anzug, den er im Traum gesehen hatte! Jetzt erkannte er sie auch: Sie war die Tochter seines Freundes, die er schon länger nicht gesehen hatte; denn in unserer Kultur ziehen sich die Kinder zurück, wenn Erwachsene zu Besuch kommen. Nun besprach er die Sache mit seiner Frau, die mit einer Heirat einverstanden war, aber die Familie des Mädchens wollte nichts davon wissen. Sie sei doch noch viel zu jung und solle erst mal die Schule beenden. Aber Träume haben für unser Leben eine große Bedeutung und können nicht einfach ignoriert werden. Mein Vater begann, sich heimlich mit Gladys zu treffen. Zunächst war sie dem alten Mann gegenüber schüchtern, aber dann wuchs die Liebe in beiden, und nach einiger Zeit war sie schwanger.

Am 24.2.1960 wurde Bongane (d.h. «Danke», denn mein Vater war so dankbar für einen Sohn) geboren, aber noch immer verweigerte Gladys' Mutter die Zustimmung zur Heirat! Da hatte mein Vater einen glänzenden Einfall: Er kaufte einen wunderschönen Seidenschal und schickte ihn als Geschenk. Erst war Gladys' Mutter nicht einmal bereit, das Paket zu öffnen; aber als sie den Schal sah, kamen ihr die Tränen. Ohne davon zu wissen, hatte mein Vater ihr einen schon lang und heiß ersehnten Wunsch erfüllt! Das Eis war endlich gebrochen, die Brautwerber meines Vaters wurden empfangen und konnten die altehrwürdige Formel sprechen: Wir sind gekommen und bitten um den Krug, der das Wasser vom Fluss holen kann. Mein Vater zahlte zehn Kühe als Brautpreis, und mit ganzen 16 Jahren wurde Gladys seine zweite Frau.

Am 20.10.1964 wurde Jabulane («Freut euch») und am 19.2.1967 Ernest geboren. Vor mir brachte meine Mutter bereits drei Mädchen zur Welt, aber sie starben alle kurz nach der Geburt. Meine Eltern vermuteten Hexerei als Ursache. Als ich geboren wurde, beteten sie, dass ich am Leben bliebe. Sie gaben mir auch den Namen der jüngst verstorbenen Lieblingsschwester meines Vaters, damit sie mich aus der jenseitigen Welt beschützen möge. – Nach mir wurden noch drei weitere Söhne geboren: Linda («Warten»), Pumelani («sich ausruhen», denn mein Vater, der inzwischen 77 Jahre alt war, dachte, dies sei nun sein letztes Kind) und dann noch Simangaliso («Überraschung»), denn meine Mutter merkte erst kurz vor der Geburt, dass sie schwanger war.

Mein Vater hatte eine große Autowerkstatt in Alexandra. Ich liebte ihn innig, mehr noch als meine Mutter. Als Kind spielte ich nicht oft

Aletta Nhlapo

mit anderen Kindern, lieber half ich meiner Mutter zu Hause. Unser Haus war ein solides Ziegelhaus mit zwei Räumen. Im Schlafzimmer schliefen mein Vater und meine Mutter in getrennten Betten, Pumelani und Simangaliso schliefen mit im Bett meiner Mutter, Linda und ich auf dem Boden. In der Wohnküche schliefen meine drei älteren Brüder auf dem Boden. Meine ältere Mutter hatte ein eigenes Haus mit zwei Zimmern nebenan und achtete darauf, dass mein Vater in regelmäßigen Abständen die Nacht bei ihr verbrachte! Ich kann mich allerdings an keinen größeren Streit meiner beiden Mütter zu Lebzeiten meines Vaters erinnern.

Als mein ein Jahr älterer Bruder Ernest zur Schule kam, weinte und bettelte ich so lange, bis man mir erlaubte mitzugehen. 1976 ging ich in die dritte Klasse. Da kamen eines Tages Oberstufenschüler zu uns, riefen alle Schüler zu einer Versammlung und erklärten, sie seien nicht bereit, Afrikaans statt Englisch als Unterrichtssprache zu akzeptieren. Es war der Beginn des denkwürdigen «Schüleraufstands» von Soweto. Am nächsten Tag kamen Schüler angerannt und riefen uns zu, alles liegen und stehen zu lassen und nach Hause zu flüchten. Überall waren Soldaten und Polizei,

Schüsse fielen, Menschen rannten in Panik. Mein Vater schloss die ganze Familie zu Hause ein. In der Nähe brannten die Metzgerei, die «African Beer Bar» und andere Läden.

Als ich nach einigen Tagen wieder zur Schule ging, waren die Fenster und Türen kaputt, andere Schulen und viele Autos waren abgebrannt. Im nächsten Jahr mussten alle Schüler die Klasse wiederholen … – Ich ging gerne zur Schule. Die Lehrer behandelten mich gut, denn sie achteten meinen Vater, weil er seine eigene Werkstatt hatte, zu der sogar Weiße kamen, und er einen großen amerikanischen Wagen mit «Haifischflossen» fuhr. Nur weil ich oft zu spät kam, wurde ich geschlagen. Einmal war der Direktor so wütend, dass er mich auf einen Tisch legte und mir mit seiner Nilpferdhautpeitsche, dem gefürchteten Sjambok, wie wild den Hintern versohlte. Meine Schreie gellten durchs ganze Schulhaus! Andere Kinder wurden viel öfter geschlagen: weil sie ihre Hausaufgaben nicht hatten oder Fehler machten. Normalerweise wurden Mädchen mit einem Stock auf die Hände geschlagen, Jungs auf den Hintern.

Im Juni 1985, als ich die 11. Klasse besuchte, begannen Schülerunruhen, die mein Leben verändern sollten. Der 16. Juni war der 9. Jahrestag der Unruhen von 1976. Ältere Schüler kamen in die Klasse und sagten, wir dürften uns die schlechte Behandlung von den Lehrern nicht länger gefallen lassen. Sie forderten uns zum Boykott der Klassen unseres Direktors auf, der Schüler mit dem Sjambok schlug. So blieben wir alle für zwei bis drei Wochen zu Hause, meine älteren Brüder halfen meinem Vater tagsüber in der Werkstatt.

An einem Donnerstag abend saß ich mit meinen Brüdern und einigen Vettern zusammen, und wir unterhielten uns. Ein kleines Radio spielte moderne afrikanische Musik. Es wurde spät. Irgendwie kamen wir auf Tod und Sterben zu sprechen. Jabulani sagte: «Wenn der Todesengel zu dir kommt und dich ruft, dann stirbst du ganz einfach am nächsten Tag.» Er machte mir Angst mit solchen Reden, und ich bat ihn und die anderen, damit aufzuhören.

Freitag war immer noch keine Schule, und Jabulani half wieder unserem Vater in der Werkstatt. Abends wollte er zusammen mit Ernest und mit einem Vetter und dessen Auto nach Soweto fahren und seine Freundin dort besuchen. Ich hatte Angst, versuchte ihn zurückzuhalten. Hatte der Cousin denn wenigstens Papiere für das Auto? «Ach, mach dir nur keine Sorgen!» war alles, was ich zu hören bekam. In dieser Nacht konnte ich nicht schlafen. Meine Gedanken kreisten, Unruhe und Angst wohnten in meinem Herzen, mir war kalt. – Sehr früh am nächsten Morgen kamen fremde Männer und fragten nach Jabulani. Er war weder in seinem Bett noch sonst irgendwo im Haus. Schließlich gaben sich die Fremden als Polizisten zu erkennen und erzählten, was passiert war.

Das Auto unseres Vetters war gestohlen. Als eine Polizeistreife Jabulani und die beiden anderen anhalten wollte, flüchteten sie. Es gab eine wilde Verfolgungsjagd. Dann fielen Schüsse. Eine Kugel durchschlug den Kofferraum, traf Jabulani, der auf dem Rücksitz saß, im Unterleib und verletzte auch das Rückgrat. Jabulani schrie, er sei getroffen, sie sollten anhalten! Dann wurde ein Reifen getroffen, der Wagen schleuderte und prallte gegen einen Brückenpfeiler. Mein Vetter und Ernest sprangen heraus und rannten davon. Als Ernest jedoch sah, dass Jabulani nicht folgte, kehrte er um. Jabulani starb wenige Stunden später im Krankenhaus.

Es war ein Schock. Es war, als ob die Welt plötzlich ohne Farbe wäre. Jabulani, der jeden Morgen mit mir zur Schule gegangen war, der meine Tasche trug, der mich vor den Jungs beschützte, der mich so oft zum Lachen brachte – Jabulani, mein so innig geliebter Bruder!

Ich ging nicht zurück zur Schule, es ging einfach nicht. Ich wollte niemanden sehen, mit niemandem sprechen. Drei Monate blieb ich so zu Hause.

Auch für meinen Vater war Jabulanis Tod ein schwerer Schlag. Auf einmal spürte er sein Alter – 88 Jahre! Die Arbeit ging ihm nicht mehr so leicht von der Hand, die Werkstatt brachte nicht mehr so viei ein, das Geld wurde knapp. Im Oktober brachte er mich schließlich zu einer Friseurausbildung, und wenig später fand ich Arbeit in einem Salon. Von meinem Einkommen konnte ich die Miete bezahlen und uns ernähren. (Bis vor kurzem war es Schwarzen nicht erlaubt, Hauseigentümer zu sein.)

Im Juli 1987 starb mein Bruder Bongane. Ein Freund (!?) stach ihn während einer Party nieder – ohne irgendeinen erkennbaren Anlass! Ein Onkel von uns wollte den Hintergrund dieses heimtückischen Mordes herausfinden und wandte sich an einen Sangoma, das ist ein traditioneller Heilkundiger, der sich mit Kräutern auskennt, aber auch Geister beschwören kann. Der Sangoma riet ihm, die Freunde unseres Halbbruders Themba zu fragen, was er auch tat. Sie berichteten ihm die schreckliche Wahrheit: Sie hatten gesehen, wie Themba dem Mörder eine größere Summe Geld gegeben hatte – eine Stunde vor dem Mord! Hintergrund war offensichtlich eine Rivalität zwischen den beiden Halbbrüdern um das Erbe der Werkstatt ihres Vaters …

Im gleichen Monat kündigte der Besitzer des Salons, in dem ich arbeitete, allen Angestellten, weil wir eine Lohnerhöhung verlangt hatten. Im September fand ich wieder eine Stelle, diesmal bei einem schwarzen Salonbesitzer. Aber schon im Dezember kündigte ich, weil mein Chef mich mit Anträgen verfolgte. Nun stellte mich eine Filmgesellschaft ein und bildete mich zu einem Mannequin aus. Zum ersten Mal hatte ich ein gutes Einkommen; ich konnte nicht nur meine Familie versorgen, sondern auch noch sparen, denn eines Tages wollte ich zurück zur Schule und meinen Abschluss machen!

Im Juli dieses ereignisreichen Jahres traf ich Judas. Er war ein Klassenkamerad meines Bruders Ernest gewesen. Kurz vor Bonganes Tod hatte er ein Auto in die Werkstatt gebracht, und bei der Beerdigung kamen wir uns näher. Auch Judas war ein Opfer der gewalttätigen Verhältnisse von Südafrika. Im Juni 1976 wollte er seine Mutter vom Markt abholen, wo sie Früchte und einige Haushaltwaren verkaufte für den Lebensunterhalt der Familie. Er war damals 12 Jahre alt und besuchte die 7. Klasse. Plötzlich fielen Schüsse. Alle rannten um ihr Leben. Aus der Deckung einer Hausmauer hielt Judas Ausschau nach seiner Mutter. Er sah sie nicht unter den flüchtenden Menschen. Schließlich ging er zurück, um nach ihr zu suchen. Er fand sie in einer Blutlache. Mit großer Mühe schleppte er die Schwerverletzte in eine Seitenstraße.

Stöhnend bat sie um Wasser. Von einem Hahn in der Nähe brachte er ihr eine Handvoll. Dann ging er, um Hilfe zu suchen. Als er kurz darauf mit einigen Männern zurückkam, war seine Mutter verschwunden! Sie suchten überall. Erst Tage später erfuhren sie die grauenhafte Wahrheit. Ein Militärlastwagen war durch die Straßen gefahren und hatte die Toten eingesammelt. Die Soldaten hatten die Bewusstlose für tot gehalten und sie zu den anderen auf die Ladefläche geworfen! Judas sah seine Mutter zum letzten Mal im Leichenschauhaus … Auch er verkraftete den Schock nicht und ging nicht zurück zur Schule.

Geteiltes Leid verbindet – so wurden wir Freunde. Meine Filmgesellschaft schickte mich wiederholt zu Dreharbeiten ins Ausland (Botswana, Lesotho), manchmal für länger als einen Monat. Das gefiel Judas gar nicht, er wollte eine «Frau, die zu Hause ist». Ich gab schließlich nach und kündigte meine Stelle im Dezember. Etwa in der gleichen Zeit wurde ich schwanger. Seine Eltern zahlten die «Lobola», d.h. den Brautpreis an meine Eltern. Am 9. Mai holte er mich in seine Wohnung, denn nach der Tradition muss das Kind in der Wohnung des Vaters geboren werden, und am 14. August 1988 kam Buyisile Nqenekile zur Welt. Buyisile heißt «Ersatz», zur Erinnerung an meine so früh verstorbenen Schwestern, und Nqenekile bedeutet «Zweifel», denn Judas' Vater bezweifelte, dass unsere Ehe von Dauer sein würde. Leider behielt er recht. Eine Tante von Judas sagte bei jeder Gelegenheit, dass es nie gut gehen würde, und als wir gemeinsam die Wohnung renovierten, kreuzte sie ihre Finger und murmelte eine Verwünschung. Warum sie das tat? Vielleicht sah sie in mir eine «Bessere», die sich auf die Dauer mit einem «einfachen» Mann nicht zufrieden geben würde. Ich weiß es nicht. Die Probleme begannen jedenfalls sehr bald. Judas hatte andere Mädchen und kam abends meistens spät nach Hause. Wenn ich Fragen stellte, schlug er mich und sagte, ich solle abhauen. Zweimal packte ich meine Sachen, aber dann hielt er mich doch zurück. Schließlich wurde es so schlimm, dass wir in getrennten Zimmern schliefen.

Dann kam es zum großen Krach. Judas brachte eines Abends ein 16 Jahre altes Mädchen, Jenny, mit nach Hause. Er besaß die Unverfrorenheit, sich ausgiebig mit ihr vor der Türe zu unterhalten, ohne mich auch nur zu begrüßen oder mir Jenny vorzustellen. Das ging nun wirklich zu weit! Ich ging hinaus und stellte Jenny zur Rede. Sie reagierte pampig. Wir schleuderten uns Beleidigungen an den Kopf. Rasend vor Wut zerrte ich sie ins Haus, verriegelte die Tür und begann Jenny nach Leibeskräften zu verprügeln. Wir kratzten und bissen, während Judas an der Türe rüttelte und schrie, wir sollten aufhören. Dann stieg er durchs Fenster und riss uns auseinander. Er schlug auf mich ein, bis ich am Boden lag, dann trat er mich mit Füßen. Inzwischen hatte der Lärm Nachbarn angelockt, zwei Brüder von Judas und ein Pfarrer brachen die Türe auf und zerrten ihn weg. Ich rannte davon und weinte, weinte, weinte. Mein ganzer Körper schmerzte, aber die Verwundung meiner Seele war noch viel tiefer.

Ich ging zu einer Cousine meiner Mutter und erst spät abends zu meinem Elternhaus. Es war schon Mitternacht, als meine Mutter und ich uns aufmachten, mein Kind zu holen. Wir wurden von Judas, seinem Vater und einigen männlichen Verwandten erwartet. Judas gab zu, dass wir uns gestritten hätten, aber er liebe mich trotzdem, und ich solle bei ihm bleiben. Meine Mutter antwortete: «Das kannst du mir alles ein andermal erzählen, jetzt holen wir nur das Kind.» Erst wollten sie Buyi nicht herausgeben, aber schließlich gaben sie nach. Judas entschuldigte sich bei mir, aber ich wollte nichts hören; unruhig wälzte ich mich auf meiner Decke am Boden. Meine Gedanken kreisten um die Ereignisse des vergangenen Tages und um die Zukunft. Wie würde alles weitergehen, was würde aus Buyi und mir werden?

Zwei Wochen später holte ich meine Sachen und alles, was ich für unseren gemeinsamen Haushalt gekauft hatte. Judas war nicht zu Hause. Später hörte ich, dass er in all den Tagen jeden Abend den Kleiderschrank geöffnet und beim Anblick meiner Kleider zufrieden gelächelt hatte: seine Frau würde zurückkommen! An diesem Abend war er sehr niedergeschlagen. Am nächsten Tag kam er zu mir und brachte Geschenke für Buyi, aber ich wies sie zurück. Buyi war damals 9 Monate alt.

Im März 1990 wollte ich einen Friseursalon in Alexandra eröffnen. Ich hatte ordnungsgemäß einen Antrag bei der ACA («Alexandra Civic Association», die demokratisch gewählte Vertretung der Einwohner Alexandras) gestellt und Räume in einem Wohnblock zugesprochen bekommen. Ich investierte meine ganzen Ersparnisse in die notwendige Ausstattung der Räume: Waschbecken, Steckdosen, Regale usw. Eines Morgens fand ich einen Zettel unter der Türe mit wüsten Drohungen für den Fall, dass ich nicht unverzüglich aus diesen Räumen verschwände. Da mir der Platz offiziell zugesagt worden war, beschloss ich, die Drohungen zu ignorieren. Einige Tage später waren die Handwerker fertig, und ich inspizierte freudestrahlend die Räume! Da stürmten plötzlich drei bewaffnete Männer in den Raum, beschimpften und bedrohten mich. Zu meinem Glück kam einer der Handwerker, ein Zimmermann, noch einmal zurück. Furchtlos und sehr ruhig fragte er die Eindringlinge nach ihrem Anliegen. Das beeindruckte sie, und im anschließenden Gespräch wurde deutlich, dass der Anführer der Gruppe, Rakgetsi, ebenfalls Anspruch auf die Räume erhob. Wir beschlossen, die Streitfrage dem zuständigen Komitee der ACA zur Entscheidung vorzulegen. Zu meinem Unglück war Ragketsi mit der Schwester des Vorsitzenden der ACA verheiratet, und da ich keine vergleichbaren Beziehungen hatte, widerrief der Ausschuss seine frühere Entscheidung und sprach die Räume Ragketsi zu! Ich hatte nun alle meine Ersparnisse verloren und war sehr niedergeschlagen.

Trotz allem hatten diese Ereignisse auch ein Gutes. Der Zimmermann, der mir so unerschrocken beigestanden hatte, entpuppte sich als Priester einer charismatischen Kirche. Er bot mir an, ihm in seiner Werkstatt zu helfen, und erzählte mir dabei viel von Christus. Am 1. Juli 1990 taufte er mich – ich war nun «wiedergeboren». In den nächsten zwei Jahren hatte ich verschiedene Anstellungen, zeitweise war ich arbeitslos. Nebenher arbeitete ich als Freiwillige in einem Altersheim und machte Videos von Veranstaltungen für die «community» von Alexandra.

Im März 1992 starb mein Halbbruder Themba. Er war abends mit Freunden unterwegs, als ein Minibus ihn mit geringer Geschwindigkeit anfuhr. Er fluchte laut. Da hielt der Wagen, eine Gruppe Männer sprang heraus, und sie begannen mit Fäusten und Stöcken auf ihn einzuprügeln. Er fiel, aber seine Angreifer traten und prügelten ihn mit unverminderter Wut, während seine Freunde hilflos zusahen. Schließlich zog einer der Männer eine Pistole und erschoss Themba. Die Gruppe stieg ins Auto und fuhr davon. Keiner von ihnen wurde gefasst.

In dieser Zeit wurde mein Vater pflegebedürftig – mit 92 Jahren! So blieb ich zu Hause, um mich um ihn zu kümmern. Es war an einem Junitag, als das Schreckliche geschah. Ich hatte Essen gekocht und wollte es ihm bringen. Aber er konnte sich nicht mehr aufrichten und auch nicht mehr sprechen – ein Schlaganfall! Ich organisierte ein Auto (Meine Mutter war an dem Tag nicht zu Hause) und brachte ihn ins Krankenhaus nach Johannesburg. Die Schwestern standen nur herum und erklärten uns, sie seien im Streik, wir müssten uns selber um den Kranken kümmern. Während wir sprachen, fiel mein Vater von der Bahre und verletzte sich – es war einfach schrecklich! Ich wechselte seine Kleidung, brachte ihn zum Röntgen und blieb bis zum Abend bei ihm. Er starb drei Tage später.

Nun ging es mir wirklich schlecht. Ich hatte ihn innig geliebt, und jetzt war ich wirklich allein. Mit meiner Mutter gab es ständig Streit, ich hatte weder Arbeit noch Geld und musste deshalb auch Buyi aus dem Kindergarten nehmen. Silvester 1992 war ich an einem absoluten Tiefpunkt angekommen – so konnte es einfach nicht weitergehen! Abends, nach Einbruch der Dunkelheit, machte ich mich auf zum Neujahrsgebet meiner Kirche, das die ganze Nacht dauern würde. Ich musste etwa eine halbe Stunde gehen. Unterwegs traf ich zwei ältere Männer. Sie waren sehr besorgt um meine Sicherheit und boten an, mich zu begleiten. Dankbar nahm ich an, denn natürlich wusste ich auch, wie gefährlich Alexandra bei Nacht war! Ich sah schon die erleuchteten Fenster des Hauses, in dem sich die Gemeindemitglieder zum Gebet versammelten, als sich uns drei Jugendliche näherten. Ich konnte meinen Begleitern gerade noch das Haus zeigen, da wurde ich schon grob am Arm gepackt und meine Begleiter mit gezückten Messern und Drohungen vertrieben. Die drei schleppten mich durch die ausgestorbenen Straßen von Alexandra. Auf meine Fragen, was sie von mir wollten, sagten sie nur: «Das wirst du schon sehen!» Leise fing ich an zu beten. Da tauchten plötzlich Scheinwerfer hinter uns auf, ein Auto kam näher. Meine Entführer wurden nervös und rannten schließlich davon. Aus dem Auto sprangen der Priester und zwei Gemeindemitglieder. Sie waren von meinen freundlichen Begleitern alarmiert worden und uns sofort gefolgt. Ich war gerettet! – Mit welcher Inbrunst ich in dieser Nacht betete! Ich dankte Gott für meine Rettung und bat ihn, mir die Richtung für mein weiteres Leben zu zeigen. Nur er konnte mir einen Ausweg aus meiner hoffnungslosen Lage weisen!

Ich ging von nun an jeden Morgen zum gemeinsamen Gebet, ansonsten war ich zu Hause und wartete auf ein Zeichen. Eines Tages fragte mich eine der anderen Frauen in der Gemeinde, ob ich nicht einen Kindergarten aufmachen wollte. Sie kannte meine Lage und wusste, wie sehr ich Kinder liebte. Ich folgte ihrem Rat und erzählte allen Freunden und Nachbarn von meinen Plänen. Wenige Tage später tummelte sich eine fröhliche Kinderschar bei uns im Wohnzimmer. Ein hoffnungsvoller Start! Doch schon am nächsten Tag kam ein böses Erwachen: Das von mir gut sichtbar angebrachte Hinweisschild war verschwunden! Nichts Gutes ahnend fragte ich meine Nachbarn. Und nun erst erfuhr ich, dass eine meiner Nachbarinnen schon seit einiger Zeit eine Kindergruppe bei sich zu Hause betreute und mit meiner Konkurrenz gar nicht einverstanden war. Was sollte ich tun? Streit mit meinen Nachbarn war das letzte, was ich wollte, und so gab ich traurigen Herzens das so hoffnungsvoll begonnene Projekt wieder auf.

Anteilnehmende Freunde schlugen nun vor, ich sollte doch bei «Baobab» eine richtige Ausbildung zur Kindergärtnerin machen. Ich hatte schon von Baobab gehört. Baobab bot zu der Zeit ein- und zweijährige Kurse zur Waldorfkindergärtnerin und zum Waldorflehrer an. Die Idee war gut, nur war ich inzwischen so mittellos, dass ich weder ein sauberes Kleid noch Seife zum Waschen hatte, ich ernährte mich und Buyi von Almosen. Doch auch dafür fand sich eine Lösung, und wenige Tage später machte ich mich auf den Weg zu einem Interview.

Nach zehn Minuten zu Fuß erreichte ich den Hof zwischen dem Schulhaus von Inkanyezi und den schlichten Baracken von Baobab (inzwischen gibt es einen schönen Neubau). Die Studenten hatten gerade Pause und überschütteten die Neue gleich mit Fragen. «Wo willst du denn hin?» und mit dem Blick auf mein verschlissenes Kleid: «Weißt du denn wie hoch die Studiengebühren sind? 3.600 Rand im Jahr! Wo willst du denn das hernehmen?» Ich war verwirrt von all dem, und meine einzige Antwort war: «Mein Vater wird sich darum kümmern.» Dabei dachte ich an Gott, denn sonst hatte ich ja niemand. Mir wurde geraten, ich sollte mich wegen eines Interviews an Carol wenden. Sie hatte gerade keine Zeit, ich könne jedoch schon am Unterricht teilnehmen, das Interview könnte man ja dann noch nachholen. Auch am zweiten Tag hatte niemand Zeit für mich. Am dritten Tag hatte ich meine erste Musikstunde bei Baobab. Die Lehrerin, Christiane, entdeckte mich und fragte «Wer schleicht sich da heimlich wie eine Maus in die Klasse?» In der Pause setzte sie sich zu mir und half mir, die Fragen auf dem Interviewbogen zu beantworten. Sie setzte sich auch dafür ein, dass Buyi einen Platz in dem Inkanyezi Waldorfkindergarten bekam, obwohl ich nichts bezahlen konnte. Als ich endlich die Zusage erhielt, dass ich hier studieren könnte, und die Gebühren als Darlehen gestundet würden, war ich überglücklich. Endlich hatte mein Leben wieder eine Perspektive !

Bericht von Martin Wiegand

Von Anfang an unterschied sich Aletta von den anderen Studenten. Sie war sehr ernsthaft und hielt sich meist von dem üblichen Klatsch in den Pausen fern. Die wenigen und verschlissenen Kleider, die sie trug, verrieten ihre Armut. Bald wurde auch deutlich, dass sie hungerte, und wir Dozenten brachten ihr immer wieder ein Sandwich mit. Und dann war da die schreckliche Geschichte, dass ihre Tochter Buyi im Alter von zwei Jahren von einem Familienangehörigen vergewaltigt worden war, die starkes Mitgefühl erregte.

Aletta war zielstrebig, bescheiden und überdurchschnittlich intelligent. Als ihre Ausbildung (1 1/4 Jahre) zu Ende ging, sagte ich ihr meine und Christianes Unterstützung zu für den Fall, dass sie einen eigenen Kindergarten aufmachte. Es dauerte neun Monate, bis ihre Familie mit einem Kindergarten im eigenen Haus einverstanden war. Im Januar 1995 war es dann so weit. Innerhalb weniger Wochen spielten und krakelten etwa 70 fröhliche Kinder (vorübergehend waren es über 90!) in den zwei kleinen Räumen und auf dem Hof vor dem Haus. Die jüngsten waren erst ein, die ältesten sechs Jahre alt! Das tägliche Programm beinhaltete freies Spiel (einige Spielgeräte wurden im Laufe der Zeit gespendet), Verschen, Lieder und Reigenspiele, Frühstück und Mittagessen, aber auch Mittagsschlaf, Windelnwechseln und «Toilettenroutine». Die Mutter half tüchtig mit, aber sehr bald musste Aletta erst eine und später noch eine Hilfe einstellen. Daneben wird sie von einem sehr aktiven Elternkommitee unterstützt.

Natürlich gab es auch viele Schwierigkeiten. Mehrmals verschwand eine der Hilfen von heute auf morgen ohne Vorwarnung, Eltern zahlten ihre Beiträge nicht (ca. DM 30.– incl. Mahlzeiten), und da natürlich erst die Essenseinkäufe und die Hilfen bezahlt werden mussten, standen Aletta und ihre Mutter oft ohne einen Pfennig da. Aber sie gaben nicht auf. Im Dezember 1995 feierten sie ein großes Fest: Weihnachten und Verabschiedung der ältesten Kinder (Schulbeginn im Januar). Alles war hervorragend geplant und lief größtenteils wie am Schnürchen – in Südafrika und speziell im Township keineswegs selbstverständlich! Die Kinder sangen und spielten, unter anderem ein Weihnachtsspiel, und führten traditionelle Tänze auf. Es gab die üblichen Ansprachen, und Christiane wurde mehrfach gebeten, zu singen und Gitarre zu spielen, um Umzugspausen der Kinder zu überbrücken – besonders ein gefühlvolles Duett mit Aletta trug ihr anhaltenden Applaus ein! Als Höhepunkt übergab ich dann als Ehrengast den älteren Kindern – in schwarze Roben mit «Doktorhüten» gekleidet – ihre Entlassungsurkunde; ein absolutes Muss in schwarzen Kindergärten! Zum Abschluss gab es ein umfangreiches Buffett, von den Eltern mit viel Liebe vorbereitet. Unter den Gästen waren auch Vertreter der deutschen Botschaft (für sie hatten wir extra Polizeischutz organisiert). Sie waren von Aletta und ihrer Arbeit so beeindruckt, dass sie ihre Unterstützung zusagten. Und gerade (Mai 1996) haben wir eine Zusage über DM 10.000 von ihnen erhalten. Davon will Aletta ein einfaches Kindergartengebäude bauen …

Begegnung mit der Anthroposophie aus einer uralten Kultur heraus

Interview von Stefan Leber mit Aban Bana

Es liegt sicher zwei Jahrzehnte zurück, als ich während eines Besuches in Dornach am Goetheanum an der dortigen Pforte mit einer zierlichen Inderin in ein kurzes Gespräch kam. Ein Jahrzehnt später, bei einem Besuch in der Rudolf Steiner-Schule in London, konnten wir, eine kleine Gruppe von Waldorfpädagogen, an dem temperamentvollen, von innerer Bewegung sprühenden Unterricht einer achten Klasse eben dieser Inderin teilnehmen, Aban Bana. Sie lebt inzwischen wieder in Indien und ist dort als Publizistin und Reiseführerin tätig und bestrebt, sich in dem riesigen bevölkerungsreichen Land für die Gründung fundierter Waldorfschulen einzusetzen und dort vorhandene Initiativen zu unterstützen. Im Zusammenhang mit einer Vortragsveranstaltung, wo sie über die Lage in Indien berichtete, entstand das nachfolgende Interview.

Aban Bana, können Sie etwas über Ihre Herkunft erzählen?

Ich komme aus Indien. Indien ist ein großes Land mit neunhundertsechzig Millionen Einwohnern, dazu kommen sehr viele verschiedene Sprachen und Religionen. Ich bin selbst in der Religion von Zarathustra geboren; mein Vater gehört zu der Priesterklasse der Zarathustra-Religion, und insofern haben wir – meine Schwester, mein Bruder und ich –, als wir noch Kinder waren, sehr viel von unserer Religion zu Hause mitbekommen. Dazu haben unsere Eltern uns eingeschult in den besten Schulen in Bombay. Bombay ist meine Heimatstadt. Als ich noch ein Kind war, gab es etwa drei Millionen Einwohner; heute gibt es fünfzehn Millionen Einwohner in Bombay. Die Stadt gehört zu den fortschrittlichsten in Indien, wir haben da auch sehr gute Schulen. Das Schulsystem, das wir haben, kommt zum Teil auch von England. Wir drei Kinder waren dann alle in drei verschiedenen englischsprachigen Schulen. Es ist in Indien so, dass, wenn man eine solche englischsprachige Schule besucht, man von vornherein einen guten Start im Leben in puncto Beruf und Weiterbildung hat. Ich war dann, wie gesagt, in einer solchen Schule – Queen Mary – und habe mit vier Jahren Schreiben und Lesen gelernt. Heute ist es aber so, dass die Kinder das Schreiben und Lesen bereits mit zweieinhalb oder drei Jahren lernen (an allen diesen sogenannten fortschrittlichen Schulen).

Aban Bana

Und sie haben keinen Schaden an Leib und Seele bei einer derartigen Verschulung der Kindheit genommen?

Ich denke, der Grund, warum wir noch nicht Schaden an Leib und Seele nehmen, ist erstens: Die indischen Kinder haben sehr starke ätherische Kräfte, und man schafft sehr viel aus dem Ätherischen heraus. Der zweite Grund ist, dass die Familien in Indien noch ziemlich heil sind; die Kinder gehen nach Hause zurück zu einem Großfamilien-Zusammenhang und werden dann im Haushalt gut behütet. Aber die Frage ist: Wie lange noch können wir aus diesen Möglichkeiten schöpfen? Und wie lange warten wir noch, bis dann eine Erziehung zu uns kommt, die wirklich kindergemäß ist und nicht so intellektuell betont, wie wir es gewöhnt sind.

Können Sie zu Ihrer Sprache etwas sagen? War es Hindi oder eine andere Sprache? Wenn Ihr Vater der zarathustrischen – wenn ich richtig weiß, ist das parsisch – Religion zugehörte, welche Sprache haben die Parsen?

In Indien haben wir siebzehn Hauptsprachen und ganz viele Dialekte, hunderte von Dialekten. Wir in Bombay haben auch die

Staatssprache Marâthî, die wir einfach lernen müssen, weil sie zum Staat gehört; dazu sprechen wir zu Hause Gudscharâti, das ist eine indische Sprache des Staates Gudscharât, und die meisten Menschen, die zu der Zarathustra-Religion gehören, sprechen dann zu Hause auch Gudscharâti; außerdem ist es auch so, dass man Hindi lernen *muss,* denn Hindi ist die Nationalsprache. Es soll eigentlich eine Art Verbindungssprache sein, deshalb lernt man in der Schule immer Hindi, egal zu welchem Gebiet man gehört. Natürlich lernen wir sowieso Englisch in der Schule, denn das ist die Unterrichtssprache, und damals, als ich in der Schule war, haben wir die Wahl gehabt zwischen Parsisch und Französisch. Das war eine Schule, die sehr viel angeboten hat. Mein Vater hat vorgeschlagen, dass ich doch Parsisch lerne, denn Parsisch ist eben eine Sprache, die für die Zarathustra-Religion auch eine Hilfe ist. Allerdings sind die Schriften der Zarathustra-Religion in der Avesta-Sprache niedergeschrieben, das ist eine Schwestersprache zu Sanskrit. Sanskrit habe ich dann auch später gelernt, aber dann nicht in der Schule, sondern für mich mit einem Privatlehrer. Wenn man also in eine höhere Schule in Indien geht, lernt man vier bis fünf Sprachen innerhalb der Schulzeit, weil es einfach zum Leben gehört, dass man in Indien mehrere Sprachen spricht, um sich zu verständigen.

Können Sie etwas über die Religion der Parsen sagen? Was ist das Entscheidende, und wie unterscheidet sich das wiederum vom Hinduismus, der doch wohl die vorherrschende Religion in Indien ist?

Der Hinduismus ist die Hauptreligion Indiens, und sie hat einen ganz besonderen Charakterzug: Sie ist sehr, sehr tolerant und aufnehmend und assimilierend. Deshalb ist es überhaupt möglich, dass acht verschiedene Weltreligionen in Indien überhaupt leben können.

Die Religion, die zu mir gehört und zu der ich gehöre, ist die Zarathustra-Religion. In ganz Indien gibt es nicht mehr als schätzungsweise 50.000 Menschen, die zu dieser Religion gehören. Sie konzentrieren sich hauptsächlich in der Stadt Bombay. Diese Religion unterscheidet sich natürlich von der Hindu-Religion insofern, als wir eigentlich nicht Tempel haben, sondern Feuertempel. Wir beten das Feuer an, weil es das Symbol von Ahura Mazdao ist. Ahura Mazdao ist der Geist der Sonne, und die Sonne und der Geist der Sonne und der Weisheit sind eigentlich das Zentralthema unserer Religion. Das Feuer auf der Erde ist ja wesensverwandt mit der Sonne. In unserem Feuertempel haben wir das heilige Feuer. Was sehr wichtig in unserer Religion ist, das ist das Arbeitsethos. Es ist so, dass die Anhänger der Zarathustra-Religion alle gebildet sind, das heißt, es gibt hundert Prozent Bildung in unserer Religionsgemeinschaft – es gibt keine Analphabeten –, und außerdem ist es auch so, dass es zum Religionsethos gehört, dass man wirklich arbeitet, auch wenn man eine Arbeit nicht besonders gern macht, aber dass man arbeitet, um Geld zu verdienen, damit man nicht auf Spenden oder irgendwelche karitativen Möglichkeiten angewiesen ist. Es ist auch so, dass die Religion eigentlich jede Tätigkeit sehr stark unterstützt, dass die Welt eigentlich da ist, um ihr zu begegnen, dass die Erde da ist, um umgearbeitet zu werden – also der Mensch muss in der Welt tatkräftig leben.

Wir haben dann auch eine Zeremonie: Wenn wir sieben oder neun Jahre alt sind, haben wir eine Einweihungszeremonie – ein bisschen wie die Konfirmation bei den Christen. Das Kind bekommt ein Hemd, das man *Sudere* nennt, und eine Schnur, die man *Gusti* nennt, das sind die Symbole der Zarathustra-Religion. Man muss dann diese zwei Dinge immer tragen; natürlich muss man es auswechseln, aber man muss dann immer ein Sudere und ein Gusti tragen bis zum Ende des Lebens.

Es ist auch so, dass wir sehr viele Zarathustra-Religionsfeste feiern; wir haben dabei jeweils Zeremonien. Aber im Zentrum steht die Reinhaltung der Elemente und der eigenen Person; das Sich-Waschen, das Reinhalten der Umgebung, das ist in der Zarathustra-Religion sehr wichtig. Die Zarathustra-Religion ist auch eine ökologische Religion: Man sorgt dafür, dass die Natur, die verschiedenen Elemente reingehalten werden. Daher kommt auch diese ganz geheimnisvolle Bestattungszeremonie: Wenn der Mensch stirbt, muss die Leiche sozusagen aufgezehrt werden, damit sie nicht die Elemente beschmutzt. Eine Kremation gibt es also bei uns nicht, weil man sonst mit der Leiche, die eigentlich zu Ahriman gehört, das Feuer beschmutzen würde. Und im Wasser oder in der Erde kann man die

Leiche auch nicht begraben, weil diese dann das Wasser oder die Erde beschmutzen würde. Man bringt also die Leiche zum Turm des Schweigens, den wir in Bombay und in anderen Orten Indiens haben, und dort wird die Leiche sozusagen zur Natur gestellt, was man *sky-burried* nennt; dann kommen die Geier und die anderen Raubvögel, und sie verzehren die Leiche. Insofern bleiben dann nur noch die Knochen übrig, und diese werden dann beseitigt.

Ihr Vater war Priester, sagten Sie, er vollzieht also die Riten in der parsischen Religion.

Nein, er ist nur Zugehöriger der Priester-Kaste von Geburt, aber er ist kein praktizierender Priester.

Wenn ein parsischer Priester praktiziert, hat er auch noch einen weltlichen Beruf, womit er den Lebensunterhalt verdient, oder ist er ausschließlich mit der Religion beschäftigt?

So ein Parsi-Priester kann entweder vollberuflich Priester sein oder auch teilberuflich. Das liegt an ihm und auch an der Art, wie er sich finanzieren kann. Denn die Priester müssen alle heiraten, und man erwartet, dass sie auch Kinder haben. Das ist eigentlich eine sehr wichtige Angabe der Zarathustra-Religion: Um die Welt weiterzubringen und zu entwickeln, müssen die Menschen Kinder bekommen, und das gilt besonders bei den Priestern. Es gibt zum Beispiel gewisse Zeremonien in der Zarathustra-Religion, die man nur ausführen darf, wenn man verheiratet ist und Kinder hat; als lediger Mann kann man diese Zeremonie nicht durchführen. Allerdings muss man hier sagen: Die Priester haben dann eben die Möglichkeit, in dem Feuertempel zu arbeiten und dann auch innerhalb der Gemeinde zu praktizieren. Aber bei uns gibt es nur männliche Priester; wir haben keine Priesterinnen.

Als ich klein war, wäre ich sehr gerne Priesterin geworden, aber weil ich eine Frau bin, war das nicht möglich. Aber das hat sich als sehr gut erwiesen; denn wenn ich ein Priester geworden wäre, wäre ich nicht zur Anthroposophie gekommen.

Im Hinduismus spielt ja der Reinkarnationsgedanke eine gewisse Rolle, wenn auch nicht in reiner Form, weil auch Vorstellungen einer Tierinkarnation vorkommen. Wie sieht es da im Parsentum aus?

In der Zarathustra-Religion gibt es eigentlich zwei Gruppen von Menschen. Die eine Gruppe sagt: Es gibt keine Reinkarnation und kein Karma. Sie hat eine ähnliche Auffassung wie in der konfessionellen christlichen Religion. Dann gibt es eine andere Gruppe von Zarathustra-Anhängern, die sagen: Es gibt Reinkarnation und Karma. Sie deuten auf gewisse Passagen in den heiligen Texten hin, womit sie das, was sie da sagen, unterstützen können. In den Schriften der Zarathustra-Religion gibt es schon gewisse Anweisungen, die man interpretieren könnte als Gedanken, die Reinkarnation und Karma unterstützen. Allerdings ist es dann nicht so ausgedehnt, dass man wirklich auch die ganze Art von Reinkarnation und Karma erklären würde. Es ist nur eine kleine Andeutung, und wenn man das entziffern kann aus den Schriften, dann kann man sagen: Ja, es gibt die Gedanken von Reinkarnation und Karma, aber es ist nicht so ausgestaltet wie in der Hindu-Religion, wo es genau steht, wie und wann man sich wieder inkarnieren wird, wenn man das oder jenes getan hat oder nicht getan hat.

Können Sie noch etwas zu Ihrer eigenen weiteren Ausbildung erzählen? Wie ist Ihr Lebensweg nach der Schule weitergegangen?

Nach der Schule habe ich mich eine Zeit lang in Indien ausgebildet, dann habe ich zusammen mit meiner Schwester beschlossen, ins Ausland zu gehen, um weiterzustudieren. Ausgebildet heißt, ich habe den Schulabschluss gemacht; das ist schwer zu vergleichen mit dem Abitur, aber ich würde sagen, mit der gesamten Schulausbildung bin ich bis zum Abiturabschluss gekommen, wenn man das vergleicht. In dieser Zeit war meine Schwester mit ihrer Universitätsausbildung fertig. Ich bin die Mittlere, unser Bruder ist der Jüngste.

Wir haben dann gedacht, es wäre sehr gut, wenn wir ins Ausland gehen, um dort zu studieren. Natürlich waren unsere Eltern nicht ganz begeistert von dieser Idee, dass zwei ihrer drei Kinder ins Ausland gehen wollten, um zu studieren. Ich wollte es unbedingt. Ich wollte ursprünglich Architektur studieren. Deshalb bin ich nach Wien gefahren mit meiner Schwester, und wir haben angefangen, dort Deutsch zu lernen. Dann kam es auf gewissen Umwegen so, dass meine Schwester sich einmal während einer Ferienzeit auf einem Bauernhof im Südschwarzwald in der Nähe von St. Blasien, in Urberg, aufgehalten hat. Sie hat dort ein Bild von Rudolf Steiner an der Wand gesehen und wollte gerne wissen, wer das ist. Von den Menschen auf diesem Bauernhof hat sie erfahren, dass das Rudolf Steiner sei; kurz darauf hat sie eine Dame kennen gelernt, die meine Schwester zum Goetheanum gebracht hat. Diese Dame hatte meine Schwester in Urberg kennen gelernt und dann nach Dornach eingeladen. Meine Schwester sah das Goetheanum und war sofort begeistert. Ich bin dann auch zum Goetheanum gekommen, der Funke sprang auch auf mich über. Nun wussten wir, warum wir diesen Weg nach Europa gemacht hatten!

Allerdings muss ich sagen, wenn wir das Bild von Rudolf Steiner und das Goetheanum und die Menschen und alles nicht angetroffen hätten, wenn wir die Anthroposophie stattdessen in Indien kennen gelernt hätten, wäre der Kontakt nicht der gleiche gewesen; vielleicht wären wir gar nicht dazu gekommen.

Ich habe angefangen mit dem Pädagogischen Seminar am Goetheanum, anschließend studierte ich Eurythmie. Danach unterrichtete ich eine Zeit lang in der Basler Rudolf-Steiner-Schule Eurythmie. Schließlich kam ich nach Indien zurück, habe dort verschiedene Arbeiten gemacht, zum Beispiel auch immer wieder für Zeitungen geschrieben – ich bin also sozusagen freiberufliche Journalistin –, ferner Reiseleitungen übernommen. Ähnliches habe ich während meiner Studienzeit auch in Dornach gemacht, aber ich bin natürlich in erster Linie Lehrerin. Eurythmistin bin ich auch, aber pädagogische Eurythmistin.

Seit vielen Jahren bin ich nun wieder in Indien zurück. Wie Sie wissen, habe ich die Klassenführung bis zur achten Klasse in London gehabt.

Von der ersten bis zur achten Klasse?

Es war nicht eine erste Klasse, sondern als die Schule anfing – wir haben ja die Schule mitbegründet –, waren zwei, eigentlich drei Gruppen von Kindern da: Kindergarten, erste Klasse, und zufällig waren auch ganz viele Kinder von der Altersgruppe zweite Klasse da. Da habe ich die zweite Klasse bekommen und diese von der zweiten bis zur achten Klasse geführt – insofern nur sieben statt acht Jahre.

Aber ich wollte das einmal gemacht haben, weil ich dachte, wenn ich dann eines Tages wieder in Indien lebe, dann habe ich wenigstens die Erfahrung einer Klassenführung und kann dann besser aus der eigenen Praxis heraus darüber sprechen.

Jetzt leben Sie wieder in Indien. Wovon bestreiten Sie Ihren Lebensunterhalt?

Es gibt verschiedene Möglichkeiten für mich, denn ich bin Freiberufler. Zuerst einmal bekomme ich bezahlt, wenn ich einen Zeitungsartikel schreibe oder wenn ich eine Reiseleitung mache. Dann habe ich dazu immer wieder die Möglichkeit, einzuspringen, wenn eine Deutschlehrerin im Goethe-Institut fehlt, wenn ich gerade in Bombay bin. Meine Schwester, die sieben Monate in Arlesheim als Heileurythmistin arbeitet und fünf Monate in Indien, hilft auch finanziell, denn sie verdient ja in der Schweiz; dann kann sie in Indien mit diesem Geld auch sich und mich unterhalten. Neuerdings, seit drei Jahren, mache ich Vortragsreisen. Dieses Jahr ist es die längste und die intensivste Vortragsreise. Dann bekomme ich natürlich für meine Vorträge auch Honorar. Diese Gage ist eine Unterstützung für meine Arbeit in Indien. Denn wenn ich zu den verschiedenen Orten in Indien fahre, sind viele davon gar nicht in der Lage, mich irgendwie finanziell zu unterstützen. Ich bekomme natürlich Unterkunft und Verpflegung bei ihnen, aber so richtig unterstützen können sie mich nicht, und das verlange und erwarte ich auch nicht.

Wenn ich das richtig sehe, liegt ja im indischen Leben auch eine solche Gliederung – hierarchisch strukturiert – vor in den Kasten. Wie sehen Sie das? Wie ist die Auffassung gegenüber den Kasten? Gibt es da rassistische Züge? Wenn ich bei Ihnen das richtig verstanden habe, gibt es im Parsentum, im Zarathustrismus, offenbar auch eine gesellschaftliche Strukturierung – Priesterfamilien und andere Familien, die eine steht höher, die andere niedriger. Wie darf man das verstehen?

Dieses Kastensystem ist wirklich ein rassistisches Gebilde, und zwar kam es eigentlich erst mit den indogermanischen Völkern nach Indien. Denn bevor diese Einwanderung begann – erst durch die Völkerwanderung kamen ja die indogermanischen Völker nach Indien –, lebten in Indien die Urbevölkerungsgruppen. Das waren natürlich auch verschiedene Gruppen von Menschen, die Waldbewohner, die Bergbewohner, die Fischervölker und einfache Menschen, die schon seit Jahrtausenden in Indien gelebt hatten. Sie gehörten zu verschiedenen Völkergruppen, sie haben ihre frühere Lebensart weiter behalten – je nach Gruppierung. Dieser Unterschied nach Kasten war ursprünglich nicht vorhanden. Erst etwa 2000 v. Chr. oder 1500 v. Chr. mit der Völkerwanderung aus dem Nordwesten, sie wird die «arische Völkerwanderung» genannt oder die «indogermanische Völkerwanderung», kam es zur Bildung von Kasten, verbunden mit einer gewissen Weltanschauung, die in Indien zunächst nicht vorhanden war. Die Einwanderer kamen in das Land, und sie haben dann die Urbevölkerung als eine Gruppe von Menschen betrachtet, die niedriger standen; sie hatten die Auffassung, dass die Urbevölkerung, weil sie eine andere Art des Lebens hatte, eine andere Weltanschauung pflegte, minderwertiger sei als die Eroberer. Es hat auch damit zu tun, dass die Urbevölkerung viel dunkler und kleiner gewachsen war. Die Menschen, die mit der Völkerwanderung kamen, waren stärker gebaut, hellhäutiger. Sie brachten eben dieses Kastensystem mit sich. Das Kastensystem besteht also erst seit der vedischen Zeit.

Können Sie diese Kasten auch kurz benennen?

Das Wort Kasten kommt aus dem Portugiesischen und heißt soviel wie Rasse. Im Grunde genommen gibt es vier Hauptkasten; wir nennen das in der Sanskrit-Sprache Varna. Diese Varna ist eigentlich eine Unterteilung in erster Linie nach den vier großen Berufsgruppen, es ist also mehr auf dem Beruf aufgebaut. Dazu kommt aber auch die Frage der Kaste, denn das Wort Varna kann auch «Farbe» heißen. Es wird gesagt, dass die vier Kasten aus den vier verschiedenen Teilen von Brahma, dem Schöpfergott der Hindu-Religion, entstanden sind.

Die höchste Kaste ist die Kaste der Brahmanen oder der Brahminen; das sind die Pfleger der Weisheit, es ist die denkende Bevölkerung, also die Priester, die Lehrer, die Astrologen und so weiter. Diese Menschen stammen aus dem Kopf von Brahma, und sie gehören zu der Farbe Weiß.

Dann kommt die zweite Kaste, das ist die Kaste der Ksatriya. Das sind die Ritter, die Administratoren, die Fürsten, die Landbesitzer, die Maharadschas und so weiter. Zu ihnen gehört die Farbe Rot, und es wird in den Schriften gesagt, dass sie aus den Armen des Brahma entstanden sind.

Die dritte Kaste ist die der Händler, Bauern und der Gewerbetreibenden, das sind die Vaisya, ihnen wird die Farbe Gelb zugeordnet. Sie sind entstanden aus den Eingeweiden von Brahma – Stoffwechsel. Sie haben auch sehr viel mit dem Stoffwechsel zu tun im sozialen Bereich.

Zum Schluss kommt als vierte Kaste die der Sudra; für sie ist die Farbzuteilung Schwarz, und das ist die eigentlich arbeitende Kaste, die die Schwerarbeit macht. Diese stammen aus den Beinen von Brahma.

Es gibt aber eine fünfte Menschenschicht, eine ganz verachtete – das sind die out-cast, die man Paria (Unberührbare) nennen kann. Das ist die Gruppe, die eigentlich nicht zu diesen vier Gruppen gehört, das sind die Menschen, die – wie man auf Deutsch sagen würde – die Dreckarbeit machen; sie beseitigen den Müll, sind Totengräber, Leichenwäscher, sie putzen die Toiletten und so weiter. Sie werden dann auch dementsprechend behandelt. Sie dürfen nicht innerhalb des Dorfes leben, sondern nur außerhalb, sie durften nicht einmal von dem Dorfbrunnen Wasser schöpfen, sondern sie mussten warten, bis jemand kam und das Wasser ausschöpfte. Die Verhältnisse waren sehr schlimm – damals und zum Teil auch heute noch.

Man kann sehen, dass diese Unterteilung in Kasten wirklich rassistische Züge trägt, denn man schaut auf die Farbe, man schaut auf die Berufsgruppe, und man unterscheidet diese Menschen nicht nebeneinander, sondern untereinander, sie werden hierarchisch geordnet. Wobei vielleicht genauer zu sagen ist: In den Kasten gibt es ein Höher und Niedriger, die Kasten stehen nebeneinander, aber sie sind auch in sich gestuft, unter allen stehen die Parias. Ich glaube, in den ursprünglichen Zeiten war diese Menschenordnung eine des Nebeneinander. Aber nach und nach hat sich das verschoben.

In eine Kaste wird man hineingeboren, und da gibt es kein Entkom-

men. Oder kann man sich hocharbeiten. Im Kapitalismus kann man – dem Mythos nach – ja vom Tellerwäscher schließlich Präsident der USA werden. Ist so etwas möglich, dass einer von einer niedereren Kaste in eine höhere aufsteigt?

Nein, das ist eigentlich überhaupt nicht möglich. Man kann nur in eine Kaste geboren sein. Aber Reinkarnation und Karma spielen hier eine sehr große Rolle. Man sagt: Es macht nichts, wenn du in einer niederen Kaste in diesem Leben geboren bist, wenn du aber gute Taten verrichtest, dann wirst du in deinem nächsten Leben in eine höhere Kaste kommen, und umgekehrt: Wenn deine Taten böse sind, dann fällst du zurück in eine niedrigere Kaste als in diesem Leben. Es ist natürlich ausgeschlossen, in einem Leben die Kaste zu wechseln, in sie wird man hineingeboren. Allerdings ist es durch die Ehe möglich, dass die Frau, falls sie aus einer niedrigeren Kaste kommt und sich mit einem Brahmanen vermählt, sich zur Brahmanen-Frau zählen kann. Aber wenn eine Frau aus einer höheren Kaste einen Mann aus der niederen Kaste heiratet, dann sinkt sie auch dementsprechend im Kastensystem.

In Ihrer Verfassung ist ja das Kastenwesen abgeschafft. Gilt das auch in der sozialen Realität?

Nein, ich muss sagen, die indische Regierung hat natürlich in der Verfassung das aufgeschrieben, dass man dieses Kastensystem nicht haben sollte, aber in der Realität ist es in vielen Gebieten Indiens nach wie vor absolut sozial wirksam.

Kommen wir zur Frage der Überwindung solcher Gegensätze. Die geistige Anschauung der Anthroposophie besteht ja darin, dass es beim Menschen auf sein innerstes Wesen, auf das Ich ankommt und dass die Körperlichkeit eigentlich nur Hülle, Schale ist. Bei Rudolf Steiner gibt es Dutzende von Stellen, wo er sagt: Die Rassen sind überlebt. Hat bei Ihrem durchaus ausgedehnten Studium der Anthroposophie irgendwann dieser Gedanke der Rasse eine Rolle gespielt? Ist er Ihnen begegnet oder als bedeutungsvoll erschienen?

In meinem Studium habe ich mich in erster Linie auf die Grundwerke von Rudolf Steiner beschränkt und natürlich auf die pädagogischen Werke, denn das sind die Dinge, die mich am meisten interessiert haben. Ich muss sagen, ich bin diesen Stellen nicht begegnet, von denen man bei den Rassismus-Vorwürfen spricht und die man dann auch zitiert. Meine Begegnung mit den Werken von Rudolf Steiner war durchaus positiv, insofern, als ich die Grundwerke von ihm gelesen habe; diese würde ich in keiner Weise irgendwie als rassistisch bezeichnen. Zum Beispiel die Vorträge *Der Mensch als Zusammenklang des schaffenden, bildenden und gestaltenden Weltenwortes:* Da sind Sachen drin, die sehr einleuchtend sind, einfach für mich persönlich, für mein Studium. Ich finde sehr interessant, was er über die heilige Kuh sagt und warum die Inder die Kuh heilig finden und so weiter und so fort. Insofern bin ich in meiner Studienzeit wirklich nur Positivem in den Werken von Rudolf Steiner begegnet. Ich bin immer weiter in die Anthroposophie hineingekommen, weil ich die Werke von Rudolf Steiner eigentlich so unendlich menschlich fand; er spricht immer von Menschheit, vom Menschenwesen, von dem universellen Menschen. Natürlich, wenn er dann von dem urmenschlichen Prinzip spricht, ist das dann der Mensch an sich, egal, zu welcher Gruppe oder Kaste oder Klasse oder Farbe er gehört. Insofern möchte ich sagen: Mein eigenes Studium der Anthroposophie war immer damit verbunden, dass das Menschenbild durchaus ein universelles und ein positives Menschenbild ist. Auch wenn ich dann die *Pädagogischen Vorträge* zu Hilfe nehme und sehe, wie Rudolf Steiner über die Kindesentwicklung spricht. Er spricht über das Kind per se, nicht von einem schwarzen Kind oder einem weißen Kind oder einem grünen. Man sieht ja, dass etwas da ist an diesem göttlichen Funken, dass das Menschliche in den Menschen sich entfalten kann auf verschiedene Weisen; das ist eben unabhängig von der Rasse, zu der ein Mensch gehört.

Nun hängt dieser Kerngedanke Rudolf Steiners, der auf den *Menschen, auf* das *Menschheitliche hinschaut, auf das Menschheitskind, mit dem Wesen zusammen, das in der Überlieferung der Christus genannt wird. Christus als der Menschheitsgeist, der dann die Erlösungstat vollzog. Sie haben sicher im Werk Rudolf Steiners auch die Christologie etwas kennen gelernt. Wie verträgt sich das jetzt mit Ihrem zarathustrischen Verständnis? Mussten Sie da Abstriche machen? Gab es Kollisionen?*

Oder hat es sogar Ihr Verständnis Ihrer Religion bereichert?

Ich habe niemals einen Konflikt erlebt, das muss ich ganz dezidiert sagen, denn ich bin in der Zarathustra-Religion geboren und ich habe dann auch die Vorträge gelesen, die Rudolf Steiner über Zarathustra gehalten hat – das ist ganz einleuchtend. Ich bin zwar nicht Christ als getaufter Christ, ich bin kein konfessioneller Christ, aber ich sage, ich bejahe alles, was über die Christologie in der Anthroposophie geschrieben ist. Ich habe diese Werke gelesen und habe diese Gedanken zu meinen eigenen gemacht. Ich stehe also ganz zu diesen Gedanken, weil das auch die Gedanken sind, die ich selber denke. Für mich ist die Christologie Rudolf Steiners eine Realität geworden; ich kann das sehr gut nachdenken und nachempfinden. Es macht auch die Entwicklung der verschiedenen Religionen viel verständlicher. Ich sehe die Religionen als berechtigt für ihre Zeit und für ihren Raum. Ich würde zum Beispiel nicht sagen, ich gebe meine Religion auf, einfach weil ich zum Christentum im Sinne Rudolf Steiners Ja sage. Ich bin meiner Religion treu, ich bin in der Zarathustra-Religion geboren, und ich werde in der Zarathustra-Religion sterben, denn es muss einen Grund geben, warum ich mich gerade in dieser Religion inkarniert habe. Deshalb ist die Zarathustra-Religion zu mir gehörend. Aber das heißt nicht, dass ich das andere ausschließe; es verträgt sich das ganz gut. Ich kann das Christentum als Mysterium oder als ein Ereignis in der Zeitenwende und als ein Menschheitsereignis verstehen, wo der Sonnengeist auf der Erde als Christus in Jesus gelebt hat, von der Johannes-Taufe bis zum Mysterium von Golgatha. Ich sehe darin keinen Konflikt zu meiner Religion, in die ich hineingeboren bin, das eine ergänzt das andere.

Sie können durch die Anthroposophie also durchaus Ihre Zarathustra-Religion noch viel stärker annehmen, als wenn sie sie nicht hätten?

Ja, durchaus. Ich habe sehr viele Einsichten in meine eigene Religion durch die Anthroposophie bekommen, die ich ohne sie wahrscheinlich nicht gehabt hätte. Ich weiß, dass Rudolf Steiner die Möglichkeit hatte, die übersinnliche Welt wahrzunehmen, und er hat durch seine eigene Geistesforschung und durch seine Werke Realitäten zugänglich gemacht für die Menschen, die sich damit beschäftigen wollen. Ich kann nur von mir sprechen. Ich jedenfalls hätte das, was Steiner gebracht hat, für mich niemals wahrnehmen können, weil ich diese Geistesschau nicht habe. Deshalb bin ich unendlich dankbar, dass wir durch Rudolf Steiner diese Möglichkeit haben, das alles kennenzulernen und zu studieren.

Waldorfpädagogik in Japan

Interview von Stefan Leber mit Michiko Koyasu, Tokio

Frau Michiko Koyasu ist Professorin für Germanistik an der angesehenen Waseda Universität in Tokio. Sie lernte bei einem längeren Aufenthalt in München durch ihre Tochter die Pädagogik Rudolf Steiners kennen und beschrieb ihre Erfahrungen über die Grundstufe und Oberstufe, die sie mit ihrer Tochter und deren Klassenkameraden machte, in zwei eingängig geschriebenen Büchern, die in Japan eine hohe Verbreitung erlangt haben. Durch ihre wissenschaftliche Neugier beschäftigte sie sich auch tiefer mit der Anthroposophie. Zusammen mit Professor Agematsu, einem Architekturlehrer der gleichen Universität, betreut sie eine berufs- und studienbegleitende Ausbildung für Waldorflehrer und wirkte an der Begründung und dem Aufbau der Tokioter Waldorfschule mit.

Frau Koyasu, wann und wo sind Sie geboren?

Ich bin 1933 geboren in Seoul – Seoul ist jetzt die Hauptstadt von Südkorea. Damals war das ganze Land Korea eine Kolonie Japans. Schon seit dem Ende der Meiji-Zeit sind viele Japaner dorthin ausgewandert, so auch meine Großeltern mütterlicherseits. Mein Großvater war Arzt und hatte in Seoul eine Klinik aufgemacht. Mein Vater ging als Wirtschaftswissenschaftler nach seinem Studium nach Seoul und wurde dort an der Universität Professor. Da heiratete er auch meine Mutter. Ich bin die erste Tochter, allerdings starb meine leibliche Mutter schon kurz nach der Geburt meiner Schwester. Ich war vier Jahre alt, zwei Jahre danach heiratete mein Vater wieder. Mit dieser zweiten Frau hatte er drei Kinder. Dann kam der Zweite Weltkrieg, in dem Japan weite Teile Südostasiens besetzte. In der Kriegsnot und auch zu Hause war meine Kindheit wenig glücklich.

Darf ich noch kurz zu dem Vorherigen fragen, ehe wir dann die Linie mit dem Krieg fortsetzen: Sie erwähnten da die Meiji-Zeit. Vielleicht können Sie für weniger in japanischer Geschichte Bewanderte erklären, was sich damit für Ihr Land verbindet?

Mit der Meiji-Zeit wurde Japan für die Welt geöffnet. Bis damals war das ganze Land 300 Jahre geschlossen. Zum Beispiel Ausländer oder Flüchtlinge durften nicht nach Japan kommen, nur ausnahmsweise, und sie mussten sehr heimlich sich begegnen und so weiter. Erst als Kaiser Meiji an die Macht kam, hat sich Japan für die westliche Welt geöffnet. Seit 1868 begann man auf allen Gebieten, den feudalistischen Charakter umzuwandeln. Man meinte, Japan sei 300 Jahre zurückgeblieben, und jetzt müsste alles fortschrittlich und modernisiert werden nach dem Vorbild der Industrieländer. Man hat damals viel von europäischen Ländern übernommen, zum Beispiel das Rechts- und Militärwesen von Deutschland, das Verkehrssystem von England – wir fahren immer noch links. Das hat Japan neues Selbstbewusstsein gegeben, und aus diesem gestärkten Nationalbewusstsein kam es dazu, dass man andere asiatische Länder teilweise besetzte oder eroberte, so etwa Korea.

Kehren wir wieder zu Ihrer Kindheit zurück, die Sie als wenig glücklich empfanden.

Das Elternhaus meiner Mutter war schon immer in Korea. Aber damals schickten die Eltern ihre Kinder doch möglichst nach Tokio. Meine Großeltern hatten zwölf Kinder, sechs Töchter, sechs Söhne, und alle haben sie nach Tokio geschickt, so auch meine Mutter, sie studierte in Tokio, mein Vater gleichfalls, und so lernten sie sich an der Universität Tokio kennen. Dann haben sie geheiratet und gingen nach Seoul, und dann kam zunächst ich und dann meine Schwester zur Welt, meine Mutter starb. Genau in dieser Zeit begann der Krieg.

Und woher kam es, dass Sie nicht allzu glückliche Erinnerungen an Ihre Kindheit haben?

Ja, ich las damals vielleicht zu viel Märchen. Und im Märchen kam oft eine Stiefmutter vor. Da habe ich immer wieder gedacht: Ich habe auch so eine böse Stiefmutter. Heute kann ich meine zweite Mutter sehr gut verstehen. Mein Vater hat meine leibliche Mutter aus Liebe geheiratet – das war damals nicht oft der Fall –, aber meine zweite Mutter wurde von ihm aus praktischen Gründen geheiratet.

Dann haben Sie in Seoul die Schule besucht?

Ja, und zwar eine ganz eigenartige Schule. Die ganze Schule hatte nur eine Klasse, und in einem Klassenraum sind zehn Erstklässler, zehn Zweitklässler, zehn Drittklässler usw. bis zur sechsten Klasse, also sechzig Schüler. Und der einzige Lehrer, der stand vor uns, zuerst vor der ersten Klasse fünf Minuten, dann ging er zur zweiten usw. Wir mussten uns im Wesentlichen alles selber beibringen. Später habe ich gehört, dass dies eine Eliteschule gewesen sei. Wir konnten alles lernen, immer für fünf Minuten einen Lehrer, das hat uns gereicht, und alles andere haben wir selber gelernt.

Worin bestand die Elite? Dass Sie überlebt haben?

Ja. Doch in der Schule war es schön. Zu Hause war es weniger schön. Doch dann gab es eine tiefe Veränderung: Als ich in der sechsten Klasse war, ging der Krieg zu Ende durch den Atombombenabwurf. Mein Vater war gerade in der Zeit in der Mongolei. Wir haben nichts von ihm gehört. Meine Mutter hat sich durch die Not plötzlich innerlich gewandelt –

Jetzt waren Sie plötzlich ihre Tochter?

Vielleicht nicht ihre Tochter, ihr Partner. Vater war nicht da, und wir mussten nach Japan zurückkehren, ohne Vater. Dann hatte ich mit meiner Mutter die kleineren Geschwister zu versorgen.

In Japan sind Sie dann weiter zur Schule gegangen?

Ja. Als ich 16 war – das war 1949, mein Vater ist inzwischen nach Japan zurückgekommen, er wurde wieder Professor an einer neuen Universität –, feierte seine Universität den 200. Geburtstag von Johann Wolfgang von Goethe. Das war im Jahr 1949, da sagte mein Vater: Vielleicht kommst du zu dieser Feier mit. Dort hat ein Deutscher ein Gedicht vorgelesen – ich habe kein Wort verstanden, aber diese Lesung war für mich ungeheuer eindrucksvoll. Das Gedicht hieß *Der Erlkönig*. Und obwohl ich die Bedeutung nicht verstand, war ich tief beeindruckt, berührt von dem Ton und der Stimmung, der Atmosphäre. Anschließend hat ein Sänger die Vertonung des *Erlkönig* gesungen. Zu Hause hat mein Vater schon in meiner Kindheit ab und zu von seiner Vorliebe für Deutschland gesprochen, er wollte selber gerne nach Deutschland, um dort weiterzustudieren, seine Traumstadt war Berlin. Er war Marxist und hat oft begeistert den Namen von Rosa Luxemburg genannt. Das konnte ich nicht gut verstehen, aber seine Leidenschaft, sein Eifer für Rosa Luxemburg war irgendwie in mir haften geblieben. Und dann Goethes *Erlkönig*, also die deutsche Sprache – da habe ich mir im Stillen gedacht: Vielleicht werde ich in Zukunft deutsche Literatur studieren, und so habe ich es später gemacht.

Sie haben dann die Schule abgeschlossen?

Ja. – In der ganzen Nachkriegszeit war meine Familie sehr arm. Der Großvater väterlicherseits besaß ein größeres Grundstück auf dem Land, aber das musste mein Vater immer wieder stückweise verkaufen, damit die Familie überleben konnte. Denn damals dachte keiner, dass unsere Familie auch Töchter studieren lassen könnte, und dazu in Tokio. Mein Vater war streng, und als Persönlichkeit konnte ich ihn auch nicht ganz respektieren, er hatte viele Eigenschaften, die ich kritisch sah. Aber eines muss ich ihm danken, er sagte konsequent: Ich lasse alle meine Kinder studieren, sofern sie fähig dazu sind. Das traf sich mit meinem Wunsch, ich wollte weg aus der Familie.

Sie waren damals schon etwas aufrührerisch in Ihrer Natur und haben versucht, sich aus dem Familienverband zu lösen und auf eigene Beine zu stellen?

Ja. Mein Vater sagte: Ich habe aber kein Geld für dich. Wenn du eine Privatuniversität besuchen willst, dann aber nur die beste Universität in Tokio. Wenn du die Aufnahmeprüfung schaffst, dann würde ich das finanzieren. Da habe ich mich bemüht und es auch geschafft, so konnte ich dort anfangen zu studieren. Meine Schwester machte das auch und alle Brüder ebenso.

Alle Germanistik?

Nein, anderes, nur ich habe Germanistik studiert.

Die waren nicht von Goethe so berührt wie Sie?

Nein, nein.

Wie ging Ihre Karriere als Germanistin dann weiter?

Ich habe zuerst vier Jahre Universität absolviert und ganz normal abgeschlossen. Danach habe ich angefangen zu arbeiten, zuerst in einer Bibliothek, und zwar in der Parlamentsbibliothek. Diese Arbeit war für weibliche Bibliothekarinnen langweilig: Ich musste jeden Morgen alle Bücher zählen und mit der Zahl auf der Liste vergleichen, und wenn ein Buch fehlte, musste ich wie verrückt suchen usw. Andererseits hat mich sehr irritiert, jeden Tag erschienen neue Bücher, aber ich musste nur zählen und konnte sie nicht lesen. Ich wollte doch so gerne weiterstudieren. Zunächst arbeitete ich noch in einer kleinen Firma als Privatsekretärin, aber damit war ich auch nicht zufrieden. Das alles gab mir den Antrieb weiterzustudieren, und zwar in der vergleichenden Literaturwissenschaft. In Japan gab es eine literarische Frauenbewegung «Blaustrumpf», diese Frauengruppe habe ich verglichen mit der Frauengruppe der deutschen Romantik, Bettina von Arnim, Rahel von Varnhagen. Auch Novalis hat mich sehr fasziniert wegen seiner eindringlichen Liebesgeschichte mit Sophie Kühn. So habe ich meine Magisterarbeit über die Frauenemanzipation in der Literaturwelt geschrieben. Beim Schreiben dieser Arbeit ist mir besonders aufgefallen, dass Emanzipation notwendig ist, aber nicht nur für Frauen, sondern für die Ich-Entwicklung eines jeden Menschen. Das war mein eigentliches Thema.

Dabei ist ja sicher die Begrifflichkeit «Ich» im Japanischen anders als im Deutschen. Können Sie dazu etwas sagen?

Wissen Sie, das Ich, das ich damals auf meine Weise gedacht habe, war vielleicht europäisch, weil ich dabei viel von Henrik Ibsen, aber auch von Ellen Key, auch Friedrich Nietzsche gelesen hatte.

Sie waren schon europäisch infiziert?

Sagen wir beeinflusst.

Das, was Sie im Innern erlebten, hat sich unter dem Einfluss der europäischen Geistigkeit etwas stärker ausgeformt, als es sich vor dem japanischen Kulturhintergrund ausgeformt hätte?

Genau. In der japanischen Literatur waren auch, grob gesagt, zwei Strömungen. Die Frauenbewegung, «Blaustrumpf», die ich als mein Arbeitsthema gewählt habe, diese Frauen kämpften immer um ein neues Ich-Bewusstsein. Und dann gab es andere Strömungen, die etwas passiver an die Sache herangingen. In Japan waren die menschlichen Beziehungen immer hierarchisch von oben nach unten geordnet, und gegen dieses herkömmliche System kämpften die Frauen des «Blaustrumpf».

Wie ging dann Ihr Weg weiter?

Eines Tages, ich konnte es fast nicht glauben, hat mein Professor mir gesagt, es sei jetzt eine Lehrstelle an der Waseda-Universität frei, und er wolle mich vorschlagen. Da habe ich gedacht, ob ich als Frau so etwas bekomme? Kaum glaublich. Der Professor war auch ein bisschen merkwürdig, er war ein Mann. Ich wollte dafür auch kämpfen. Es ging nicht so leicht, aber –

Sie bekamen die Stelle. Wann war das?

Richtig angestellt wurde ich 1965, aber drei Jahre vorher war ich schon stundenweise tätig.

Sie waren also Honorarkraft als Dozentin, und dann sind Sie als Assistentin und schließlich dann voll als Professorin angestellt worden.

Damals hatte die Waseda schon einen guten Ruf, aber Fremdsprachen war ihre Schwäche gewesen. Um das zu verbessern, wurde ein neues Institut für Fremdsprachenunterricht gegründet, und ich sollte die Fremdsprachenausbildung etwas modernisieren. Doch ich selber konnte damals zwar gut deutsch lesen, Goethe und Schiller, aber «Guten Tag» konnte ich noch nicht ordentlich aussprechen. So bin ich einfach zum damaligen Direktor des Tokioter Goethe-Instituts gegangen und habe gesagt: Ich muss Umgangsdeutsch, gesprochenes Deutsch lernen. Bitte helfen Sie mir! So durfte ich in die Anfängerklasse am Goethe-Institut, und da habe ich angefangen: «Guten Tag! Wie geht es Ihnen?» zu üben. Einige Monate später rief der Direktor mich an: Wir können Ihnen ein Stipendium geben, gehen Sie doch nach Deutschland! Das war zum ersten Mal, dass ich nach Deutschland kam, und zwar ging ich 1966 nach München zum Goethe-Institut, dort habe ich die Mittel- und Oberstufe absolviert.

Das war der sprachpraktische Teil. Seitdem sind Sie dann in Japan im Strom der Germanistik, der deutschen Sprache, Sie vermitteln Ihren Studenten beide Kulturen.

Ja, in München war ich allein. Mein Mann und meine Tochter blieben in Japan. Aber mein Deutschland-Aufenthalt hat mir so gut gefallen, dass ich mir fest gesagt habe: Das muss ich mit meiner Familie machen. Dann habe ich meinem Mann als Japanologen –

– schließlich so eingeheizt, dass er auch nach Deutschland kam.

Ja, ich habe für ihn so viele Bewerbungsformulare geschrieben, geschrieben auch für die Humboldt-Stiftung, und so bekam er dann von der Humboldt-Stiftung eine Einladung als Gastprofessor. Wir gingen nun beide nach München. Das war im Jahr 1971.

Das war dann zugleich der erste Kontakt zur Waldorfpädagogik und Anthroposophie? Können Sie da etwas Genaueres darüber sagen?

Unsere Tochter war gerade sechs Jahre, und da haben wir zuerst gedacht, wir geben sie an die nächstliegende Schule. Ich habe den Namen vergessen, das war eine Grundschule in München. Dort haben wir sie angemeldet. Das Kind war in Japan ein so aufgeschlossenes Wesen, doch in Deutschland hat sie nie angefangen, etwas auf Deutsch zu sprechen. In dem Kindergarten neben unserer Wohnung, wo sie hinging, sprach sie kein Wort. Die Kindergärtnerin fragte uns, ob sie stumm sei. Es war so schlimm. Als ich einmal in München zu einer Dichterlesung ging – die Dichterin hieß Angelika Mechtel –, sprachen wir anschließend miteinander. Sie fragte: Haben Sie Kinder, Familie usw.? Ja, eine Tochter, aber die spricht kein Deutsch. Da sagte die Mechtel: Ach, fragen Sie eine Rudolf Steiner-Schule. Ich fragte, was das für eine Schule sei. Darauf sagte sie, ihre zwei Töchter gingen auch in diese Schule, da gäbe es viele ausländische Kinder, da sei kein Druck, die Kinder gingen gern hin. Da habe ich auf dem Stadtplan gesehen, dass die Schule von unserer Wohnung eine Viertelstunde zu Fuß entfernt lag. So sind wir, mein Mann und ich, mit dem Kind in die Schule gegangen, in den Sommerferien war das, aber eine Frau Jaquet hat mit uns ein Gespräch geführt, und eine Woche später erfuhren wir, dass die Klasse zwar schon ganz voll sei, dass das Kind aber trotzdem aufgenommen werde.

Und so kam Ihre Tochter an die Schule, und Sie haben dann den Bildungsgang und Ihre Erfahrungen am Bildungsgang Ihrer Tochter auf Japanisch beschrieben und einen Waldorfbestseller damit gelandet. Wie hoch ist denn die Auflage Ihres Buches hier in Japan?

Jetzt etwas über 300.000.

Also, ich würde sagen, es ist durchaus ein Bestseller.

Bei uns bezeichnet man es als Bestseller, wenn auf einmal sehr viele Exemplare eines Buches verkauft werden, das war aber nicht der Fall.

Also ein Longseller?

Ja, ein Longseller. Das Buch ist jetzt 22 Jahre alt. Aber neulich habe ich eine Nachricht bekommen, dass wieder 3.000 Exemplare verkauft wurden.

Sie haben dann noch weitere Beschreibungen geliefert?

Zuerst dieses kleine Büchlein *Ein Schulkind in München.* Da habe ich rein als Mutter nur unsere persönlichen Erfahrungen in der ersten und zweiten Klasse beschrieben und bewusst nicht ein pädagogisches Buch abgefasst, sondern tagebuchartig, aber die Leser haben dieses Buch nicht als Essay oder als Tagebuch beziehungsweise Reisebericht gelesen, sondern als pädagogisches Buch. Ich habe viele Fragen bekommen: Warum Epochenunterricht? Warum keine Noten? Dann die merkwürdigen Epochenhefte. Da musste ich diese Fragen beantworten, und so habe ich angefangen, etwas den Hintergrund, also anthroposophische pädagogische Gedanken zu entwickeln. Mit ihnen musste ich mich notwendigerweise nun auch beschäftigen.

Also Ihr eigener kritischer Geist reflektierte und fragte weiter. Hätten Sie den nicht gehabt, so wären Sie wohl nur bei der Deskription geblieben. Aber Sie haben tiefer gebohrt.

Nein, es war so: Ich war mir voll bewusst, ich bin kein Pädagoge. Deswegen darf ich kein pädagogisches Buch schreiben. Ich bin Literaturliebhaber. Ich schreibe Essays, so dachte ich. Und weil diese Schule so beeindruckend war, dachte ich, ach, japanische Erziehungswissenschaftler haben bestimmt über diese Schule schon Fachbücher geschrieben. Das aber war nicht der Fall. Durch mein Verantwortungsbewusstsein wurde ich weitergeführt.

Mein zweites Buch erschien fünf Jahre später, es hieß *Die Mittelstufe der Steiner-Schule.* Dort habe ich auch nicht über die Pädagogik geschrieben, denn ich hatte damals *Die Erziehung des Kindes vom Gesichtspunkte der Geisteswissenschaft* und die *Theosophie* gelesen. Die dort vorkommende besondere Terminologie habe ich in meinem zweiten Buch nicht benutzt. Vielmehr habe ich viele Interviews gemacht, mit Münchner Lehrern, mit Absolventen der Schule. So steht das überwiegend in der Berichtsform.

Gibt es noch ein drittes Buch?

Eine Tokioter Volkshochschule hat mich beauftragt, einen Kurs über Waldorfpädagogik für ein allgemein interessiertes Publikum zu halten. Da habe ich einmal wöchentlich zehn Wochen lang über Waldorfpädagogik gesprochen. Daraus entstand dann ein Buch geschrieben *Einführung in die Waldorfpädagogik.*

Können Sie noch etwas zur Auflage des zweiten Buches über Mittelstufe und des dritten Buches sagen?

Das zweite Buch liegt bei knapp 200.000 und das dritte bei knapp 100.000 Exemplaren.

Also 300.000 und 200.000 und 100.000 sind 600.000. Also sind Sie die erfolgreichste Waldorfautorin.

Meine Tochter schrieb auch ein Büchlein, *Mein Münchner Tagebuch.*

Sie hat das Komplement zu Ihrem Buch geschrieben, die Schülererfahrung zu den Erfahrungen der Mutter hinzugefügt.

Meine ersten zwei Bücher sind zuerst über die Unterstufe und dann über die Mittelstufe, und meine Tochter hat über die Oberstufe geschrieben.

Und wie hoch ist da die Auflage?

Etwa 70.000.

Also sind Sie als Mutter-Tochter-Gespann erfolgreich. Nun haben Sie sich ja auch mit der Anthroposophie beschäftigt. Können Sie darüber etwas sagen, wie das ablief?

Ja. Als ich die *Theosophie* zu lesen anfing, da habe ich im zweiten Kapitel Seite für Seite angefangen zu begreifen, warum zum Beispiel meine Kindheit so war. Vielleicht hatte ich mich selbst für so eine Kindheit entschieden.

Sie waren also berührt von dem Gedanken von Reinkarnation und Karma.

Ja.

Ist der Gedanke von Reinkarnation und Karma dem Japanischen fremd? Lebt das in der japanischen Kultur?

Ja, im Buddhismus ist der Reinkarnationsgedanke vorhanden, und meine Großmutter erzählte mir in meiner Kindheit schon ab und zu davon. Aber mir war das unheimlich, denn nach dem buddhistischen Reinkarnationsgedanken könnte ein Mensch im nächsten Leben ja auch als Tier wiederkommen.

An der Theosophie *ist Ihnen deutlich geworden, dass die menschliche Individualität immer identisch ist mit Menschentum, wie immer auch das Leben abläuft.*

Das genau konnte ich voll akzeptieren. Allmählich ist mir klar geworden, warum in meinem Leben das und das passiert ist und warum ich trotzdem alles so überstanden habe.

Haben Sie auch irgendwelche Erlebnisse, dass in Ihrem «Karma» eine Disposition zwischen Japan und Deutschland tiefer begründet ist als zunächst einfach durch die «Zufälligkeit», dass Sie zum Beispiel ein Goethe-Gedicht gehört haben. Manche andere haben ja auch dieses Gedicht gehört und sind keine Germanisten geworden.

Ja, ich geniere mich, so etwas zu sagen.

Ein deutscher Philosoph, Immanuel Hermann Fichte, hat einmal gesagt: Im Menschen lebt unbewusst alles, die ganze Wirklichkeit, alles Sein, und er hat eigentlich die Aufgabe, im Lauf seines Lebens das zum Bewusstsein zu bringen, was immer schon in ihm als Vollkommenes vorhanden war. In diese Richtung zielt meine Frage. Es ist ja meist nicht mit einem Schlag klar, sondern das arbeitet sich allmählich hoch: Was sind eigentlich die Lebensziele? Und dann hat man so Ahnungen, aus welcher Richtung das kommen könnte.

Außer der Beschäftigung mit Goethe habe ich fast zur gleichen

Zeit angefangen, deutsche Musik zu hören, auch Romantik und dann Barock, sie beeindruckt mich.

Es ist ja eine Eigentümlichkeit, unter allen asiatischen Ländern gibt es kein Land, das eine solche Affinität und Offenheit für klassische und romantische europäische Musik hat wie Japan. Eine japanische Sängerin sagte mir in Tokio: Das ist klar, das ist einfach die Musik der Menschheit. Und wir Japaner sind Menschen, also müssen wir diese Musik aufnehmen. Ich habe dann gesagt: die Inder sind genauso Menschen oder die Indonesier und Philippiner, aber sie haben nicht diese tiefe innere Wahlverwandtschaft zu dieser Musik. Also liegt hier doch etwas Besonderes vor.

Ja, Melodie und Sprachrhythmus in der deutschen Sprache – oft sagt man, ja in meiner Zeit sagten meine Verwandten oder andere Freunde: Warum willst du als Frau ausgerechnet Deutsch studieren? Französisch ist eleganter. Aber dieser Sprachrhythmus, Vokale und Konsonanten so präzise und deutlich und vielleicht auch stark, diese Endungen, das spricht mich an. Mein Vater wollte nach Deutschland, aber als er hätte gehen können, brach der Krieg aus, deswegen konnte er nicht. Er hat oft so träumerisch von der Stadt Berlin erzählt, und als ich zum ersten Mal nach Deutschland kam, nach München, wollte ich am Ende meines Aufenthaltes unbedingt Berlin sehen, und da war ich dann nur drei Tage, aber ich konnte mich sofort einleben. Als ich auf der Straße in der Nähe des Museums in Dahlem war, hatte ich das Gefühl: Ach, ich kenne das.

Also ein Déja-vu-Erlebnis.

Ja, ja. Das war in Dahlem.

Haben Sie sonst noch ähnliche Erlebnisse in japanischen Landschaften – das kann ja auch mal vorkommen?

Ab und zu habe ich das. Aber das kann ich nicht so sicher sagen.

Kehren wir nochmal zum Thema Anthroposophie zurück. Sie haben die Theosophie *von Steiner gelesen, das Kapitel «Reinkarnation und Karma» hat Sie besonders angesprochen. Welche weiteren Begegnungen mit dem Werk Steiners haben Sie gehabt?*

Die *Geheimwissenschaft*: die Kosmologie, als die Erde in der Saturnzeit war, die verschiedenen Evolutionsstufen, die dem heutigen

Erdzustand vorangegangen sind, haben mich beeindruckt. Vor sieben, acht Jahren habe ich dieses Buch gelesen, ich hatte es in meiner Tasche gehabt auf dem Weg zu einer Verabredung mit einem Kollegen um 3.00 Uhr auf der Straße an der Ecke, aber er kam nicht. Normalerweise lese ich Steiner-Bücher nicht auf der Straße, sondern in meinem Zimmer, höchstens in der Bahn. Aber damals habe ich gelesen auf der Straße. Und plötzlich: um das Buch zu lesen, habe ich angefangen, die deutsche Sprache eingehender, in den Tiefenschichten, in ihrer Denkbewegung zu studieren.

Im Werk Steiners sind Sie vielleicht auch der Christologie begegnet?

Ja.

Nun hat Japan ja viele tiefe spirituelle Traditionslinien – Shinto, dann Buddhismus, Zen, auch das Christentum ist vertreten, aber wenn, dann eben in konfessioneller Ausprägung. Soweit ich das hier jetzt mitbekommen habe, gibt es nicht eine allzu große innere Verwandtschaft des japanischen Geisteslebens mit dem Christentum. Wie haben Sie die Christologie Steiners empfunden und erlebt?

Da ist zunächst die Ich-Entwicklung, die die einzelnen Leben verbindet. – Logik ist vielleicht nicht das richtige Wort, die ich in der anthroposophischen Verständnisweise empfinde. Im Buddhismus ist alles in Passivität getaucht. Zwar habe ich keinen Grund, aus dem Buddhismus auszutreten, deswegen bin ich buddhististisch, aber wenn ich nur buddhistisch bleiben würde, würde ich vielleicht ein bisschen zu passiv bleiben, alles so hinnehmen, wie es ist. In der Christologie ist dieser Punkt etwas anders, da ist wichtig: alles auf sich wirken lassen, in allem etwas Positives finden, auch im scheinbar Negativen es annehmen. Dies ist etwas anderes als in der buddhistisch passiven Haltung. Immer Positives zu finden, ist eine aktive Haltung. Einen Schicksalsschlag hinzunehmen, ist dem Buddhismus nicht fremd, aber darin eine starke Forderung an die eigene Selbsterkenntnis zu sehen, das fehlt ihm. Durch die Anthroposophie erfahre ich: Es kommt ein Schicksalsschlag, den muss man bearbeiten, da muss man einen positiven Sinn finden. Das ist für mich eine Bereicherung, ohne dass ich meine überlieferte Grundeinstellung verwerfen müsste.

Das ist der eine Aspekt. Im abendländischen Traditionsstrom würde man sagen: vita contemplativa und vita activa. Das Christentum kennt die aktive Seite genauso wie die kontemplative. Nun umfasst die Christologie Steiners ja auch den Gedanken, dass jeder Mensch, egal, welchem Volk, welcher Rasse er zugehört, ob Mann oder Frau, etwas allen Gemeinsames hat, nämlich das Ich als geistiges, ewiges Wesen. Dieses Ich hat in seinem Selbstverständnis den Ursprung, das Wissen, aus Gott zu stammen, verloren, ist also – in der abendländischen Terminologie – aus dem Paradies vertrieben worden, durch die Sünde hindurchgegangen. Aufgabe des Christus war – im Verständnis der Anthroposophie –, der Menschheit zu helfen, gewissermaßen den Ursprung zurückzugewinnen, aber jetzt eben nicht nur passiv, sondern durch Mittätigkeit. Und Christus ist Helfer der Menschheit auf diesem Weg.

Ja, es geht immer wieder um diese – nicht nur – Hoffnung, sondern um das Ziel in der Zukunft. Jeder Mensch hat seine Aufgabe in jeder Inkarnation, die nie endet. Aber im Buddhismus heißt es – es gibt verschiedene Varianten –, aber im allgemeinen heißt es: die Reinkarnation selbst ist eine Art von Sünde. Also eines Tages müsste man auch aus dem Rad der Wiedergeburt aussteigen und in die Vollkommenheit eingehen. Darum ist jede Inkarnation etwas, woran jeder Mensch leidet, so heißt es. Das macht mir nicht gerade Mut, aber ergänzt durch die Christologie kann ich die Inkarnation bejahen.

Anthroposophie selbst ist ja nicht Religion, sondern will zur Erkenntnis führen, also auch zur Religionserkenntnis beitragen. Und insofern kann sich jeder Mensch, unabhängig von seinem Glauben und seiner religiösen Gebundenheit, mit Anthroposophie beschäftigen und kann aus der Anthroposophie etwas ziehen zum Verständnis der Religion. Sehen Sie das auch so?

Das sehe ich genauso. Daher hat mich auch nie gestört, dass ich Anthroposophin bin und zu gleicher Zeit Buddhistin. Manchmal fragen mich in Japan Leute: Ist das möglich, dass eine Japanerin, die sicher buddhistisch ist, gleichzeitig mit Rudolf Steiners Gedanken, die dem europäischen christlichen Boden entstammen, leben kann? Solche Fragen kommen häufiger vor. Jedes Mal merke ich: Nein, ich habe mich noch nie unfrei gefühlt, sondern mit der Anthroposophie kann ich besser, konkreter und genauer mich selbst als Mensch wahrnehmen. Ich nehme ein Beispiel, woraus mir der Ich-Entwicklungsgrad in mir selbst und bei anderen bewusst wurde. In letzter Zeit habe ich das wieder bemerkt, weil ich mich gerade auf ein Seminar vorbereitet habe, auf Märchen und ihre Deutung. Dabei habe ich in die Grimmschen Märchen besonders tief hineingeblickt und daneben mich in unsere japanischen Märchen eingelebt. Da ergab sich mir: Grimms Märchen künden ziemlich klar vom Bild eines neuen Ich-Bewusstsein, das in die jeweiligen Märchen-Gestalten langsam einzieht. Zu Beginn, nach der Einleitung, gibt es rasch eine Krise, aber durch die Krise wird Wandlung bewirkt, und schließlich erscheint dann ein gestärktes oder neugeborenes Ich im Helden, dem Königssohn, dem verkannten dritten Bruder, dem Schneiderlein usw. In den japanischen Märchen dagegen ist diese deutliche Wende oder Wandlung nicht so oft bemerkbar. Tief habe ich mich mit zwei japanischen Märchen beschäftigt, eines, in dem das neue Ich so stark hineingezogen ist, wo zunächst sich das Gute und das Böse bekämpfen und dann das Gute siegt. Und so ist die Welt geordnet, dass das Gute siegt, ähnlich wie bei Grimm. In diesem Märchen kommt gleichsam die Verstandesseele zu der Empfindungsseele: Ein gescheiter Knabe wächst heran und besiegt die Dämoneninsel. Er nimmt die Schätze von der Dämoneninsel mit sich. Das ist klar konstruiert, und jedes japanische Kind bekommt dieses Märchen erzählt. Aber in dem anderen Märchen – es ist ein sehr schönes Märchen – ergab sich mir ein anderes Bewusstsein: Da ist ein älteres Ehepaar – es steht für die Verstandesseele –, das möchte eine noch höhere Stufe erlangen: die Bewusstseinsseele. Es hat eine Tochter bekommen, diese wächst heran, wird ein schönes Mädchen, und als sie 15 Jahre alt wird, kommen viele Liebesbriefe von unterschiedlichen männlichen Gestalten, aber diese männlichen Gestalten sind alle irgendwie begehrlich, noch Empfindungsseelen. Das Mädchen stellt den Schreibern der Liebesbriefe schwierige Aufgaben, die nicht mit der Empfindungsseele, aber auch nicht mit der Verstandesseele gelöst werden können. Zum Beispiel heißt es da: Bitte fange den Donner, der am Himmel dröhnt. Bitte bringe mir eine Geheimnisblume, die nur einmal alle dreitausend Jahre blüht. Oder auch eine solche Aufgabe: Bitte gib mir eine Trommel, die von sich aus zu dröhnen anfängt, ohne menschliches Zutun. Und dann jammern die Schreiber der Liebesbriefe, sie können die Aufgabe nicht verstehen. Schließlich löst die Seele des Tenno die Aufgabe. Ein neues Bewusstsein, das der Bewusstseinsseele, beginnt sich auf der Erde zu inkarnieren. In dem Stufengang der Seele hat die höhere Seele, die des Tenno, verstanden, was zur Entwicklung verlangt wird. In dem Moment, wo der Tenno, diese Königsseele, das Problem hin und her wendet, kommen vom Himmel lauter Engel mit einer Sänfte. Das Mädchen wird in die Sänfte hineingetragen und zum Himmel gebracht. Diese Seele konnte nicht ihre irdische Inkarnation durchmachen. Das ist ein Beispiel für japanische Märchen: Sie erzählen von jenem Vorgang, dass ein neues Bewusstsein kommen will, teilweise auch gekommen ist, sich aber doch nicht ganz inkarnieren kann und gleich wieder zum Himmel zurückkehrt. Ich würde das als meine zukünftige Aufgabe sehen: beide Märchen – die Grimmschen und die japanischen – systematisch miteinander zu vergleichen.

Nun eine andere Frage: Sie sind als Japanerin Kind Ihres Landes. Und wenn man als Europäer hier in Japan ist und die Körperlichkeit anschaut, dann fällt einem auf, dass die Leibesausprägung recht verschieden ist von der europäischen oder amerikanischen. Also allein die Körpergröße ist bei den Japanern weniger «hoch» ausgebildet als das leibliche Erscheinungsbild der europäischen Bevölkerung. Dass diese Leibesgröße freilich keinerlei Unterschiede mit sich bringt, was manuelle Geschicklichkeit, was das geistige Leistungsvermögen betrifft, ist sowohl für die Vergangenheit wie heute evident, man braucht sich nur umzutun, die wichtigen Städte in Japan sehen, abgesehen von einigen großartigen Resten alter Architektur, bedauerlicherweise aus wie die europäischen oder amerikanischen Städte, sie haben sogar noch einen Vorzug: die außerordentliche Sauberkeit fällt einem hier auf. Wo wir in Millionenstädten überall Müllberge herumliegen haben, Papier und Schmutz, ist hier alles zumeist gepflegt. Also es ist ein hohes Bewusstsein ausgebildet, nichts wegzuwerfen, sondern alles selbst zu beseitigen. Wir haben in Europa, aus den USA kommend, eine Bewegung, die sich darauf kapriziert, sich vom Gesichtspunkt der Gleichberechtigung politisch korrekt auszudrükken, d.h. andere Menschen nicht herabzusetzen. Nun die etwas konstruierte Frage: Wie erleben Sie die Leiblichkeit, die ja jeder Mensch vererbt bekommt? Er kann, vom Verstand aus gesagt, dafür nichts, er hat die Leiblichkeit anzunehmen, wie er sie von den Eltern zur Verfügung gestellt bekommen hat. Ich identifiziere mich also mit der Leiblichkeit, die ich ererbt habe. Wie ist das bei Ihnen?

Ich identifiziere mich auch völlig mit meiner Leiblichkeit. Ich bin klein, ich bin eine Frau. Als ich zum ersten Mal in Deutschland war, da hatte ich manchmal das Gefühl: Ach, ich muss mit so einem großgewachsenen Mann sprechen, ich möchte etwas widersprechen, denn ich möchte nicht wegen der Körpergröße so überredet werden. So etwas habe ich schon ab und zu gespürt.

Wie ist es mit dem Aussehen? Sie wissen, die überlieferte antiquierte Rassenlehre machte die Unterschiede an der Haarfarbe, der Hauttingierung, dem Augenschnitt fest usw. Fühlen Sie sich dadurch benachteiligt oder ist das die arrogante Sicht westlicher Kolonialvölker?

Nein, ich sehe mich nicht benachteiligt. Freilich habe ich ab und zu Vorurteile erlebt, weil wir Asiaten sind, weil wir Japaner sind, dann stoße ich – wenn auch selten – auf Vorurteile bei Europäern. Dies ist offenbar ein europäisches Problem, nicht ein asiatisches. – Einmal wurden uns von einer deutschen Dame recht komische Fragen gestellt: Warum haben Sie alle so schmale Augen? Aber so etwas passiert ja auch im Alltag in Japan, weil der Augenschnitt tatsächlich verschieden ist. Aber etwas tiefer berührt hat mich, obschon ich das nur ein einziges Mal gehört habe, das Wort «gelbe Gefahr». Im 19. Jahrhundert herrschte einmal eine Zeit lang in Europa die Vorstellung: Die Asiaten kommen jetzt nach Europa, und sie wollen uns besiegen, besonders die Japaner, die gelbe Gefahr. Dieser Deutsche wollte mit diesem Wort – es war in den 70er Jahren – etwas ausdrücken: den Unmut über das Wirtschaftswunder, die japanische Wirtschaft stieß ihm hoch, da wollte er irgendwie mit einem ganz kleinen Feindgefühl das ausdrücken. Wenn das beherrschend würde, kann ich das als Rassismus erleben.

Dieser Ausdruck ist ja Ende des letzten Jahrhunderts durch den Impe-

rialismus geprägt worden. Für mein Verständnis bezieht sich das nicht auf Japan, denn zwischen Deutschland und Japan gab es immer gewisse Sympathiegefühle, sondern auf China. Aber das Wort ist schlimm genug und sollte aus dem Sprachschatz verschwinden.

Nun aber etwas anderes: Sie sind in Japan «beheimatet» im vollen Sinn und mit allen Nuancen des Wortes Heimat. Die Probleme zwischen Völkern und Kulturen entstehen erst dann, wenn man das Fremde, Andersartige kennen lernt. Also Rassismus als Problem tritt erst in dem Moment auf, wo sich verschiedene Völker begegnen und das eine sich überlegen dünkt gegenüber dem anderen und sogar das andere herabzusetzen versucht. Sie haben nun das besondere Schicksal, dass Sie als tiefverwurzelte Japanerin, aber auch als Germanistin eine völlig andere Kultur, die fast die Hälfte des Erdballs von Ihnen entfernt liegt, kennen lernen konnten. Wie erleben Sie jetzt die beiden Kulturen? Denn solche Erlebnisse haben Rückwirkungen. Hat diese Begegnung etwas zum tieferen Verständnis für Ihre eigene Kultur beigetragen und umgekehrt natürlich auch für das Verständnis der Eigentümlichkeiten der Deutschen?

Ja, sehr. Je öfter oder je alltäglicher mein Deutschlandaufenthalt wird, desto tiefer oder desto größer wird für mich das Verständnis einerseits für meine eigene Kultur, andererseits für die europäische oder deutsche Kultur. Also, da muss ich sagen, meinem Schicksal bin ich sehr dankbar.

Und jetzt waren Sie in Deutschland und haben erst danach Anthroposophie kennen gelernt. Hat die Anthroposophie Ihnen etwas vermittelt, dass Sie Ihre eigene Kultur besser verstehen und vielleicht auch noch mehr oder bewusster lieben als zuvor?

Ja, nicht nur etwas geholfen, sondern sehr entscheidend. Also ich muss sagen, meinen ersten Deutschlandaufenthalt vor 30 Jahren habe ich ohne Berührung mit der Anthroposophie erlebt. Erst bei meinem zweiten Aufenthalt in Deutschland habe ich die Anthroposophie kennen gelernt, und da muss ich sagen: Früher, als ich noch kein europäisches Land kannte, war ich oft unzufrieden mit meiner eigenen Umwelt, mit der herkömmlichen Gedankenform – z. B. die Männer immer vorn, die Frauen drei Schritte dahinter – oder die unlogische Denkweise –, auch die Armut war noch groß, Japan war wirtschaftlich gesehen damals noch zurückgeblieben. So bekam ich in Deutschland in dieser Hinsicht ab und zu einmal etwas wie einen Minderwertigkeitskomplex ganz im oberflächlichen Sinne. Je weiter ich mich mit der Anthroposophie beschäftigte, desto besser habe ich die japanische Mentalität verstehen können, warum Japaner noch überwiegend in der Empfindungsseele leben. Die Leute, die als intelligent angesehen werden, sind tief in der Verstandesseele gebunden. Die Karmalehre hat mir immer geholfen. Warum herrscht in meiner Gegend eine solche Denkweise, warum sind so viele solche Seelen hier, die sich in dieser Welt beheimatet haben? Dann ist meine Unzufriedenheit verschwunden. Umgekehrt, wenn ich mal in Deutschland bin, dann begegne ich auch verschiedenen Anthroposophen, und unter den Leuten, die sich Anthroposophen nennen, gibt es auch verschiedene. Einmal fragte mich jemand grob: Können Sie als Japanerin auch Anthroposophie verstehen? Da fragte ich mich, ob diese Persönlichkeit sich schon richtig mit der Karmalehre beschäftigt hat. Doch das geht mich nichts an, das stört mich auch nicht weiter.

Einer solchen Persönlichkeit würde man ein bisschen mehr Weltbegegnung wünschen.

Ja, so ist es. Ich bin natürlich noch nicht so weit in der Anthroposophie, aber ich spüre bei mir immer wieder, jedes Mal, ich kann mich nicht mit mir gestern oder letzte Woche vergleichen, aber wenn ich mich mit mir vor vielleicht drei Jahren oder vor zehn Jahren vergleiche, dann bemerke ich, ach, jetzt bist du auch tiefer in der japanischen Kultur darinnen.

Also kann man das so zusammenfassen: durch die Begegnung mit Anthroposophie ist das, was in Ihrer Biographie liegt, nämlich selbst zu wachsen, zu reifen, sich auszugestalten, nicht behindert, sondern eher gesteigert und gefördert worden.

Oh ja. Also ohne Anthroposophie, ich stelle mir das so vor, wenn ich vor 25 Jahren nicht diese Begegnung mit der Anthroposophie gehabt hätte, so wäre ich dann ganz bestimmt seelisch weniger ausgeglichen, dann hätte ich noch viele persönliche Probleme um mich herum, die ich nicht lösen könnte – also da wäre ich doch sehr verhärtet und eine schwierige alte Dame geworden.

Verständnis der eigenen Aufgabe und der Kulturentwicklung Japans durch Anthroposophie

Interview von Stefan Leber mit Yuji Agematsu

Yuji Agematsu hat in Japan studiert, in Deutschland promoviert und lehrt als Professor für Architektur. Er ist Zeuge für eine geistoffene Grundhaltung, wie sie die japanische Geschichte immer wieder geprägt hat. Über seinen Lehrer Professor Imai lernte er die Anthroposophie auf indirekte Weise durch den Goetheanumbau kennen. Seine Beschäftigung mit der Geisteswissenschaft förderte bei ihm nicht nur sein Verständnis für die eigene Aufgabe und das eigene Selbstverständnis, sondern auch für die eigene Kultur, deren Aufgabe und Weiterentwicklung. Dies führte ihn über die eigene Fachwissenschaft hinaus, so dass er initiativer Mitbegründer der Waldorfschule in Tokyo 1987 wurde und die Mitwirkung an einer japanischen Waldorflehrerausbildung als seine Aufgabe ansieht.

Können Sie etwas über sich, über Ihre Herkunft erzählen?

Zu meiner Herkunft: Ich bin 1942 in der Stadt Nagano geboren. Nagano ist ein touristisches Zentrum, es birgt unter anderem den Tempel des Guten Lichtes, der von einer Nirwana-Religionssekte betreut wird.

Mein Vater war Metallingenieur, Metallgießer. Er hat in seiner Studentenzeit eine Zen-Schulung durchgemacht. Das prägte ihn. So bin ich irgendwie durch meinen Vater vom Zen-Buddhismus beeinflusst worden. Seine Familie – also die weiteren Angehörigen – gehörten einer anderen buddhistischen Strömung an. Das Wort «Sekten» hat keinen schönen Klang, so werden aber die unterschiedlichen religiösen Strömungen einer Richtung übersetzt. Der Begründer lebte Anfang des 13. Jahrhunderts. Meine Mutter war eine geborene Buddhistin, die in der Stadt Nagano erzogen wurde. Ich wurde also von meiner Kindheit an durch die buddhistische Richtung mit ihren religiösen Stimmungen erzogen.

Daneben gibt es – wie in jeder japanischen Stadt – auch in Nagano viele verschiedene shintoistische Schreine und Heiligtümer, dies ist die Volksreligion. Deswegen wuchs ich ganz vom Shintoismus und Buddhismus umgeben auf. Mein Vater war trotzdem ein ganz freier Denker. Ich blieb ohne Bindung an eine Sekte, wuchs also frei auf. Bis zum Gymnasium blieb ich in Nagano und ging dann nach Tokyo, um an der Universität zu studieren.

Ich wollte am Anfang den Beruf meines Vaters ergreifen, also Metallingenieur werden, aber mir wurde gesagt, dass ich meinen Beruf ganz frei wählen dürfe. Durch einen Freund bin ich dann allerdings zum Architekturstudium gekommen. Das war rein zufällig, weil zunächst mein Interesse viel mehr der Literatur und der Philosophie galt, das Interesse an Architektur war nicht so eindeutig. Durch mein philosophisches Interesse legte ich im Studium ein eigenes Jahr ein, um mich mit Hegel und Martin Heidegger, seinem Werk *Sein und Zeit* eingehend zu beschäftigen. Gerade in dieser Zeit kam mein Lehrer Professor Imai von Europa zurück und hielt eine Vorlesung über den Bau des Goetheanums. Es war ein heller Herbsttag, ich hörte plötzlich den Namen Rudolf Steiner, hörte vom Bau des Goetheanums, sah Bilder. Vorher lebten in mir Architektur und Philosophie als zwei recht unterschiedliche Wege – da gab es nur ein Entweder / Oder; der eine schloss den anderen aus. Nun hörte ich und fand es später immer wieder selbst bei Rudolf Steiner, dass Philosophie und Baukunst eine Einheit werden können. Steiner war Philosoph, Goetheforscher und Naturwissenschaftler, er baute ein eindrucksvolles, zukunftsweisendes Bauwerk: das Goetheanum. Davon sah ich erstmals Lichtbilder, ich war tief begeistert. Zwei getrennte Gebiete lassen sich verbinden! Sie können eins werden. Das schlug bei mir ein, das war wie ein Blitzschlag für mich. An diesem Abend, ich erinnere mich noch lebhaft, fühlte ich mich fast wie schwebend.

Zuerst wurde mir der Baukünstler Rudolf Steiner zugänglich, dann der Philosoph Rudolf Steiner. Nach vier Studienjahren fertigte ich meine Abschlussarbeit über den Baugedanken des Goetheanums. Das einzige, was ich von Steiner kannte, war eine kleine Monographie von Frans Carlgren auf Englisch, die ich damals, nachdem ich sie kennen gelernt hatte, ins Japanische übersetzte und dazu einen Aufsatz schrieb. Das war meine erste Begegnung oder Auseinandersetzung mit Rudolf Steiner. Als eigene Abschlussdiplomarbeit habe ich ein kleines Museum für Dostojewskij entworfen.

Wie führten Sie diese Begegnung weiter?

Ich wollte nun Rudolf Steiner gründlicher studieren, und so ging ich zu einer Buchhandlung und bestellte *Die Philosophie der Freiheit* auf Englisch. Ich fing an sie zu übersetzen, aber es war nicht leicht. So schrieb ich einen Brief an den Verlag, und mir kam die Idee, in irgendeinem Architekturbüro in Europa zu arbeiten. Eine Adresse bekam ich von meinem Lehrer Professor Imai. So schrieb ich einen Brief, den ich ins Deutsche übersetzen ließ, an die Wochenschrift *Das Goetheanum,* wo er als Aufruf und Stellensuche veröffentlicht wurde. Diesen Brief kommentierte ein damals in Dornach tätiger Architekt, Rex Raab, mit der Bitte, ein Stipendium für einen Japaner zu ermöglichen. Dafür bin ich äußerst dankbar. Rex Raab schrieb mir dann einen Brief, dass ich zu Michaeli 1967 nach Dornach kommen könnte. Ich ging zwei Wochen zu einer deutschen Sprachschule, fuhr dann durch Sibirien, Moskau und Wien nach Basel. Zu Michaeli war ich in Dornach im Großen Saal. Damit begann mein gründliches Studium der Anthroposophie.

Mir war von Anfang an bewusst, dass mit dem Goetheanum eine hochmoderne, gewaltige Baukunst vor mir steht. Ebenso war mir bewusst, dass ich über die anderen Weltanschauungen, Philosophien und Religionslehren noch viel zu wenig wusste. Um die Anthroposophie selbst zu studieren und mich selbst damit auseinanderzusetzen, fing ich zuerst mit Steiners Philosophie an, mit der Schrift *Wahrheit und Wissenschaft;* andere Werke folgten. Was mich beeindruckte, war die dort ausgebreitete Erkenntnistheorie. Auch eine Kritik an Kant war mir sehr einleuchtend. Ferner genoss ich die Auseinandersetzung mit Friedrich Nietzsche, an dem ich schon ein Interesse mitbrachte, denn Schriften Nietzsches hatte ich bereits gelesen.

Entsprechend den bewegenden Vorgängen in der damaligen Zeit (Studentenunruhen) wollte ich mehr über seine Sicht der sozialen Frage wissen. In Europa wogte die Antiautoritätsbewegung hoch, der Prager Frühling wurde mit Spannung verfolgt, und auch in Japan waren Studentenunruhen. Klar war, dass es soziale Probleme zu lösen galt. Das Studium der *Kernpunkte der sozialen Frage* und anderer Vorträge führte mich weiter. Weder Kapitalismus noch Sozialismus sind der Weg der Zukunft, sondern die Idee der Dreigliederung des sozialen Organismus ergab sich als Lösung der heutigen sozialen Probleme. Das war eine große Entdeckung für mich. – Ein ganz anderes Gebiet, das Studium der Christologie und der Pädagogik, schloss sich an.

1969 fuhr ich wieder über Wien, Prag, Polen, Warschau, Moskau nach Japan zurück, diesmal mit vollen Koffern, reichen Materialien und Büchern. Das Magisterstudium an der Universität fügte sich an, in zwei Jahren. Als Magisterarbeit wählte ich die Baukunst des Goetheanums und studierte alle Vorträge Steiners zu diesem Thema. Nach erfolgreichem Examen blieb ich als Assistent an der Universität. Meine Magisterarbeit wurde in Fortsetzungen monatlich in einer renommierten Fachzeitschrift veröffentlicht. Der Herausgeber der Zeitschrift fragte mich, ob ich daraus ein Buch machen möchte. So entstand 1974 mein erstes Buch, *Architektur als Weltanschauung.* Nach zwei Jahren fügte ich die Übersetzung von *Wege zu einem neuen Baustil* hinzu, ferner gab ich einen Bildband *Rudolf Steiner als bildender Künstler* heraus.

In den siebziger Jahren, als ich nach Japan zurückkam, fing auch unsere anthroposophische Arbeit in Japan an; mit Herrn Professor Takahashi, mit Professor Jobst lasen wir gemeinsam die *Philosophie der Freiheit,* die *Theosophie* und so weiter.

Durch die Anthroposophie erschloss sich mir ein immer stärkeres und vielfältigeres Interesse an der japanischen Kultur und überhaupt an meinem japanischen Volk. Mir wurde die Aufgabe immer bewusster, indem ich an der Anthroposophie in Japan arbeitete, den Sinn und die Bedeutung des Buddhismus, den Sinn des Shintoismus und auch den Sinn des Christentums besser verstehen zu lernen. Die Beschäftigung mit der Geschichte Japans führte mich dazu, das eigene Volk besser zu verstehen, eine Art von Selbsterkenntnis des eigenen Volkes zu entwickeln, also nicht nur der eigenen Persönlichkeit.

Dazwischen gab es eine Zeit, in der ich noch einmal nach Europa zum Studium gehen konnte, weil ich durch die Alexander-von-Humboldt-Stiftung von 1977 bis 1979 ein Stipendium bekam, um an der Universität München am Kunsthistorischen Institut zu studieren. Ich arbeitete dort an meiner Dissertation über Architektur und ästhetische Theorie. Meine Frau kam mit. Sie machte eine Eurythmie-Ausbildung bei Friedhelm Gillert.

Welche Auswirkung hat Ihre Begegnung mit der Anthroposophie und mit Europa für Ihr Selbstverständnis als Japaner gehabt?

Als ich zurückkam nach Japan, wurde mir klar, dass es geschichtliche Zusammenhänge gibt, dass zu ähnlichen Zeiten derselbe Zeitgeist in Europa und Japan wirkte. So lässt sich entdecken, dass, als sich in Europa die Frühscholastik mit ihrem ausgefeilten logischen Denken entwickelte, auch in Japan sich ein entsprechendes Denken regte – im 8., 9. Jahrhundert. Zuvor, im 6. Jahrhundert, zog der Buddhismus, von China kommend, nach Japan. Vorher hatten die Japaner nur den Shintoismus, der fast eine Naturreligion darstellt.

Alle Dinge auf der Erde haben ihnen zugehörige Götter, der Shintoismus unterscheidet acht Millionen Götter. Shinto heißt der Weg, also der Weg der Götter, heißt ihn zu gehen und zu leben, wie die Götter leben. Diese Religion wird ergänzt durch den Buddhismus, den Weg des Mitleids. Der Buddhismus in Japan wurde japanisch verändert. Im 9., 10. Jahrhundert traten neuerlich verschiedene Einflüsse des esoterischen Buddhismus hinzu. Sodass wir eine Entwicklung von der zeremoniellen Religion zu einer mehr innerlich meditativen Versenkung sehen. Das steigerte sich am Anfang des 13. Jahrhunderts, da kam eine religiöse Erneuerung durch die Einführung des Zen-Buddhismus. Aber auch Erneuerungen des Buddhismus durch verschiedene «Sekten», das heißt religiöse Strömungen traten auf, vergleichbar den Ketzerbewegungen in Europa. Das war gerade in der Zeit, als in Europa die Scholastik mit Thomas von Aquin ihren Höhepunkt erklomm; da wurde das zen-buddhistische Schrifttum in Japan geschrieben. Das lässt sich als eine Vorbereitung für das moderne Japan verstehen. Ebenso findet ein Anfang des modernen Zeitalters in Japan statt, denn im 15. Jahrhundert, in der Zeit der Ranissancekämpfe, waren bei uns in Japan Kriegszeiten. Es ist die Onin-Zeit, wo die verschiedenen individuellen Kulturen auftauchten und die Shogun-Herrscher untereinander sich bekämpften. Dies verbreitete eine Angststimmung, Unruhen herrschten. Da änderte sich die gesellschaftliche Struktur Japans allmählich, wie in Europa am Anfang des 15. Jahrhunderts, als Jeanne d'Arc, Huss und Martin Luther kamen und allmählich die einheitliche katholisch geprägte Gesellschaft veränderten – genauso auch in Japan. Dies war am Anfang des Bewusstseinsseelenzeitalters und entwickelte sich auch in Japan. Doch im Unterschied zu Europa wurde der Individualisierungsimpuls durch den starken Einfluss des Konfuzianismus abgeschwächt. Der Konfuzianismus stammt aus einem früheren Kulturzeitraum, er konnte sich in der modernen Zeit noch behaupten, weil er für die Ideologie der Gesellschaft sehr nützlich war. Er hatte die Aufgabe, für die Ordnung des praktischen Lebens im Volk zu wirken. Obwohl sich Japan 300 Jahre lang von der übrigen Welt abgeschlossen hatte, konnte es aufgrund der geschichtlichen Entwicklung, wo bestimmte Verstandeskräfte ausgebildet wurden, nach der Öffnung durch die Meiji-Reform sofort an den Westen Anschluss finden. Aber der Einfluss von Europa kam allein von der materiellen Seite, vom Naturwissenschaftlichen, Wirtschaftlichen, überhaupt vom Materialismus her nach Japan. Darunter litt das japanische Geistesleben, denn die alte Tradition, Religion, Shintoismus, Buddhismus wurden durch den Materialismus unterdrückt.

Da wir heute in Japan das alte Geistesgut verloren haben, stehen wir vor der Aufgabe, uns unserer eigenen Kultur neu bewusst zu werden und neben der modernen Technik das geistige Leben und die Gesellschaft zu höheren Stufen zu entwickeln. Die moderne Ich-Entwicklung hat sich zu einem neuen Niveau der Gemeinschaft weiterzubilden. Nur durch diesen Weg von der Individualisierung zur neuen Gemeinschaftsbildung können wir unsere Aufgabe finden. Dafür spielt die Anthroposophie eine sehr große Rolle, denn durch die Anthroposophie können die Japaner gerade sich ihrer selbst bewusst werden.

Japan hat damit einen Teil einer umfassenden Weltenaufgabe zu erfüllen. Dies konnte ich durch Anthroposophie erfahren; Anthroposophie ist für mich ein Pfingstereignis, in dem die Individualitäten der Völker mit ihren unterschiedlichen, sich fremden Sprachen Anteil an gleichen Ideen und Aufgaben haben.

Young-Rok Hoh

Der Weg eines Koreaners

Mein Name ist Young-Rok Hoh, ich wurde am 10. Mai 1955 in Seoul, Korea, geboren, und zwar als erster Sohn von sechs Geschwistern. Mein Vater war Freiheitskämpfer in der japanischen Annexionszeit gewesen und nach dem Zweiten Weltkrieg als Oberst bei der koreanischen Armee tätig. Er war ein sehr strenges Familienoberhaupt, meine Mutter hingegen war als Hausfrau die geliebte Familienversorgerin. Als erstgeborener Sohn hatte ich bestimmte hochgespannte Erwartungen zu erfüllen: nämlich immer der Beste in allen Bereichen zu sein, dies in der Familie und in der Schule. Es war eine selbstverständliche Erwartung, dass ich als Schüler nicht nur die besten Noten nach Hause zu bringen hatte, sondern auch, dass ich Klassenführer bzw. -sprecher zu werden hatte. In allem sollte ich immer ein Aushängeschild für die Familie und in der Schule sein, so blieb es durch die ganze Kindheit hindurch. Mein eigener unkontrollierter «Lebensweg» war auf den Weg vom elterlichen Haus zur Schule (ca. 500 m) und zurück beschränkt, von dieser vorgezeichneten Bahn durfte ich nicht abweichen.

Vom vierten Schuljahr an musste ich vor dem Schulunterricht eine Stunde Privatunterricht und nach der siebten Schulunterrichtsstunde wieder drei Stunden Privatunterricht über mich ergehen lassen, um an der Spitze zu bleiben. Insgesamt eine stramme Einteilung, die mit den hochgespannten Erwartungen korrespondierte.

Diese Bahn verlief nun auch tatsächlich so lange geradlinig, bis es zur Aufnahmeprüfung an die «Middleschool» kam (nach dem sechsten Schuljahr), und eben diese Prüfung bestand einer der besten Schüler in Korea nicht! Der bislang als «Muster» in der Familie und Schule geachtete Junge hatte mit einem Schlag alle enttäuscht, vor allem den Vater. Aus der tiefsten Enttäuschung zeigte er sich fortan gegenüber diesem Jungen völlig uninteressiert.

Das hatte nun großartige Vorzüge, denn von dieser Zeit an erschloss sich diesem Jungen eine ganz neue Welt. Schon ganz äußerlich gab es tiefgehende Veränderungen: Eine Busfahrt von nicht weniger als vierzig Minuten führte täglich in die neue Welt, er konnte aus dem Busfenster in diese bisher unbekannte Welt hinaussehen. Er zog die Schuhe aus, klebte mit dem Kopf an dem Fenster, ein Weltpanorama enthüllte sich ihm. Die große Schwester, die mit ihm zusammen morgens im selben Bus fuhr, wollte nicht gern neben ihm sitzen, denn sie fand es unmöglich, dass der Junge, ihr Bruder, die Schuhe auszog und die ganze Zeit die «Welt» beobachtete. Die Welt war zwar immer noch draußen, vor dem Fenster, so konnte der Junge sie nicht anfassen, durchstreifen, erforschen, wie er es gerne getan hätte. Es war letztlich wie zuvor: eine vorgeschriebene Bahn, nur länger, eben weil der jetzige Schulweg länger war – ihn durfte der Junge nicht verlassen, er hatte ihn einzuhalten. Nach der Schule musste er gleich nach Hause fahren. Die Familienregel war weiterhin sehr streng.

Ähnliches galt allerdings auch für die Schule, sie wurde zwar durch ein evangelisches Förderwerk geführt und war durch den christlichen Einfluss etwas milder als die anderen Schulen, aber dennoch mussten die Schüler alle den gleichen Haarschnitt tragen – wie buddhistische Mönche – und die gleichen Uniformen und Mützen. Das war damals in ganz Korea üblich. Die Schulregel und -ordnung war sehr streng.

Eine schlagartige Veränderung in der «Familienregel» erfolgte durch den unerwarteten Tod des Vaters. Das gestrenge Familienhaupt hatte die Familie allein gelassen. Der Junge war gerade in der 8. Klasse (dies ist die 2. Klasse der Middleschool). Das Haus musste verkauft und eine kleine Wohnung für die Familie in einem kleinen Ort bezogen werden. Die Mutter musste die Familie unterhalten, indem sie nun selbst einer beruflichen Erwerbstätigkeit neben der Erziehung ihrer Kinder nachgehen musste. Sie kam spät nach Hause, die bisherige Wärme fehlte zu Hause, alle Geschwister mussten selbständig mitarbeiten – die alten straffen Familienstrukturen zerbrachen.

Seit dieser Zeit interessierte sich der Junge immer mehr für die «Welt», die Schule trat ganz in den Hintergrund. In der Schule war er nicht mehr gut, er strebte danach, sie zu verlassen, seine Freunde werden ihm wichtiger, er schwänzt immer wieder, kurz: er wird als Sorgenkind bezeichnet. Schließlich muss er die Schule verlassen. Ein Jahr lang trieb er sich mit Freunden herum, trieb irgendwelche «unartigen» Dinge, lernte die Welt kennen, vielleicht so, wie es weniger wünschenswert ist. Irgendwann, etwa nach einem Jahr, wollte er weg, raus aus dem «Stadtleben» (Seoul hat zehn Millionen Einwohner). Er erlebte tief die Unwirtlichkeit dieser Stadt. Er ging zu einem Tempel, in dem er einfach vier Monate blieb. Dort keimte in ihm der Entschluss, irgendwie einen neuen Weg für sich zu finden, freilich war das alles andere als einfach. Wohin? Das war die Frage. In diese Zeit fällt die überraschende Begegnung mit einem deutschen Professor, der an einer koreanischen Universität lehrte. Er vermittelte ihm eine Schule in Deutschland, wo er weiter lernen könnte, dabei hatte dieser Deutsche zu ihm gesagt, er müsse nun alles allein machen. In Deutschland hätte er auf eigenen Füßen zu stehen, wenn er sich getraue, in dieses Land zu gehen. Diese Herausforderung hat dem Jungen gefallen. Somit ist dieser Junge 1976 nach Deutschland gekommen. Zuvor hatte er bei dem deutschen Professor ein Jahr lang Deutsch gelernt. Die Schule, die ihn aufnahm, war die Hiberniaschule in Herne (Wanne-Eickel), eine aus einem Industrieunternehmen erwachsene Berufsschule mit Lehrwerkstätten und schließlich eine voll zur Waldorfschule ausgebaute Einrichtung, die Pionierwege beschritt.

Das erste Jahr erhielt er praktischen Unterricht in der Metallwerkstatt und allgemeinbildenden Unterricht im 11. Schuljahr. Aus dem 12. Schuljahr erinnert er sich, dass ihn die Darstellung der sozialen Dreigliederung nach Steiners Ideen sehr tief beeindruckt hat. Er war dankbar, dass er nun innerlich seinen Weg gefunden hatte. Nach dem Erwerb der Hochschulreife begann er mit dem Studium der Architektur, Stadt- und Landschaftsplanung in Kassel.

Während seiner Studienzeit gründete er einen koreanischen Verband für in Deutschland lebende Koreaner und beschäftigte sich mit gesellschaftlichen Fragen der Ausländer in der Bundesrepublik Deutschland. Und er wurde von der Friedrich-Ebert-Stiftung gefördert, er fungierte in den 80er Jahren als Bundesvertreter der Stipendiaten in Deutschland. Im Jahr 1982 lernte er Frau Lee Kyoung-Rang aus Korea kennen und heiratete sie, eigentlich in einem etwas frühen Alter für koreanische Verhältnisse. Seine Frau ging nach Dortmund und absolvierte eine Ausbildung als Waldorferzieherin an der dortigen Fachschule für Sozialpädagogik.

Nach dem Erwerb des zweiten Diploms als Ingenieur im Jahre 1987 arbeitete er beim Planungsinstitut von Professor Zlonicky. Nach einem Jahr nahm er sein Promotionsstudium im Fach Stadtplanung bei Professor Lucins Burckhardt aus Basel / Kassel auf. Neben der wissenschaftlichen Tätigkeit beschäftigte er sich immer auch mit sozialen und gesellschaftlichen Fragen, insbesondere für den Bereich der Dritten Welt. In den Umweltfragen erkannte er ein zentrales Zukunftsproblem. Nach dem Erwerb des Doktorgrades im Jahre 1990 arbeitete er zunächst in einem Planungsinstitut in Regensburg.

Im Jahre 1993 erhielt er einen Lehrstuhl an der Kangnam Universität in Korea. Seit März 1993 lebt er nun wieder in Korea als Professor. Neben der Hochschullehrertätigkeit berät er drei Städte. Hierbei bemerkte er wieder, in welch krankhafter Verfassung sich das Erziehungs- und Bildungswesen in Korea befindet, welche krassen Probleme die Sozialfragen bilden, hervorgerufen durch eine explosive Wirtschaftsentwicklung und die parallel gehende Umweltzerstörung im ganzen Land.

Alle Kinder leben unter großem Leistungsdruck, zum Beispiel müssen die Kinder nach der Schule noch in zwei bis drei verschiedenen Fächern Privatunterricht nehmen, um mithalten zu können. Die Folge ist eine hohe Selbstmordrate aus Verzweiflung, nicht zu genügen. Der auf sie ausgeübte Leistungsdruck ist zu groß.

Der Unterschied zwischen Reichen und Armen wächst und mit ihm die Kriminalität. Die Flüsse im ganzen Land sind so verschmutzt, dass in ihnen keine Fische mehr leben, und die Luft ist so verschmutzt, dass viele Kinder und schwache Menschen unter Atemwegserkrankungen leiden.

Er sieht seine Aufgabe darin, an den von ihm erkannten Problemen zu einer Wandlung beizutragen. Einen Schwerpunkt sieht er neben seiner beruflichen Aufgabe darin, im Lande wenigstens Keime für eine dem Kind angemessene Erziehung zu setzen. So kam es im September 1996 zu einer Internationalen Ausstellung über «Waldorfpädagogik» in Seoul, die unter der Schirmherrschaft der UNESCO durch die Freunde der Erziehungskunst Rudolf Steiners e.V. mit Hilfe von Frau Nana Göbel in Bochum von ihm organisiert wurde. Gleichzeitig fand ein Internationales Symposium über Waldorfpädagogik statt mit einem sehr großen Echo in Korea, wobei Dr. Wolfgang Sassmannshausen aus Dortmund und Herr Bernd Ruf aus Karlsruhe mitwirkten. Seitdem ist eine Freundesgruppe für Waldorfpädagogik in Korea entstanden, es treffen sich einmal im Monat 30 bis 50 Menschen. Im Dezember begleitete eine Delegation des koreanischen UNESCO-Kommitees und von Vertretern des Bildungsministeriums ihn nach Deutschland und besuchte einige Waldorfschulen und -kindergärten in Nordrhein-Westfalen. Und im Januar 1997 vermittelte er für acht koreanische Lehrer eine Studienreise, um Waldorfpädagogik in Dortmund, Stuttgart und Dornach kennen zu lernen. Im April 1997 organisierte er ein Seminar über Waldorfpädagogik in Seoul, wobei Dr. Johannes Schneider aus Dortmund vertreten war. Im Mai 1997 organisierte er ein Internationales Symposium über Kindererziehung in Seoul, wobei Dr. Wolfgang Sassmannshausen aus Dortmund vertreten war. Im Mai 1997 wurde er dann zum Leiter des Freien Instituts der Green-Environment gewählt.

Im Juni 1997 organisiert er mit einem koreanischen Fernsehteam Filmaufnahmen über Waldorfpädagogik in Deutschland; die Dreharbeit wird in Dortmund, Witten, Herdecke, Stuttgart und Überlingen erfolgen, hierfür werden Herr Dr. Sassmannshausen, Dr. Schneider, Dr. Dumke aus Dortmund, Herr Kiersch aus Witten, Herr Dr. Wolfgang Göbel aus Herdecke, Herr Hiller vom Bund der Freien Waldorfschulen, Herr Leber von der Freien Hochschule in Stuttgart und Herr Andreas Schubert aus Überlingen eine große

Hilfe leisten, innovative Schulformen zu vermitteln. Im August 1997 ist in Korea eine Sommer-Akademie über Waldorfpädagogik mit Hilfe der Freunde der Erziehungskunst Rudolf Steiners e.V. und der Kangnam Universität geplant.

So lebt in dem Jungen der von ihm gefundene Weg weiter.

Stefan Leber

Anthroposophie und die Verschiedenheit des Menschengeschlechts

Der Rassismusvorwurf

Es gibt heute gelegentlich Stimmen im Bereich der Publizistik[1], die der Anthroposophie vorwerfen, sie sei rassistisch, d.h. sie werte Angehörige anderer Kulturen oder anderer Hautfarbe oder gar Anschauung ab, messe dagegen sich und ihren Vertretern eine ausschließliche Bedeutung bei.[2] Gegenüber den völkerverbindenden Aktivitäten, die aus der Anthroposophie hervorgegangen sind, ein absurder Vorwurf; denn Rassismus verträgt sich nicht mit dem Begriff Anthroposophie. Die Empfindlichkeit gegenüber einer abschätzigen Beurteilung menschlicher Gruppen wird unter anderem einer Kritik verdankt, die in der Aufklärung zwar das Bestreben, den Gleichheitsgedanken durchzusetzen, anerkennt, das aus eben derselben Wurzel herrührende expansionistische Streben, überall auf der Welt die Segnungen der westlichen Kultur auszubreiten und als Maßstab zu setzen, aber ebenso entschieden geißelt. In dieser Kritik wird beispielsweise aufgedeckt, dass zunächst die Kolonisatoren weder die heute als gelbe bezeichnete Rasse noch die rote als solche erkannten, vielmehr wird von Marco Polo vom zarten weißen Fleisch der Bewohner Chinas, von Kolumbus von den weißhäutigen Indianern gesprochen. Demnach habe erst das Überlegenheitsgefühl der Kolonisatoren zu einer Blickschärfung und Vorstellungsbildung geführt, die dann die Rassendifferenzierung heraufbeschworen habe.[3] Diese sei letztlich mehr oder weniger Vorstellungsprodukt. Wie dem auch sei, diese Gedankenführung trägt mit dazu bei, die Einstellung zu den Rassen, die ohnehin genetisch als völlig belanglos abgetan werden kann,[4] kritisch zu reflektieren. Darin geht es um ein Grundverständnis des Menschen. Worin liegt das die Menschen Verbindende, was konstituiert ihre Gleichheit, was macht den Menschen zum Menschen? Wer das Konstituierende im Leibe sieht, muss von da aus auf einer Gleichheit bestehen. Dafür legt die Genetik Zeugnis ab. Wer es aber in der Geistbegabung eines jeden Menschen sieht, kann auch körperliche Unterschiede als eine mögliche Erscheinungsform hinnehmen, ohne dass er davon die Gleichheit des Menschseins berührt sähe. Er enthebt sich der zwanghaften Interpretation der Phänomene, wo schwarz dann für weiß und umgekehrt zu gelten hat. Wer auf den Leib schaut, schaut auf die Stoffseite, wer auf den Geist schaut, sieht die Welt spirituell an.

Eine Form des Materialismus, die im Leib alles sah, lebte sich im Nationalsozialismus aus. Er beschimpfte die Anthroposophie wegen ihres fehlenden Rassengedanken, ihres Internationalismus, und verbot und verfolgte sie.[4a]

Nun kommt der Vorwurf, rassistisch zu sein, aus einer anderen Ecke: von antifaschistischen Kämpfern. Sie sehen im Entwicklungsgedanken in der Anthroposophie ein Selbstüberheblichkeitsdünkel, ein etwas Besseres, Anderes sein zu wollen, deshalb müssen «Linke, Antifaschisten und aufgeklärte Liberale … die Anthroposophie offensiv politisch bekämpfen.»[4b] In der Einstellung sind sie ebenso menschenverachtend wie die Faschisten, sie sind im Käfig der Ideologie gefangen; Ideologen haben die Eigenschaft, gegen jede Wirklichkeit – außer der eigenen Gedankenform – resistent zu sein. Linke Ideologen sind im Begriff nach der entsprechenden Arbeit der Rechten in den 30er Jahren nun ihrerseits eine gespenstische Form des Rassismus auch noch mit demselben Gegner aufzubauen, der Anthroposophie. Sechzig Jahre liegen dazwischen. Über die Wirklichkeit der realen Arbeit von Anthroposophen begutachtet die UNESCO in ihrer Schrift: «Toleranz: Die Schwelle des Friedens» anhand der Praxis des anthroposophischen Waldorfseminars «Novalis-Institut» folgendes: Es habe «besonders zur Heilung und zum Wiederaufbau nach dem rassistischen Erbe» beigetragen. «Das Apartheidsystem Südafrikas war sehr erfolgreich im realen Auseinanderhalten der verschiedenen Gemeinschaften. Das Novalis-Institut war sehr erfolgreich im realen Zusammenbringen dieser Gemeinschaften und im Aufbau einer neuen Realität und eines neuen Bewußtseins. ... Es war bahnbrechend für eine neue und integrierte Gemeinschaft und legte für sie ein Fundament.»[4c] «Wo wahrer ‹ethischer Individualismus› geübt wird hören die Rassen oder Volkseigentümlichkeiten auf, die führende tatsächliche Rolle zu spielen, und werden zu Dienern des Menschen-Ich gemacht.»[4d] Denn gerade das Besondere ist ein Beitrag zum allgemein Menschlichen. – Nun aber zu dem Begriff der Anthroposophie und ihrem Verhältnis zum Rassengedanken.

Was ist unter Anthroposophie zu verstehen?

Seit dem 15. Jahrhundert findet sich das Wort Anthroposophie immer wieder[5], zumeist in dem Sinne, dass es in ihr um das tiefste Verständnis des Menschen und seiner Stellung in der Welt geht; das Verständnis des Menschen aber heißt unterschiedslos: *eines jeden Menschen.* So unternimmt im 19. Jahrhundert beispielsweise der Philosoph Immanuel Hermann Fichte in seiner umfangreichen Anthropologie, den Versuch, das Menschenverständnis derart zu vertiefen, dass er für die letzte Stufe, dieses Wesen zu begreifen, den Begriff Anthroposophie gebraucht: Eine vertiefte Anthropologie führt letztlich zur Anthroposophie. Dann aber heißt es: «So vermag endlich die Anthroposophie an sich selbst nur in Theosophie ihren letzten Abschluss und Halt zu finden.»[6] Dieses vertiefte Verstehen geht auf das innere Wesen des Menschen und nicht auf äußere leibliche Merkmale, die so oder so – je nach Vorverständnis – interpretiert werden können.

Auch in der mit dem Namen Rudolf Steiner (1861-1925) verbundenen Anthroposophie geht es überall darum, das Göttliche im Menschen, das allen Menschen innewohnt, aufzuweisen. In seinem Denken und in seinen Anschauungen lag Steiner zu seinen Lebzeiten – und dies ist auch heute noch so – in vielem quer zu gängigen Meinungen.

Ohne Rücksicht auf die auf- und abflutendenden modischen Strömungen hielt er an seiner tief humanistischen, dem deutschen Idealismus verpflichteten, auf die Freiheit des Menschen abzielenden Auffassung fest. Unbegründeten Meinungen, aber auch allzu platten Interpretationen war er stets abhold. So kämpfte er schon vor der Jahrhundertwende, also vor der Begründung der Anthroposophie, gegen den allmählich unter Intellektuellen modisch werdenden Antisemitismus an. «Für mich hat es nie eine Judenfrage gegeben. Mein Entwicklungsgang war auch ein solcher, dass damals, als ein Teil der nationalen Studentenschaft Österreichs antisemitisch wurde, mir das als eine Verhöhnung aller Bildungserrungenschaften der neuen Zeit erschien. Ich habe den Menschen nie nach etwas anderem beurteilen können als nach den individuellen, persönlichen Charaktereigenschaften, die ich an ihm wahrnahm. Ob einer Jude war oder nicht: das war mir immer ganz gleichgültig. Ich darf wohl sagen: diese Stimmung ist mir auch bis jetzt geblieben. Und ich habe im Antisemitismus nie etwas anderes sehen können als eine Anschauung, die bei ihren Trägern auf Inferiorität [Minderwertigkeit] des Geistes, auf … mangelhaftes ethisches Urteilsvermögen und auf Abgeschmacktheit deutet.»[7]

Differenziertes Verständnis des Menschen – Leib, Seele und Geist

Mit der sich entfaltenden Darstellung der Anthroposophie hat dann Steiner in das Interesse seines Erkennntnisstrebens immer mehr den Menschen selbst gerückt. Dabei ist es bedeutsam, dass er scharf – in Anlehnung an gute Denktraditionen – zwischen Wesen und Erscheinung trennt. Schaue ich jemandem ins Antlitz oder nur in die Augen, so *spiegelt* sich darin etwas von seinem inneren Wesen, es ist nicht dieses Wesen selbst, allenfalls seine Offenbarung, denn sonst ginge beispielsweise mit der Erblindung das Wesen verloren. Entsprechend ist es mit anderen Erscheinungsmerkmalen, ja dem ganzen Leib, er spiegelt die Zuständlichkeit des Innern, bildet nicht das

Wesen selbst. Es kann sogar eine Frage sein, ob die Offenbarung stets in Übereinstimmung mit dem Wesen, unverstellt, ehrlich auftritt oder nicht, aber auch, ob ich das Gewahrte immer auch richtig verstehe oder interpretiere. Denn es braucht keineswegs ein Zusammenklang zwischen dem Inneren und seiner äußeren Kundgabe zu bestehen. Kann ich dem Wesen eines anderen überhaupt nahe kommen oder bleibt es letztlich doch immer verschlossen? Und umgekehrt: Versteht man sich überhaupt selbst in seinem inneren Wesen oder wird dieses nur in Bezug zu anderen und der Welt sich seiner selbst bewusst? Was ist denn dieses innere Wesen?

Offenkundig hat man es beim Menschenverständnis mit einem Spannungsverhältnis zweier Pole, den Gegensätzen von außen und innen, von Kleid und Inhalt, Leib und Wesen, Hülle und Kern zu tun. Einmal darauf aufmerksam geworden, wird man aber auch bemerken, dass weder ich in meinem Selbsterleben noch der andere in seinen Offenbarungen unverändert, d.h. überzeitlich ist. Trotzdem schwingt gegenüber dem vorübergehenden aktualen Erleben im Innern zugleich das Wissen mit, dass es ein dauerndes Zentrum gibt, auf das hin die vielen wechselnden Erlebnisse orientiert sind. Doch wenn man das Dauernde vom Zeitlichen trennen will, die verschiedenen Eigenschaften oder Eigentümlichkeiten des Wesens Mensch einigermaßen zutreffend zu erfassen sucht, dann muss sorgfältig zwischen dem Vorübergehenden und dem Grundsätzlichen, zwischen den Erscheinungen und dem Wesen selbst, zwischen Substanz und Akzidenz, differenziert werden. Ist das aber überhaupt möglich? – so mag man fragen. Steiner gebraucht für *das Erscheinende* im Leib den *Begriff der Hüllen oder der Wesensglieder* und rechnet dazu eine Vielzahl von Eigenschaften, die nicht das Wesen selbst, den «Kern», darstellen, dessen sich das Wesen aber gleichsam als eines Instrumentes oder Werkzeugs bedient – zum Handeln, Erleben und Erkennen. Dazu gehören die leibliche Erscheinung selbst, die Alterungsvorgänge, Gesundheit und Krankheit, die Gewohnheiten, die Eigenarten, die Vorlieben und Abneigungen, Persönlichkeitszüge und vieles andere mehr, was nicht dem Wesen selbst zuzurechnen ist.

Diese Art der Unterscheidung ist keineswegs ungeläufig, ja steht auch für das eigene Erleben außer Zweifel, denn niemand verwechselt den Zahnschmerz oder Muskelkater oder das Magengrimmen, so unangenehm sie sein mögen, mit sich selbst. Wenn aber diese Differenz von Wesen und Hülle real besteht, dann ist die Frage, wie beide miteinander zusammenhängen. Da gibt es verschiedene Lösungsansätze, die entweder (1) von einer unauftrennbaren Einheit beider oder (2) von einem strengen Dualismus ausgehen. Große Namen der Philosophie und Psychologie sind hierfür zu nennen. Der Lösungsweg Steiners (3) ist komplexer, wenn auch keineswegs ohne Bezug zu bereits vorhandenen Erkenntnisformen.[8] Er geht von einer ersten, zwar noch allgemeinen, damit aber umgreifenden Differenzierung aus, der begrifflichen *Scheidung von Leib, Seele und Geist.* Der Geist hat es zu tun mit dem Wesen, dem Ich oder dem Selbst, d.h. den Erfahrungen und dem Unvergänglichen, Seele mit dem unmittelbaren Erleben, den Stimmungen, dem Persönlichkeitsempfinden, den Gewohnheiten und Internalisierungen, Leib mit dem Ererbten, sich in der Zeit Wandelnden, der äußeren Erscheinung.

Der Reinkarnations- und Karmagedanke

Das drängt zur Frage, woher der Geist kommt, wo er seinen Ursprung hat. Damit stößt man aber auf Fragen, die sich einem naturwissenschaftlichen Positivismus entziehen, allerdings keineswegs einem rationalen, vernunftbegründeten Zugang. Eine Anregung hierzu kann einer der kritischsten Geister der Aufklärung, G. E. Lessing (1729 – 1781), geben, und genau auf ihn beruft sich auch Steiner.[9] In der schmalen Schrift *Die Erziehung des Menschengeschlechts* geht Lessing von drei folgerichtig auseinander entwickelten Gedanken aus:

1. Es gibt nichts, was die Erziehung dem Menschen geben könnte, was er nicht auch durch sich selbst zu finden vermöchte; nur ist durch Erziehung der Weg schneller zu beschreiten.

2. Der große Erzieher der Menschheit war und ist Gott selbst. Durch seine stufenweise Offenbarung in den Heiligen Schriften werden dem Menschen unterschiedliche, sich zunächst widersprechende Ziele gewiesen: Gesetzes- und Gottesgehorsam (Vatergott), hingebende Liebe (Sohnesgott), freie, verantwortete Handlungen aus sich (Geistgott). Die dadurch entstehenden Widersprüche lösen sich erst, wenn die Ziele im Nacheinander errungen werden.
3. Dies ist allerdings niemals in einem Leben erreichbar, wohl aber in aufeinanderfolgenden. «Warum sollte ich nicht so oft wiederkommen, als ich neue Kenntnisse, neue Fertigkeiten zu erlangen geschickt bin? Bringe ich auf *einmal* soviel weg, dass es der Mühe wieder zu kommen etwa nicht lohnet?»[10]

In diesem Gedanken liegt die Grundannahme, dass es die Mission des Menschen sei, alle ihm möglichen Fähigkeiten auszugestalten, also immer vollkommener zu werden – durch Lernleistungen, die sich am und durch das Tun und Denken sowie an und durch Freude und Leid erbilden. Diese Anforderung übersteigt eine Erdenexistenz bei weitem. Andererseits liegt das Aufrührende dieses Gedankens darin, dass er sich auf keine Denktradition oder Glaubensüberlieferung, sondern allein auf die ihm eigene Vernunft abstützt, wobei er die Beweis- und Überzeugungskraft einzig aus der inneren Folgerichtigkeit der Gedankenschritte gewinnt. Diesen Gedanken rückt Steiner in das Zentrum seiner außerordentlich vielgestaltigen Überlegungen. So reflektiert er darüber, welche Folgen die eigenen Taten in der Welt und in anderen Menschen haben. Dabei ist es von Wichtigkeit, darauf zu schauen, wie das in den Handlungen Wirkende sich vom Urheber abzulösen vermag. Denn nur ein Teil der Handlung, nämlich Absicht und Durchführung, verbleibt im Bewusstsein des Handelnden, die Weltwirkung entzieht sich ihm; das aber heißt, dass sich ein Teil der Handlung als Wirklichkeit vom Täter ablöst. Dies ist eine Fragestellung, die Lessing nicht kennt.

Diese vom Täter abgelöste Handlung als objektive Wirkenskette hat als Wirklichkeit auch dann Bestand, wenn der Urheber sie längst vergessen oder niemals ins Bewusstsein bekommen hat. Beispielsweise wirken die Folgen der radioaktiven Experimente in der Atmosphäre, wie sie zu Beginn der Nuklear-Technik durchgeführt wurden, auch heute noch in der Atmosphäre nach, ob das die Experimentatoren je bewusst begriffen haben oder nicht.

So kann man fragen: Gibt es neben dem individuellen Gedächtnis auch eine Art Weltgedächtnis, etwas, was die objektiven Handlungsfolgen bewahrt? Wenn das so wäre, müssten in ihm alle Handlungen in ihren Wirkungen – ob sie nun auf die Welt oder auf andere Menschen gerichtet waren – eingeschrieben sein. Neben dem subjektiven Gedächtnis würde ein objektives bestehen, in dem alles, was der einzelne verursacht hat, ob er davon nun subjektiv etwas weiß oder nicht, wie ein objektives Komplement vorzufinden wäre. Aus dem, was so als Denkmöglichkeit erfasst werden kann, ergäbe sich dann, dass dieses Weltgedächtnis auch wiederum Ursache rückbezüglicher Handlungsketten zu werden vermag. Dies geschähe etwa so, dass sich Täter und Opfer irgendwann einmal wieder begegneten. Da dies im selben Leben nicht immer der Fall ist, könnte es, wenn man den Lessingschen Gedanken weiterdenkt, auch in einem späteren Leben sein. Allgemein formuliert: Es haben die vom Menschen verursachten Wirkungsketten prinzipiell die Möglichkeit, wieder zurückzuwirken, und zwar auf den Verursacher.

So entstanden beispielsweise während des Holocaust und anderen furchtbaren, moralisch verwerflichen Geschehnissen zahllose Täter-Opfer-Beziehungen. Oft haben die Täter ihre Handlungen danach gründlich vergessen oder verdrängt und schließlich ein bürgerliches Leben weitergeführt, während die überlebenden Opfer an der seelischen und oft auch gesundheitlichen Verwundung noch immer, lebenslang, zu leiden haben. Andere Opfer sind leidvoll verstorben. Sollte es mit dieser Asymmetrie von Täter-Opfer sein Bewenden haben? Beide stehen zwar äußerlich in keiner Beziehung mehr, weil sie sich völlig aus den Augen verloren haben, aber die Tat lebt – mindestens als seelische Realität – im Wesen der Beteiligten fort, objektiv und unerlöst. Dasselbe gilt entsprechend – wenn man von einem unvergänglichen, dauernden geistigen Wesen ausgeht, das über das irdische Leben hinaus besteht – auch für jene, die durch die

Handlungen anderer ums Leben kamen. Diese objektiv den menschlichen Wesen und der Welt eingeschriebenen Tatzusammenhänge bezeichnet Steiner mit einem Sanskrit-Ausdruck als *Karma*, was wörtlich Tat oder Handlung heißt. Damit wird, anders als mit dem deutschen Wort Schicksal, einerseits die Verursachung erfasst, andererseits aber auch, dass Schicksalsschläge nicht nur Fatum oder das Verhängte darstellen, sondern zugleich Aufforderung und Aufruf sind, mich damit auseinanderzusetzen. Denn über Lessing hinausgehend, stellt Steiner die Frage, ob die einmal geschaffenen und nicht mehr erinnerten Handlungsfolgen nicht eine durchaus das Leben gestaltende Kraft entfalten können, weil ja mit dem Vergessen des einen Beteiligten die Wirkungsgeschichte keineswegs objektiv zu Ende gekommen ist. So wie ein Geschädigter, wenn er demjenigen, der ihm Schaden verursacht hat, wiederbegegnet, mit ihm in irgendeiner Form zum Ausgleich zu kommen sucht – ob er ihn vor Gericht bringt oder sich in irgendeiner Weise mit ihm auseinandersetzt, ihm möglicherweise verzeiht –, könnte es ja sein, dass, sogar das eine Leben übergreifend, die Tatfolgen eine Kraft der Anziehung erlangen und dann im Leben ganz eigentümliche Folgen zeitigen müssten.

Steiner betrachtet unter diesem Aspekt das menschliche Leben und bemerkt, was unmittelbar einsichtig ist, zwei Handlungsketten oder Ereignisfolgen: solche, die vom Individuum selbst ausgehen, und solche, die von außen in das Leben eintreten.[11] Im einen Fall liegt die Ursache im Menschen, er weiß was er will, er strebt dies oder jenes an und versucht entsprechend, die Handlungen dem Ziel und den Gegebenheiten anzupassen. Im anderen Fall gibt es Geschehnisse, die dem Menschen widerfahren, die in sein Leben eintreten, ihm zustoßen. Jemand tritt in das Leben ein, gibt einen Ratschlag, der das gesamte Leben verändert, irgend jemand versperrt einem den Weg, hindert einen am Erstrebten – beides gestaltet ebenso am Leben und der Biographie mit wie das von innen Intendierte. Untersucht man nun das von außen Kommende, sei es Fördernis oder Hemmnis, so erweist es sich als ebenso zum Menschen gehörig wie das von innen Kommende. Könnte in dem Zustoßenden dasjenige als Karma aufleben, was einer früheren Handlungskette entstammt? Steiner stellt diese Frage, ist aber auch aufgrund genauer Untersuchungen sicher, dass dies in einem großen Umfang – ausgenommen bei neu geknüpften Handlungsketten – so sei.

Aufgrund dieses Gedankens gelangt Steiner zu der weiteren Einsicht, dass zwei ungleichen Handlungs- und Wirkensketten, wie sie bei Täter-Opfer-Beziehungen vorliegen, eine innere Tendenz innewohnt, irgendwann zu einem gerechten Ausgleich zu kommen. Wer am anderen Gewalt ausübt und ihm Qualen bereitet, hat in einer angemessenen Form irgendwann einen positiven Ausgleich zu schaffen, oder er erfährt selbst Leid, dessen Ursache er möglicherweise gar nicht deuten kann, weil zwischen der Ursache und der Ausgleichsfolge eine Zeitspanne liegt, die er nicht mit dem alltäglichen Bewusstsein, sondern nur mit seinen tieferen Wesensschichten umspannen kann. Diese geistige Verknüpfung von Ursachen in Tatenfolgen und widerfahrendem Ausgleich ist gesetzmäßig, hier gibt es kein Entkommen, aber eine Milderung durch Liebe und Verzeihen. Sehr einprägsam stellt Steiner diesen Zusammenhang vor und verdeutlicht, dass er auch für Einstellungen gegen sozial Schwächere, gegenüber anderen Rassen oder auch im Zusammenhang mit dem Antisemitismus gelte; dadurch werden jeweils notwendige Ausgleichsvorgänge geschaffen, um die Menschenwerdung zu befördern.

Vor diesem karmischen Hintergrund ist Rassismus, d.h. die Verachtung anderer Volkszugehöriger, die sicherste Voraussetzung dafür, mit dem verhassten oder verachteten Volk in eine Beziehung zu kommen, die ausgleichend genau entgegengesetzt zu dem steht, was das wache Bewusstsein meint. Das Denken und Empfinden von heute wird morgen Daseins-gestaltend.

Das Thema von Reinkarnation und Karma durchzieht das ganze anthroposophische Wirken Rudolf Steiners, also über 23 Jahre.

Um die Wichtigkeit und die zentrale Bedeutung hervorzuheben, wollen wir zunächst eine Fragenbeantwortung zitieren, die Steiner sehr früh in einer von ihm editierten Zeitschrift gegeben hat. Die Frage lautet: «Widerspricht es nicht der Lehre von der Wiederverkörperung, dass die geistigen Fähigkeiten des Menschen während seines Lebens abnehmen? Es kommt doch vor, dass geniale Menschen im

Alter schwachsinnig werden? Welcher Geist verkörpert sich dann wieder? Der hochentwickelte ihres reifen oder der schwachsinnige ihres Greisenalters?» – Die Antwort Steiners lautet so: «Die Antwort auf diese Frage setzt voraus, dass man sich eine richtige Vorstellung bilde von dem Verhältnis der physischen (sinnlichen) und der übersinnlichen Wesenheit des Menschen. Die physische Wesenheit unterliegt den physischen Gesetzen. Während seiner Verkörperung kann der Menschengeist nur dasjenige vollbringen, was diese physischen Gesetze zulassen. – Wenn durch die Gesetze des Körpers im Alter der Geist nicht mehr imstande ist, in derselben Weise zu wirken, wie er das in einer früheren Lebensepoche imstande war, so rührt das davon her, weil sein Körper ein weniger gutes *Mittel* für seinen Geist geworden ist ... Was altert, ist dieser Körper; und nur der gealterte Körper ist nicht mehr fähig, das ihm vom Geist Gebotene zum Ausdruck zu bringen ... Auch das *Bewusstsein* unseres Selbst ist von den Gesetzen unseres Körpers abhängig. Wir sind uns niemals unseres Geistes in seinem vollen Umfange bewusst, sondern nur insoweit, als dies die Gesetze unserer gegenwärtigen Verkörperung zulassen. Man muss klar unterscheiden, was man *ist;* und das, was man jeweilig von sich selbst *erkennt.* Was man *ist,* das ist man ewig; dasjenige, was man jeweilig von sich erkennt, das hängt genauso von den (zeitlichen) Gesetzen der Verkörperung ab wie dasjenige, was man von der Außenwelt erkennt.»[12] – In der *Theosophie* wird von dem Menschen, der in seinem eigentlichen Selbst lebt, gesagt: «Er ist, was er immer war und immer sein wird während des Laufes seiner Verkörperungen. Er lebt in dem Walten der Absichten, welche für diese Verkörperungen bestehen und die er in sein eigenes Selbst eingliedert. Er blickt auf seine eigene Vergangenheit zurück und er fühlt, dass alles, was er in derselben erlebt hat, in die Absichten, die er in Zukunft zu verwirklichen hat, aufgenommen wird. Eine Art Gedächtnis für seine früheren Lebensläufe und der prophetische Vorblick für seine späteren blitzen auf. – ... Als ein Glied der göttlichen Weltordnung kann sich das Selbst fühlen. Die Schranken und Gesetze des irdischen Lebens berühren es nicht in seiner innersten Wesenheit. Die Kraft zu allem, was es vollführt, kommt ihm aus der geistigen Welt. Die geistige Welt aber ist eine Einheit. Wer in ihr lebt, weiß, wie das Ewige an der Vergangenheit geschaffen hat, und er kann von dem Ewigen aus die Richtung für die Zukunft bestimmen.»[13] Der Geist ist also über alle Erscheinungen der Leibesform und damit auch über alle Rasse erhaben. Wer auf die Rasse hinschaut, schaut nicht auf das Wesen und seine Substanz, sondern auf die Umhüllung, das Gewand hin und macht die begleitende Erscheinung zur Hauptsache – in völliger Verkehrung wirklicher Erkenntnisbildung über die Wirklichkeit des Menschen. Dieser Vorgang ist zwar verständlich, aber dennoch irrig. Verständlich deshalb, weil ich bei heftigem Zahnschmerz auch nur noch Aufmerksamkeit für diesen entwickle, irrig, wenn ich glaube, darin erschöpfe sich mein gesamtes Sein.

Steiner griff den Gedanken der Reinkarnation auch für die Völkerzusammenhänge auf und macht auf folgende Zusammenhänge aufmerksam: «Wir müssen eben darauf Rücksicht nehmen, dass in irgendeiner Generation irgendeines Volkes der Gegenwart Seelen sind, die von ganz woanders herkommen, als etwa von den Ururgroßvätern desselben Volkes. Dem Volksegoismus mag das nicht gerade außerordentlich angenehm klingen, aber dieser Volksegoismus muss ja ohnedies schwinden, wenn die Menschheit eine entsprechende Entwickelung in die Zukunft durchmachen soll.»[14]

Dann aber ist der Reinkarnationsgedanke auch nach zwei Seiten hin gegen Missverständnisse und falsche Inanspruchnahme abzusichern, nämlich einerseits gegen östliche Überlieferungen dieses Gedankens, bei denen das Wesen des Menschen nicht im Ich zentriert ist, sondern allein im Seelischen, mithin auch Inkarnationen in Tierleibern möglich wären, und andererseits gegen den Missbrauch im Dienste eigener egoistischer Bestrebungen. Die Abgrenzung gegen den Egoismus geschieht in der nachfolgend wiedergegebenen Aussage Steiners: «Unsere Zivilisation ist deshalb so egoistisch durchsetzt, weil sie eigentlich keinen starken altruistischen Antrieb enthält. Ein starker altruistischer Antrieb kann nur kommen von einer geistigen Weltanschauung. Nur wenn der Mensch sich weiß als ein Glied der geistigen Welt, hört er auf, sich selbst so furchtbar interessant zu sein, dass ihm das eigene Selbst nur zum Mittelpunkte der ganzen Welt wird; dann hören die egoistischen Antriebe auf, die altruistischen Antriebe beginnen. Unsere Zeit hat aber wenig Neigung, dieses große Interesse zu entwickeln für die geistige Welt. Denn das Interesse muss sich vergrößern, wenn man wirklich sich fühlen will als ein Glied der geistigen Welt.

Und so kommt es denn, dass, man möchte sagen, wie hereingeschneit wurden in unsere Zivilisation die Impulse der Reinkarnation und des Karma. Aber wie wurden die Impulse der Reinkarnation und des Karma aufgefasst? Selbst von denjenigen, die sich zuwandten diesen Ideen von Reinkarnation und Karma, wurden diese Ideen im Grunde genommen in sehr egoistischem Sinne aufgefasst. Es wurde zum Beispiel gesagt, der Mensch habe sein Schicksal verdient in einem bestimmten Leben. Man hat sogar hören können von sonst intelligenten Leuten, dass die Ideen von Reinkarnation und Karma an sich schon eine Beantwortung seien für die Frage nach dem Vorhandensein des menschlichen Leides; die soziale Frage habe im Grunde genommen keine Berechtigung. So haben manche, sonst intelligente Leute gesagt, der Arme habe sich das eben in seiner früheren Inkarnation verdient und er habe nur dasjenige in seiner jetzigen Inkarnation auszuleben, was er sich in seiner früheren Inkarnation verdient hat. Sogar die Ideen von Reinkarnation und Karma sind nicht imstande, in unsere Zivilisation hereinzuwirken, so, dass sie einen Antrieb bilden zum altruistischen Empfinden. Es handelt sich ja nicht bloß darum, dass wir solche Ideen wie Reinkarnation und Karma in unsere Zeit hereinbringen, sondern es handelt sich darum, *wie* wir sie hereinbringen. Wenn sie nur ein Antrieb zum Egoismus werden, dann heben sie unsere Kultur nicht, dann drängen sie unsere Kultur erst recht hinunter. Auf der anderen Seite werden ja Reinkarnation und Karma zu unethischen Ideen, zu anti-ethischen Ideen, wenn viele Menschen sagen: Ich muss ein guter Mensch werden, damit meine nächste Inkarnation eine gute ist. – Aus diesem Antrieb, ein guter Mensch zu werden, damit man in der nächsten Inkarnation möglichst Sympathisches erlebt, aus diesem Antrieb handeln ist Doppelegoismus, ist nicht bloß einfacher Egoismus.

Aber dieser Doppelegoismus, der kam für viele Menschen aus den Ideen von Reinkarnation und Karma. So dass man sagen kann: Unsere Zivilisation hat so wenig einen altruistisch-religiösen Impuls, dass es ihr unmöglich ist, selbst solche Ideen wie Reinkarnation und Karma in dem Sinne aufzufassen, dass sie Antriebe werden zu altruistischem und nicht zu egoistischem Handeln und Empfinden.»[15]

Gedanken quer zum Mainstream

Es liegt auf der Hand, dass derartige Gedankengänge quer zu allem liegen, was die religösen Traditionen lehren, quer auch zur herrschenden positivistischen Meinung, die zu transzendenten Fragen ohnehin kein Verhältnis besitzt. Das heißt natürlich nicht, dass sie damit wertlos seien, im Gegenteil: zahlreiche Menschen erkennen ihren Wert für das eigene Lebensverständnis und die Daseinsdeutung. Außerdem wohnt ihnen etwas Kulturübergreifendes, wahrhaft Menschheitliches inne.

Damit haben wir einiges von den Wurzeln dargelegt, aus denen sich die Art, wie die Anthroposophie den Menschen versteht, ergibt. Steiner folgt mit seiner Vorstellung, dass am Menschen das Dominante der Geist sei, der sich den Leib erbaut, einer guten und langen geistesgeschichtlichen Tradition, wie sie sowohl in den verborgenen Mysterientraditionen als auch im Philosophieren des Menschen über sich selbst gepflegt wurde. Im Ausschreiten der Erkenntnishorizonte geriet in der Geschichte des menschlichen Selbstverstehens durchaus Verschiedenes aus der menschlichen Natur in den Blick des Betrachters, in diesem Jahrhundert die «große Vernunft des Leibes» sowie die in ihm eingebundene Seelen- und Triebhaftigkeit. Demgegenüber hält Steiner an der geistrealen Anschauung fest, die schon bei I. H. Fichte auftrat, an den er deshalb auch bewusst in seiner *Geheimwissenschaft* anknüpft. Bei Fichte heißt es: «Dass es nämlich die ‹Natur› auf ein specifisch höheres Wesen angelegt habe, geht aus dem Umfange seiner Perfectibilität hervor, sowie aus den Contrasten der Vollkommenheit und Unvollkommenheit, die er in sich zu umspannen vermag und in denen er die ganze höhere Thierwelt aufs eigentlichste in sich wiederholt und zugleich in neuer Vereinigung darbietet. Alle Triebe, Affecte, Gemüthsrichtungen, welche die Thierwelt vereinzelt zeigt, sind auf ihn zusammengehäuft, aber zugleich seiner freien Beherrschung überwiesen. Sogar dass er so tief entarten, die Schranken durchbrechen kann … ist ein Zeichen seiner specifisch höheren Stellung unter den Weltwesen.»[16]

Entfaltungsstufen der Anthroposophie

Wie bei allen großen Denkern weist das Werk Steiners Schichten der Entfaltung sowie recht verschiedene Perspektiven und Blickwinkel auf, die es zu beachten gilt – das ist für jeden wissenschaftlich Arbeitenden eine Selbstverständlichkeit –, will man nicht die Wahrheit und Wirklichkeit verfehlen. Dass gerade hierin Steiner gegenüber immer wieder gefehlt wird, mag damit zusammenhängen, dass er dermaßen quer zum Gängigen liegt, dass Vertreter verschiedener Richtungen sich befleißigen, das scheinbar «Unsinnnige» zu entlarven; da macht es dann auch nichts aus, das Gegenteil des Intendierten zu behaupten.

Steiners Anliegen ist es, das geistige Wesen des Menschen in den Blick zu rücken. Doch veranlasst durch Fragen aus seiner sozialen Umwelt, richtet er den Blick auch auf die Tatsache, dass die Menschheit in sich gegliedert in unterschiedlichen Leibesgestaltungen erscheint. Steiner nimmt als Kind seiner Zeit durchaus an den Diskussionen teil, wie sie durch den Darwinismus, den Sozialdarwinismus, die verschiedenen Rassentheorien und den Antisemitismus im ausgehenden 19. Jahrhundert und in praktischer Auswirkung menschenverachtend bis in dieses Jahrhundert geführt wurden. Aus diesem Kontext wollen wir einige Stationen beleuchten.

Engagement gegen Antisemitismus und Standesbewusstsein

In Zeitungsbeiträgen Ende der zwanziger Jahre seines Lebens, also um das Jahr 1888, finden sich Wendungen, die für spätere Ohren un- oder missverständlich klingen. Sie speisen sich, völlig zeitgebunden, aus einem konstruierten Gegensatz zwischen dem Geist des Deutschtums, der gegen den des Judentums ins Feld geführt wird. Daraus lässt sich die Vorstellung ableiten, das Judentum habe sich doch bereits längst ausgelebt.[17] Freilich wandte Steiner sich an derselben Stelle gegen den damit möglicherweise verbundenen Antisemitismus und lehnt ihn als «widerliches Parteiengezänk» ab, dessen «widerlichste Form» der «Rassenkampf» sei. Doch dabei beließ er es nicht, sondern zehn Jahre später engagierte er sich energisch gegen den sich mehr und mehr ausbreitenden Antisemitismus, indem er im Organ des Vereins zur Abwehr des Antisemitismus wiederholt entschiedene Beiträge schrieb, ebenso in seinem eigenen Blatt, dem *Magazin für Litteratur*.[18]

Wenige Jahre darauf, mit seiner Entwicklung hin zur Anthroposophie, stellt er wiederholt dar, wie der Mensch an sich selbst verwandelnd tätig sein kann. Da heißt es zu den Voraussetzungen der Arbeit an sich selbst: Für die Erlangung höherer Erkenntnisse gibt es unter anderem die Voraussetzung, dass man bekämpft das «Unterschiedmachen in bezug auf Menschen nach äußerlichen Rang-, Geschlechts-, Stammeskennzeichen und so weiter». Ein Missverständnis wäre allerdings, nun in die andere Richtung zu übertreiben, beispielsweise dadurch, «dass man sich vor den Unterschieden der Menschen verschließen» würde, nur «weil man die Standes-, Rassen- und so weiter Vorurteile bekämpfen soll. Man lernt vielmehr erst richtig erkennen, wenn man nicht mehr in Vorurteilen befangen ist. Schon in gewöhnlichem Sinne ist es richtig, dass mich die Furcht vor einer Erscheinung hindert, sie klar zu beurteilen, dass mich ein Rassenvorurteil hindert, in eines Menschen Seele zu blicken. Diesen gewöhnlichen Sinn muss der Geheimschüler in großer Feinheit und Schärfe bei sich zur Entwickelung bringen.»[19]

Was die Leibgestaltung und Vererbung betrifft, ziehen sich ganz entschiedene Aussagen wie ein roter Faden durch zahlreiche Darstellungen Rudolf Steiners als Anthroposoph hindurch, sie bilden gleichsam ein Überzeugungsfundament.

Da heißt es 1907, dass die Rassen immer mehr verschwinden werden wegen des «individualisierenden Prinzips», das sich ausbreiten wird. Nicht mehr das Blut konstituiert die menschlichen Beziehungen, sondern das, was «Seele an Seele bindet».[20]

Eine entsprechende Wendung lautet, dass sich die Seelen bei dem Antritt ihres Lebens, bei der Inkarnation immer weniger um das Rassenmäßige kümmern.[21]

Überwindung von Gruppengeist und Rassismus

Die Unterschiede zwischen Nationen verschwinden mehr und mehr. Wir leben «in der Gegenwart im eminentesten Sinn in einem Übergange. Alle Gruppenseelenhaftigkeit soll nach und nach abgestreift werden … und immer mehr wird das Individuelle des einzelnen Menschen in den Vordergrund treten. … Wenn wir es von einer andern Seite fassen wollen, so können wir sagen, innerhalb der Entwickelung der Menschheit verliert immer mehr und mehr der Begriff, worin sich die Gruppenseelenhaftigkeit am meisten ausdrückt, an Bedeutung, nämlich der Rassenbegriff.» Dann heißt es weiter: «Das ist das Wesentliche. Deshalb ist es notwendig, dass diejenige Bewegung, welche die anthroposophische genannt wird, welche vorbereiten soll den sechsten [gemeint ist: einen zukünftigen Kultur-] Zeitraum, gerade in ihrem Grundcharakter dieses Abstreifen des Rassencharakters aufnimmt, dass sie nämlich zu vereinigen sucht Menschen aus allen Rassen, aus allen Nationen und auf diese Weise überbrückt diese Differenzierung, diese Unterschiede, diese Abgründe, die zwischen den einzelnen Menschengruppen vorhanden sind.»[22]

Selbstkritisch reflektierend wird hinzugefügt: «Es ist ja durchaus begreiflich, dass eine jede Bewegung sozusagen ihre Kinderkrankheiten hat und dass man im Anfang der theosophischen Bewegung die Sache so dargestellt hat, als wenn sozusagen die Erde in sieben Zeiträume [im Sinne geschichtlicher Epochen] zerfiele – man nannte das Hauptrassen – und jede der Hauptrassen in sieben Unterrassen; und dass das alles sich so stetig wiederholen würde, so dass man immer von sieben Rassen sprechen könnte und sieben Unterrassen. Aber man muss über die Kinderkrankheiten hinauskommen und sich klar sein darüber, dass der Rassenbegriff aufhört eine jegliche Bedeutung zu haben, gerade in unserer Zeit.»[23]

Ganz entschieden vertritt Steiner die Auffassung: «Nicht das Hereintreten in eine neue Gruppenseele, sondern das Abstreifen des Gruppenseelenhaften ist das, was über den ganzen Erdball hin immer mehr sich ausbreiten wird, und das gerade das Charakeristikum des sechsten Kulturzeitraums sein wird [damit ist nach anthroposophischer Auffassung eine künftige Hochkultur gemeint]. Damit steht in inniger Verbindung, dass der Mensch in bezug auf seine ganze geistige Führung immer individueller und individueller, ja man darf sagen, immer freier und freier wird.»[24]

Viel früher schon findet sich die Wendung: «Heute hat schon der Kulturbegriff den Rassenbegriff abgelöst.»[25]

Dies besagt nichts anderes, als dass aus dem körperlichen Erscheinungsbild prinzipiell keine kulturelle Wertigkeit hergeleitet werden kann, also auch nicht eine höher- bzw. minderwertige. Genau dies aber war das Grundempfinden in der Zeit des Kolonialismus und Imperialismus vor dem ersten Weltkrieg. Indem Steiner einer solchen Verknüpfung widerspricht, hält er seinen schon in der *Philosophie der Freiheit* 1894 ausgesprochenen Grundgedanken aufrecht, dass nämlich «in jedem von uns eine tiefere Wesenheit wohnt, in der sich der freie Mensch ausspricht».[26] Diese Wesenheit zu entwickeln, ist Aufgabe des Menschseins. «Wer die Menschen nach Gattungscharakteren beurteilt, der kommt eben gerade bis zu der Grenze, über welcher sie anfangen, Wesen zu sein, deren Betätigung auf freier Selbstbestimmung beruht. Was unterhalb dieser Grenze liegt» – nämlich Rassen-, Stammes-, Volks- und Geschlechtseigentümlichkeiten – «das kann natürlich Gegenstand wissenschaftlicher Betrachtung sein.»[27] Aber gerade daran ist Steiner letztlich wenig interessiert – umso mehr dagegen an der sittlichen Autonomie, der Unabhängigkeit und Selbstbestimmung: «Wir können aber den Begriff des Menschen nicht zuende denken, ohne auf den *freien Geist* als die reinste Ausprägung der menschlichen Natur zu kommen. Wahrhaft Menschen sind wir doch nur, insofern wir frei sind.»[28] In dieser Hinsicht ist die Darstellung Steiners in den verschiedenen Schichten seines Werkes konsequent und gleichbleibend. Er tritt nicht nur für die Gleichstellung der Frauen ein, sondern wendet sich auch gegen die Abqualifikation der Juden oder anderer Völker. Es ist aber auch konkret überliefert, dass Steiner entschieden und zurückweisend eingriff, als während einer in der Arbeiterbildungsschule von ihm durchgeführten Rede- und Diskussionsübung ein Teilnehmer einen anderen verunglimpfte, indem er auf dessen angeborenen Behinderungen hinwies.[29]

Wie kommt es aber dann, dass sich auf den rund 89.000 veröffentlichten Textseiten des Steinerschen Werkes doch etwa 10 Seiten mit Äußerungen aufspüren lassen,[30] die aus heutiger Sicht als rassistisch gedeutet werden können?

Anstößige Stellen und wie sie zu verstehen sind

Es sind wenige Aussagen, die als «anstößig» empfunden werden können und die deshalb immer zitiert werden: zum einen über Indianer, zum andern über die Schwarzen.

Die Aussagen über die Indianer greifen ein Argument auf, das besagt, der Bevölkerungsrückgang gehe auf endogene Gründe zurück, läge in ihrer «verhärteten Leiblichkeit». Die Primärursache, nämlich das Verhalten der Weißen bei der Landnahme, insbesondere dann im 19. Jahrhundert bei der Eroberung des Westens thematisiert Steiner an dieser Stelle nicht: die Unterdrückung, Entwurzelung und Zerschlagung der Stammeszusammenhänge und damit die Sterblichkeit durch wirtschaftliche Not sowie durch von Weißen eingeschleppte Krankheiten, Alkoholismus und so weiter. Erklärungsbedürftig ist aber, wieso die Afrikaner, die dieser Behandlung in noch viel weitreichenderer Art ausgesetzt waren, diese Behandlung ganz anders überstehen konnten. Denn die weißen Siedler sahen von der Versklavung der Indianer ab, weil sie unter den Bedingungen der Gefangenschaft sofort dahinsiechten. Steiner versteht diese Verletzlichkeit aus dem Charakter der Indianer als einer «Rasse des Alters», der gedämpften Vitalität und kontemplativen Bewusstseinsanlage.

Dieser Ansatz geht aus dem Versuch hervor – ob er zutrifft oder nicht, sei dahingestellt –, die verschiedenen Ausformungen der menschlichen Leiblichkeiten über die Erde hin in einen Zusammenhang mit den Stufen der Biographie zu bringen: mit Kindheit, Jugend, den reifen Lebensjahren, dem späten Alter. Dies geschieht allerdings keinesfalls so, dass daraus eine Wertung abgeleitet wird, sondern jeder Lebensstufe oder jedem Lebensalter werden ganz bestimmte, unverwechselbare Erfahrung zugesprochen, mit ihrer je eigenen Dialektik besonderer Begabungen, erkauft durch entsprechende Defizite. Was für die Biographie gilt, gilt auch für die Kollektivseele und der ihr zugehörigen Leiblichkeit. Jede Stufe der Leiblichkeit vermittelt dem menschlichen Wesen jeweils eine unverwechselbare Erfahrung. Die Leiblichkeiten der Rassen sind dann zwar gleichwertig, was die Erfahrung für Seele und Geist des einzelnen Menschen betrifft; sofern sie aber als Organ des Menschlichen insgesamt begriffen werden, stehen sie in verschiedenem Alter und ergänzen sich zu der gesamten biographischen Erfahrung.

Man sollte das Bestreben, aus einer Gesamtübersicht über die Leibeigentümlichkeiten zu einem Verständnis der unbestreitbaren Verschiedenheiten zu gelangen, nicht zu schnell abwehren – mag es gelungen erscheinen oder nicht –, es könnte sich, über lange Zeiträume betrachtet, möglicherweise herausstellen, dass dieser Interpretation ein realer Gehalt eignet.

Nun ist es so, dass alle sogenannten Rassismus-Äußerungen Steiners innerhalb seines umfangreichen Werkes eine Seltenheit darstellten – gemessen an den sonst von ihm verfolgten Themen –, er also hierbei nicht, wie bei anderen Themen, immer neue Stufen der Bearbeitung vorgenommen hat und dabei zu vertieften Darlegungen gekommen wäre. Doch auch in der zitierten Stelle fügt Steiner hinzu, dass er nicht missverstanden werden wolle und sich die Aussagen nur darauf beziehen, dass der Mensch «von den physisch-organisatorischen Kräften abhängig ist, von den Kräften, die nicht sein Wesen als Menschen ausmachen».[31] Er betont außerdem, dass das Wesen des Menschen in den verschiedenen Inkarnationen durch die verschiedenen Rassen hindurchgeht.[32] Schließlich wird betont, dass in «unserer Zeit der Rassencharakter allmählich überwunden wird».[33] Darin ist keine rassistische Komponente zu erblicken; denn Steiner beschreibt das «Aussterben» der Indianer nicht etwa als einen positiv zu wertenden Vorgang noch sagt er dadurch etwas gegen den indianischen Menschen selbst, sondern es ist die Leibexistenz, die in den Blick genommen wird. Zugleich weist Steiner noch an derselben Stelle auf die tiefe Spiritualität hin, die von den Indianern über die Zeiten bewahrt worden sei, und auf ihr Wissen vom Zusammenhang der Natur mit dem Geist. Heute würde man sagen, dass damit das ökologische Wissen der Indianer hervorgehoben wird.

An einer anderen Stelle, wo er über Indianer spricht, macht er wiederum ganz andere Gesichtspunkte geltend: «Man wird, was ich zu sagen habe, nur verstehen, wenn man diese von den Europäern ausgerotteten Indianer in der richtigen Weise beurteilt. Gewiss, in dem Sinne waren das nicht gebildete Leute, in dem man jetzt unter uns Bildung auffasst, aber es war etwas in diesen Seelen, was ich bezeichnen möchte als eine universelle pantheistische religiöse Empfindung. Gerade bei diesen Indianern, ... bei denen, die dort das tonangebende Element bildeten, hat man angetroffen ein religiöses Gefühl, das sich richtete auf eine geistige Wesenheit, monotheistisch sogar, das einen einheitlichen Geist in den Naturerscheinungen und auch in den Taten der Menschen lebendig und intensiv empfand. Diese Seelenstimmung muss man ins Auge fassen und muss durch manches Vorurteil wie durch Gestrüpp hindurch begreifen, dass man in diesen Seelen doch etwas anderes zu sehen hat als das, was man nur dann im Indianer sieht, wenn man ihn nach äußerlicher, naturalistischer Methode gewissermaßen wie ein halbes Tier ansieht.»[34]

Steiners Fragestellung, wenn er, wie zitiert, etwa die Indianer erwähnt, ist keine rassistische, sondern ein solche, die nach den Gründen sucht, wodurch es zur Vernichtung unter Menschen kommt; er sucht nach dem zugrundeliegenden Prinzip. «Als die Darwinsche Lehre allgemeine Verbreitung fand, war der ‹Kampf ums Dasein› Realität, und er ist es noch: er war es damals bei der Ausrottung der Völkerstämme und auch bei denen, die bemüht sind, äußeren Wohlstand zu erreichen: Niemand dachte etwas anderes, als wie das ‹Wohl› am besten zu erreichen sei.»[35] In diesem Sinne spricht er wiederholt von der Ausrottung der Indianer durch die Weißen, die in den Indianern «Unkultivierte» sahen.[36] Dabei gebraucht Steiner gelegentlich, wie bei den Schwarzen auch, das Wort die «Wilden», was heute einen herabsetzenden Klang hat, von ihm allerdings im Sinne von «in der Wildnis, in der Natur lebend» gebraucht wird.

Wie steht es nun mit den Aussagen über die Schwarzen. Sie sind als vielschichtig zu betrachten.[37] Ausgangspunkt bildet zunächst die Frage eines Arbeiters beim Goetheanumbau, ob bestimmte Erlebnisse der Mutter während der Schwangerschaft einen Einfluss auf das sich bildende Kind haben können. Nach längeren Ausführungen hierzu erwähnt Steiner dann auch den Einfluss der Kultur der Schwarzen, der zu Beginn der zwanziger Jahre auf dem Gebiet der Musik und des Tanzes Europa erreichte. Diese in den Großstädten auf Resonanz stoßenden Einflüsse sieht Steiner kritisch und äußert sich entsprechend.[38] Dann findet sich anschließend aber die merkwürdige Bemerkung, dass, wenn eine Schwangere allzu viele Negerromane lese, es sein könne, dass dies sich auf Hautfarbe und Haarbildung auszuwirken vermöge. So könnte das Neugeborene das Aussehen eines Mulattenkindes zeigen. Das ist nun sicherlich nicht wortwörtlich gemeint. Steiner überzeichnet entschieden seelische Wirkungen, indem er sie in ein etwas groteskes leibliches Bild kleidet. Der holzschnittartige Stil muß im Kontext einer Fragenbeantwortungsstunde vor den Bauarbeitern betrachtet werden. Im selben Kontext steht wie ein Leitmotiv für diese Stunde: «Ich sage nicht, dass das Ernst ist, was ich jetzt sage, ich will nur einen Spaß machen ...». Diese Bemerkung kann darauf aufmerksam machen, dass es – gerade in den Arbeitervorträgen – Passagen gibt, die nicht wörtlich zu nehmen sind. Einem gedruckten Text sieht man den möglichen humorvollen Ton seinen Zuhörern gegenüber oft nicht an. Auch wenn das nicht auf diese Stelle zutreffen sollte, handelt es sich um eine Überzeichnung ins Leibliche. Weil die Wirkung von Seelischem auf das noch ungeborene Kind gerade verdeutlicht werden soll, hat diese Überzeichnung eine weckende Funktion. Denn obwohl eine seelische Wirkung die Stufe des Genetischen nicht erreichen kann, wirkt Seelisches beim kleinen Kind massiv auf das Leibliche ein, was beim Ungeborenen noch in stärkerem Maße der Fall sein könnte.

Die Frage, welche seelische Wirkung hier überzeichnet werden soll, läßt sich besser beantworten, wenn man auf den Inhalt des von Steiner erwähnten Buches schaut. Es handelt sich mit großer Wahrscheinlichkeit um den 1921 in deutscher Übersetzung erschienenen Roman «Batouala, un Véritable Roman Negre» (ein echter Negerroman) des französischen Kolonialbeamten René Maran. Das Buch trieft nur so von Plattitüden und tradiert koloniale Vorurteile über Afrika: eine Beleidigung der tatsächlichen Kultur Schwarzafrikas. Das sich Europa in einer derart primitiven Art Schwarzafrika zuwendet und solche Bücher verschlingt, hat später auch Adorno massiv kritisiert.[38a] Anstelle mitteleuropäische Kultur weiterzuentwickeln, anstelle einen echten multikulturellen Zusammenklang der Weltkulturen anzustreben, wozu Rudolf Steiner anderswo deutlich aufruft, berauscht sich Europa mit der Lektüre fragwürdiger «Negerromane». So sind die eigentlichen «Mulattenkinder, die ganz grau sind», in kulturellen Degenerationserscheinungen eines Europas zu suchen, das fremde Kulturen damals durch die Brille der Kolonialzeit verzerrt betrachtet. Steiner kritisiert also tatsächlich nirgends Schwarzafrika als solches, sondern lediglich die verfälschte europäische Nachahmung.

Eine weitere Darstellung erfolgt wie die vorerwähnte vor den Arbeitern des Goetheanumbaues, für die Steiner regelmäßig Fragestunden abhielt.[39] Aus den vorliegenden Fragen entwickelt er eine Darstellung zur Farbenlehre und geht dann zu Grundfragen der menschlichen Hautfarben über, also zur Rassenproblematik, die sich ja an Hautfarbe, Haarformen sowie Gesichtsschnitt entzündet. Also vor diesen Arbeitern, die selbst dann, wenn sie sozialistisch gesinnt gewesen sein sollten, in der Begegnung mit dem Fremden, den anderen Kulturen und in ihren Vorstellungen eher konservativ waren, äußert sich Steiner in sehr bildhafter, ja holzschnitthafter Weise über die unterschiedliche Färbung der Haut bei den verschiedenen Völkern und deren Ursache. Er spricht davon, wie die Sonnenwirkung zu unterschiedlicher Hautfärbung führe, wie das Schwarz stets Licht und Wärme aufsauge, während das Weiß sie zurückweise, spiegele. Dann wird vom «Triebleben der Neger» gesprochen und davon, dass bei ihnen sogar ein Zusammenhang zwischen der Sonnenwirkung und bestimmten Partien des Gehirns, nämlich dem Hinterhirn (Hinterhauptlappen) bestehe – allesamt Vorstellungen, die vor der gegenwärtigen wissenschaftlichen Interessenrichtung merkwürdig anmuten und auch als abschätzig interpretiert werden können. Abgesehen davon, dass im Werk Steiners diese Aussagen an peripherer Stelle plaziert sind, knüpft er in diesem eigenartigen Versuch, zwischen Hauttingierung, Gehirnbildung und Klima des Erdenortes eine Verbindung zu schaffen, unausgesprochen an die Untersuchungen des von ihm geschätzten, bedeutenden Naturforschers und Malers Carl Gustav Carus (1789-1869) an, der sich in seinen anatomischen und psychologischen Studien mit dem Zusammenhang der Leibesbildung (Rassen) und dem Gehirn beschäftigte.[40]

Steiner stellt dann drei Rassen nebeneinander: die Schwarzen mit ihrem Triebleben und einem ausgeprägten Hinterhirn, wodurch eine besondere Befähigung zum Sensitiven, insbesondere zum Sehen verbunden sei, dann die Gelben mit einem ausgeprägten Mittelhirn und einem damit verbundenen starken Gefühlsleben, schließlich die

Weißen mit ihrem dominanten Vorderhirn und einem ausgeprägten Gedankenleben. Wenn man dann außerdem noch lesen kann, dass die weiße Rasse die zukünftige, «die im Geiste schaffende Rasse» sei, kann wiederum der Eindruck von Rassismus entstehen. Nimmt man jedoch den ganzen Vortrag zur Kenntnis und blendet nicht völlig konträre Aussagen aus, ergibt sich eine überraschende Aussage, die jede rassistische Deutung abweist: «Und wir Europäer, wir armen Europäer haben das Denkleben, das im Kopfe sitzt. Dadurch fühlen wir gewissermaßen unseren inneren Menschen gar nicht. ... Dadurch aber nehmen wir die ganze Außenwelt auf, werden dadurch leicht Materialisten. Der Neger wird schon kein Materialist. Der bleibt schon innerlich Mensch. Nur entwickelt er innerlich das Triebleben.»[41] Und eben dieses Triebleben schützt ihn davor, sein Menschentum zu verlieren. Steiner bezeichnet nicht, wie die heutige Semantik nahelegt, das Triebleben negativ, sondern als inneren Schutz des Menschlichen, der gleichsam aus der Natur des Leibes herrührt, aber beim Weißen fehlt.

Das Denkleben sucht das Menschliche verstandesmäßig zu erfassen und kann es dabei sehr gründlich verfehlen. Genau darauf macht Steiner aufmerksam, wenn er aus einem Naturforscher-Kongress die dringende Forderung eines Forschers zitiert, der wissenschaftlichen Forschung mehr Leichen zur Verfügung zu stellen, um den Menschen zu verstehen.

Steiner stellt dem entgegen: «Wir wollen den lebendigen Menschen anschauen und studieren. Dazu muss man nur seine Augen aufmachen, und durch seine Augen etwas die Seele, denn den lebendigen Menschen findet man überall.»[42] Selbst in diesem durch didaktische Ausführungen und Pointierungen gekennzeichneten Vortrag, der das Verständnis der Arbeiter mit holzschnittartiger Methode zu erreichen sucht, ist Steiner so differenziert, dass sein Grundanliegen ständig anwesend ist: das Menschentum bewusst zu machen.

Das «Triebleben» des Schwarzen mit seiner stoffwechselhaften, bewegungsfähigen Natur wird nur scheinbar abschätzig beurteilt; in Wirklichkeit erweist es sich als Überlegenheit und Vorzug, nämlich als Schutz vor dem Fall in den Materialismus und damit auch den Sozialdarwinismus, dem der Weiße leicht erliegt. Der Schwarze ist in seiner

Menschenwürde gesicherter als der Weiße. Selbst bei dem Blick auf die Leiblichkeit geht es um die Einsicht in das Wesen des Menschen. «Man begegnet lauter lebendigen Menschen. Nur muss man mit ihnen leben können, damit sie einem das wirklich bekunden, was Menschenwesen ist.» Zu den Arbeitern sagt Steiner in denselben Vorträgen: «Es ist einmal so beim Menschengeschlecht, dass die Menschen über die Erde hin eigentlich alle aufeinander bezogen sind. Sie müssen einander helfen. Das ergibt sich schon aus ihrer Naturanlage.»[43]

Es bedarf schon eines verblendeten Auges, alles das auszufiltern, so dass das voreingenommene Bild entstehen kann. Es bedarf des Blickes auf das Gesamtwerk Steiners, anstelle einer gewollten Selektion und gleichzeitigen Konzentration auf die eigene Vorstellungsprojektion. Nur so kommen die Zusammenhänge, in denen und für die die Aussage gemacht wurde, in den Blick, und der wirkliche historische Kontext wird gegenwärtig.[44]

Umfassende Kraft des Menschlichen: die Anthroposophie

Steiners Lebensthemen sind das Verhältnis des Geistigen zur Welt der Erscheinungen und umgekehrt, das Rätsel des Menschen, sein Freiheitswesen, seine Erkenntnismöglichkeiten, Reinkarnation und Karma, das Böse in seiner Doppelgestalt, das Wesen des Christus, die Entwicklung des Kosmos und der Erde, der Zusammenhang zwischen Makrokosmos und Mikrokosmos. Dazu einzelne Lebensfelder: Pädagogik, Medizin, Landwirtschaft, grundlegende Wissenschafts- und soziale Fragen sowie deren Methodologie. Vor diesem Panorama nehmen sich die Aussagen zur Leiblichkeit in ihrem So-Sein, deren Ursprung aus dem Geist im Vordergrund steht, wie marginale Splitter aus, und darunter sind die wenigen aus heutiger Sicht als rassistisch zu deutenden Stellen wieder Splitter der Splitter, die vor dem Gesamtzusammenhang in dieser verkehrten Deutung gar keinen Sinn machen. Sinn macht allerdings eine ganz andere bei Steiner vorkommende Perspektive: dass sich in Zukunft eine stärker zusammenwachsende Gemeinschaft von Menschen – bei aller Autonomie der eigenen Kultur und Anschauungsweise –entwickeln wird, eine Gemeinschaft der Individualitäten, nicht der Gruppengeister.

Anmerkungen

1 So Jutta Dithfurt: *Feuer in die Herzen*, Hamburg 1992. Ihr folgend, äußern sich aus ihrem linkspolitischen Lager auch andere, z. B. Oliver Geden: *Ökofaschismus*, Berlin 1996; sogar die konservative *Welt am Sonntag* veröffentlichte am 9.3.1997 einen argumentativ auf der vorgenannten Linie liegenden Artikel.

2 Gegen diese absurden Behauptungen ist von verschiedenen kompetenten Autoren Front gemacht worden: Geistige Individualität und Gattungswesen, in: *Mitteilungen aus der anthroposophischen Arbeit in Deutschland*, Sonderheft 1995. – Michael Klussmann: Zum Rassismusstreit, in: *Goetheanum*, 1996. I: Neue Antworten auf alte Vorwürfe, 27.10.; II: Zu Rudolf Steiners Verständnis der negriden Rasse und der Negriden, 3.11.; III: Das Problem der Dekadenz, 17.11.; IV: Kultur der ‹Oberfläche› – umstrittene Bilder französischer Identität, 24.11.; V. Das ‹Zersetzungsferment› – eine missverstandene Äußerung zum Judentum, 1.12.

3 Wulf Dieter Hund, Professor an der Hochschule für Wirtschaft und Politik in Hamburg, in einer Sendung des ORF, gesendet am 9.1. und 31.8.1997 auf Ö 1.

4 So insbesondere von den Biologen Luigi Cavalli-Sforza / Paolo Menozzi / Alberto Piazza: *The history and geography of human genes.* Princeton, NJ 1993. Cavalli-Sforzas Anschauungen wirkten inzwischen in vielen Ländern dahin, dass der Begriff Rasse aus dem Biologieunterricht der Schulen getilgt wird, weil er genetisch kein Korrelat aufweist.

4a «Es hat keinen Sinn, mit den Anthroposophen zu verhandeln. Mit Bakterien verhandelt man nicht, man vernichtet sie. In Thüringen hat Ministerpräsident Marschler den Anfang gemacht und Steiners ‹biologisch-dynamische Düngung› und jede Werbung dafür oder Aussprache darüber verboten und unter Strafe gestellt. ... Die völkische Freiheitsbewegung trennt eine Welt von Rudolf Steiner» (*Pforzheimer Anzeiger* vom 10.1.1934). «Wie aus beil. Bericht des SS-Sicherheitsamtes hervorgeht, handelt es sich bei der Anthroposophischen Gesellschaft um eine überflüssige sektenähnliche Vereinigung. Es ist offensichtlich, *dass die sektiererische Lehre dieser Verbindung mit deutschem und völkischem*

Ideengut niemals in Einklang gebracht werden kann. Daraus ergibt sich die Notwendigkeit zur Wahrung der Volkseinheit und zur Verhinderung der Zersetzung der Volkskraft auf dem Umwege über geisteszermürbende Agitation derartige Organisationen zu verbieten. Der Anthroposophischen Gesellschaft war daher jede Betätigung zu untersagen» (Bayrische Politische Polizei 13967/34 U1 G vom 26. April 1934).

«Es ist interessant zu sehen, dass die Anthroposophische Gesellschaft einen Neger als vollwertiges Mitglied aufnimmt ...» (Aus Schriftstück an: Der Reichsführer SS, Der Chef des Sicherheitshauptamtes an das Geheime Staatspolizeiamt, II I B 2, zu Hd. von Herrn Dr. Haselbacher. (BAD Z/B I 888).

«Die Anthroposophische Gesellschaft steht weit über jeden Dogmen [des NS], sie kennt in ihren brüderlichen Reihen keinen Unterschied in der Rasse, Religion, Geschlecht und Farbe ... Eine Gleichschaltung oder Einordnung in bestehende national-sozialistische Organisationen muss daher undenkbar erscheinen ...» (Bericht durch Krim. Ass. Bandow für den Reichshauptführer SS erarbeitet (BAD Z/B 888, Ad II 1 B 2).

4b Peter Bierl, Redakteur der Zeitschrift *ÖkolinX*: (so am 24.7.1997 in: *akin*, Wien). Aus dem gleichen (Un-)Geist, dem es nicht um Verständnis oder gar um Wahrheit geht, polemisiert und diffamiert Dithfurt in der Taschenbuchausgabe ihres genannten Buches mit «Literaturnachweisen», die allerdings andere Inhalte aufweisen als die vorgestellten. Nachdem die Mauer fiel, suchte der Trupp der Verlassenen ein neues Betätigungsfeld, und hat es im Kampf gegen Anthroposophie und jede Form von Esoterik gefunden.

4c Aus: *Tolerance: the threshold of peace. A teaching/learning guide for education for peace, human right and democracy*, UNESCO 1994.

4d So der Theologe und ehemalige Ordenspriester Pietro Archiati: *Die Überwindung des Rassismus durch die Geisteswissenschaft Rudolf Steiners.* Dornach 1997, S. 21.

5 Schad, Wolfgang: Zur Geschichte des Begriffs Anthroposophie. In: *Mitteleuropa: Landschaften, Völker, Kulturen.* Hrsg. von Wolfgang Schuchhardt, Stuttgart 1978.

6 Fichte, Immanuel Hermann: *Anthropologie. Die Lehre von der menschlichen Seele. Begründet auf naturwissenschaftlichem Wege* ... Leipzig [3]1876, S. 623.

7 Steiner, Rudolf: *Gesammelte Aufsätze zur Kultur- und Zeitgeschichte*

(1887-1901), Gesamtausgabe (= GA) 31, S. 379f. [Erscheinungsort aller Werke Steiners ist Dornach.] – Diese Aussage steht nicht vereinzelt da.

8 Willmann, O.: *Geschichte des Idealismus*, 3 Bände, Braunschweig, 1894ff. Willmann führt alle Erkenntnisformen darauf zurück, dass sie entweder monistisch, dualistisch oder triadisch – dieses wiederum eine ausgefaltete Form des Monismus – seien.

9 Steiner, Rudolf: *Spirituelle Seelenlehre und Weltbetrachtung.* 23.3.1904, GA 52, S. 177ff.

10 Lessing, G.E. (1780): *Die Erziehung des Menschengeschlechts*, § 98, zit. n. Gesammelte Werke, Bd. 8, Berlin 1956, S. 615.

11 Steiner, Rudolf: *Theosophie*, Kapitel: Wiederverkörperung und Schicksal. GA 9.

12 Steiner, Rudolf: *Lucifer-Gnosis.* GA 34, S. 350f. (aus einer Fragenbeantwortung).

13 Steiner, Rudolf: *Theosophie.* GA 9, S. 143 f.

14 Steiner, Rudolf: *Die Brücke zwischen der Weltgeistigkeit und dem Physischen des Menschen.* 12.12.1920. GA 202, S. 130.

15 Steiner, Rudolf: *Soziales Verständnis aus geisteswissenschaftlicher Erkenntnis.* 10.10.1919. GA 191, S. 71f.

16 Fichte, Immanuel Hermann: *Anthropologie …*, S. 551, siehe Anm. 6. – Steiner gebraucht später in einem Brief einmal das Wort «Zersetzungsferment», das dem Judentum anhafte (GA 262, Brief vom 28.4.1905), eine Wendung, die nach den Erfahrungen des Nationalsozialismus verschrecken kann. In einer Analyse macht Klussmann (siehe Anm 2, V) deutlich, dass der agitatorische «Mitsinn des Wortes ‹Zersetzung› eigentlich gar nicht auf diese private Äußerung projiziert werden» kann. Vielmehr hebe Steiner ganz ohne Bezug zum Rassismus eine Tatsache hervor, die sogar Juden akzeptieren könnten. Denn mit Zersetzung ist Fermentierung gemeint, und so verstehen sich das Judentum und seine Bekenner als «im Gegensatz zu den Zeiten» stehend.

17 Steiner, Rudolf: *Gesammelte Aufsätze zur Literatur.* GA 32, S. 152. – Diese Gedankenfigur findet sich bei Steiner öfters, dass es gleichsam Missionen der Kollektivseele gibt, die sich ähnlich entfaltet wie das menschliche Leben: über ein Kindheitsstadium zur Jugend, zur vollen Blüte und zum Alter, in dem sie sich erschöpft. Erhebt sie dann aber weiterhin Anspruch, zukünftig zu sein, wirkt sie unzeitgemäß.

18 Steiner, Rudolf: *Gesammelte Aufsätze zur Kultur- und Zeitgeschichte.*

GA 31, S. 196ff. Weitere Stellen finden sich auf den Seiten 230ff., 277ff, 378ff., 386ff., 393ff., 414ff., 416. Mit einer anderen Thematik setzt sich der Beitrag von Udi Levy auseinander.

19 Steiner, Rudolf: *Wie erlangt man Erkenntnisse der höheren Welten?* GA 10, S. 95f.

20 Steiner, Rudolf: *Die Theosophie des Rosenkreuzers.* 4.6.1907. GA 99, S. 129.

21 Steiner, Rudolf: *Vergangenheits- und Zukunftsimpulse im sozialen Geschehen.* 13.4.1919. GA 190, S. 193f.

22 Steiner, Rudolf: *Die tieferen Geheimnisse des Menschheitswerdens im Lichte der Evangelien.* 4.12.1909. GA 117, S. 151f.

23 Ebd., S. 152.

24 Steiner, Rudolf: *Der irdische und der kosmische Mensch.* 20.6.1912. GA 133, S. 153.

25 Steiner, Rudolf: *Die Apokalypse des Johannes.* 20.6.1908. GA 104, S. 69.

26 Steiner, Rudolf: *Die Philosophie der Freiheit,* GA 4, S. 167.

27 Steiner, Rudolf, GA 4, S. 239 f.

28 Steiner, Rudolf, GA 4, S. 168.

29 Mücke, Johanna / Rudolph, Alwin Alfred: *Erinnerungen an Rudolf Steiner und seine Wirksamkeit an der Arbeiterbildungsschule zu Berlin 1899-1904*, Basel 1979.

30 Der Vorwurf, diese würden sogar noch in jüngerer Zeit gedruckt, läuft völlig leer, weil die Gesamtausgabe des Steinerschen Werks erst allmählich ihrem Abschluß entgegengeht und in ihr unterschiedslos alles dokumentiert wird, was überliefert ist. In keiner Gesamtausgabe ist es üblich, dass der Willkür der Herausgeber anheimgegeben wird, was veröffentlicht wird.

31 Steiner, Rudolf: *Die Mission einzelner Volksseelen.* 10.6.1910. GA 121, S. 75.

32 Ebd., S. 74.

33 Ebd., S. 75.

34 Steiner, Rudolf: *Die Verantwortung des Menschen für die Weltentwicklung.* 6.1.1921. GA 203, S. 37 f.

35 Steiner, Rudolf: *Ursprung und Ziel des Menschen.* 29.9.1904. GA 53, S. 14.

36 So etwa: *Die Schöpfung der Welt und des Menschen.* 6.6.1924. GA 354, S. 141; *Geisteswissenschaftliche Behandlung pädagogischer und sozialer Fragen.* 20.7.1919. GA 192, S. 309-313.

37 Steiner, Rudolf : *Über Gesundheit und Krankheit.* 13.1.1923. GA 348, – Steiner hat vor den Arbeitern am Goetheanumbau manche Darstellung gegeben, die als merkwürdig erlebt werden kann. So z.B., als er schilderte, was passieren würde, wenn Ochsen Fleisch zu fressen bekämen: dann würde das schädliche Stoffe erzeugen, «die nach dem Gehirn gehen, und der Ochse würde verrückt werden». Diese Darstellung musste jedem Leser als verrückt erscheinen; nach den Erfahrungen mit der BSE-Seuche, dem Rinderwahnsinn, erscheint Steiner als Visionär.

38 Steiner, Rudolf: *Über Gesundheit und Krankheit.* 30.12.1922. GA 348, S. 185. – Die Bemerkung über die Negertänze ist zeitgebunden und fügt sich in ihrer ablehnenden Stimmungslage in eine Gemeinschaft mit anderen bekannten Zeitgenossen ein, wie dem jungen Th. W. Adorno (Über Jazz, in: Moments musicaux, abgedruckt in *Aufsätze*, 1928-1962, Frankfurt/M. 1964) oder Klaus Mann (in: *Wendepunkt*): «Millionen von unterernährten, korrumpierten, verzweifelt geilen, wütend vergnügungssüchtigen Männern und Frauen torkeln und taumeln dahin im Jazz-Delirium. Der Tanz wird zur Manie, zur Idee fixe, zum Kult ... Ein geschlagenes, verarmtes, demoralisiertes Volk sucht Vergessen im Tanz. Aus der Mode wird eine Obsession, das Fieber greift um sich, unbezähmbar, wie gewisse Epidemien und mystische Zwangsvorstellungen des Mittelalters. Die Symptome der Jazz-Infektion, die Zeichen der hüpfenden Sucht lassen sich im ganzen Land bemerken; am gefährlichsten betroffen aber ist das schlagende Herz des Reiches, die Hauptstadt», Berlin. Dies hat Michael Klussmann überzeugend nachgewiesen, vgl. Anm. 2, II.

38a Vgl., Anm. 2, Klussmann, II.

39 Steiner, Rudolf: *Vom Leben des Menschen und der Erde. Über das Wesen des Christentums.* 21.2.1923. GA 349.

40 Hierauf haben die beiden Forscher Peter Endres / Wolfgang Schad in *Geistige Individualität und Gattungswesen* aufmerksam gemacht. Carl Gustav Carus: *Denkschrift zum hundertjährigen Geburtsfeste Goethes*, Leipzig 1849. Wir zitieren einige Sätze: «Treten nun in Wahrheit in den angeführten Umständen deutliche Zeichen einer höheren Geistesbefähigung der Amerikaner gegen die Afrikaner hervor, so ist es anderteils doch wieder sehr merkwürdig, dass bei ihnen fast alle wirkliche höhere Entwicklung der Vergangenheit angehört und in der Gegenwart nicht nur kein eigentliches Fortschreiten mehr stattfinde,

sondern dass mit einer großen Entschiedenheit diese Stämme überhaupt allmählich ihrem völligen Erlöschen entgegengehen.
... die Vergänglichkeit – dieses merkwürdige – ich möchte sagen Vergehen solcher Dämmerungsvölker vor den Menschen der Tagseite [die Beziehung, die Carus zum Tagesgang und den Völkern herstellt, spiegelt sich bei Steiner in der Beziehung zu den Hautfarben], ebenfalls nur ein Beleg mehr ist, dass ihre Persönlichkeit keine sehr hohe – keine nachhaltige sei. ...
Wir werden manchem spurlosen Verschwinden großer Völkermassen von der Erde auch unter den östlichen Dämmerungsvölkern begegnen, und dort, wie hier bei den westlichen, gibt es notwendig dem Gedanken Raum, dass ihr inneres Lebensprinzip – das, was man am besten mit dem Namen ihrer Idee bezeichnet, keiner bedeutenden Energie gewesen sein könne.» (S. 79ff.)

41 Steiner, Rudolf: *Das Leben des Menschen und der Erde.* 3.3.1923. GA 349, S. 58.

42 Ebd., S. 68.

43 Ebd., S. 68.

44 Es ist eine großartige Leistung Steiners, dass er den Arbeitern, die an der Errichtung des Goetheanum-Baues mitwirkten, auch die Inhalte und Ziele, denen das von ihnen mitgeschaffene Bauwerk dienen soll, nahebringt, und zwar mindestens einmal wöchentlich, und dies auf Kosten des Bauherrn. Eine Veranstaltung, die Steiner für jeden Betrieb als notwendig ansah, damit die Mitarbeiter das Geschehen, an dem sie beteiligt sind, überschauen lernen und so ihr Menschsein in den Zusammenhang nicht nur arbeitend, sondern auch verstehend einbringen können. Gerade darin realisiert sich Steiners Grundhaltung. Wenn heute Mitarbeiterzeitschriften und Schulungsveranstaltungen gängig geworden sind, um die corporate identity zu erzeugen, kann man abschätzen, um wieviel Steiner der Zeit voraus war, zumal es sich bei der Errichtung des Baues nur um eine zeitlich begrenzte Aufgabe handelte und Steiner in seiner Thematik viel umfassender ansetzte.

Waldorfschule heute

Einführung in die Lebensformen einer Pädagogik.
Herausgegeben von Stefan Leber
Praxis Anthroposophie 21
384 Seiten, kartoniert

Eine umfassende Orientierung über die Waldorf- und Rudolf-Steiner-Schulen in der heutigen Gesellschaft.

Aus dem Inhalt:

1. Einleitung, Stefan Leber: Die Waldorfschulen in der Bildungslandschaft der Bundesrepublik seit 1945 / 2. Menschenkundliche Grundlagen / 3. Vorschulerziehung / 4. Aufgaben der Pädagogik im Schulalter / 5. Eltern und Lehrer – Chancen und Krisen gemeinsamer Trägerschaft / 6. Waldorflehrer – ein schwerer Beruf? / 7. Waldorfpädagogik und Erziehungswissenschaft / 8. Waldorfpädagogik in Österreich und der Schweiz / Weiterführende Literatur / Anschriften.

Verlag Freies Geistesleben